यतीश कुमार

21 अगस्त, 1976 को मुंगेर, बिहार में जन्मे यतीश कुमार ने पिछले कुछ वर्षों में कविता और कहानी के साथ-साथ चर्चित उपन्यासों, कहानियों व यात्रा-वृत्तान्तों पर अपनी विशिष्ट शैली में कविताई से एक अलग पहचान बनाई है। 1996 बैच के इंडियन रेलवे सर्विस ऑफ़ मैकेनिकल इंजीनियर्स (आईआरएसएमई) अधिकारी यतीश कुमार का दिल पिछले दो दशकों से साहित्य के लिए धड़कता है। 2021 में उनका पहला काव्य-संग्रह 'अन्तस की खुरचन' व 2023 में दूसरा काव्य-संग्रह 'आविर्भाव' (हिन्दी साहित्य की 11 प्रसिद्ध कृतियों पर कविताई) प्रकाशित हुआ है। उनकी कविताएँ एवं संस्मरण देश के कई समाचार-पत्रों एवं प्रसिद्ध पत्रिकाओं में समय-समय पर प्रकाशित होते रहे हैं। कई चर्चित साहित्यिक ब्लॉग्स पर भी उनकी रचनात्मक उपस्थिति दर्ज है। किसी भी 'सार्वजनिक क्षेत्र के उपक्रम' के अध्यक्ष एवं प्रबन्ध निदेशक के रूप में नियुक्त होनेवाले सबसे कम उम्र के अधिकारी यतीश 'ब्रेथवेट एंड कम्पनी लिमिटेड' (रेल मंत्रालय) का कार्यभार सँभाल चुके हैं। साहित्य साधना के साथ-साथ तक़रीबन दो दशक से विभिन्न साहित्यिक-सामाजिक संस्थाओं से भी सक्रिय रूप से जुड़े हैं। कोलकाता से संचालित प्रतिष्ठित साहित्यिक संस्था 'नीलाम्बर' के अध्यक्ष हैं और 'कलिंगा लिटरेरी फेस्टिवल' से बतौर सलाहकार जुड़े हैं। इसके अलावा 'बान्धव सियालदह', 'एडजस्टिस फाउंडेशन', 'नो चाइल्ड स्लीप हंग्री' समेत विभिन्न सामाजिक संस्थाओं के साथ जुड़कर समाज में सकारात्मक बदलाव लाने के लिए प्रयासरत हैं।

भारतीय रेलवे सेवा में उत्कृष्ट योगदान के लिए उन्हें 2006 में राष्ट्रीय पुरस्कार से सम्मानित किया जा चुका है। राष्ट्रीय और पाँच क्षेत्रीय रेलवे पुरस्कार के अलावा उन्हें आर्थिक अध्ययन संस्थान द्वारा 'आउटस्टैंडिंग ग्लोबल लीडरशिप अवार्ड-2019', वर्ल्ड एचआरडी कांग्रेस द्वारा 'सीईओ विद एचआर ओरिएंटेशन पुरस्कार' और 2021 में गवर्नेंस नाउ 8वें पीएसयू अवार्ड में 'सीएमडी लीडरशिप अवार्ड' समेत कई सम्मान मिल चुके हैं।

बोरसी भर आँच

अतीत का सैरबीन

यतीश कुमार

राधाकृष्ण पेपरबैक्स

राधाकृष्ण पेपरबैक्स में
पहला संस्करण : फरवरी, 2024

राधाकृष्ण पेपरबैक्स : उत्कृष्ट साहित्य के जनसुलभ संस्करण

राधाकृष्ण प्रकाशन प्रा. लि.
जी-17, जगतपुरी, दिल्ली-110 051
द्वारा प्रकाशित

शाखाएँ : अशोक राजपथ, साइंस कॉलेज के सामने, पटना-800 006
पहली मंजिल, दरबारी बिल्डिंग, महात्मा गांधी मार्ग, प्रयागराज-211 001
1, अनमोल सोराबजी सन्तुक लेन, धोबी तलाव, मरीन लाइंस, मुम्बई-400 002

वेबसाइट : www.radhakrishnaprakashan.com
ई-मेल : info@radhakrishnaprakashan.com

विकास कंप्यूटर एंड प्रिंटर्स
ट्रॉनिका सिटी-201 102
द्वारा मुद्रित

अन्दर के सभी रेखांकन : विनय अम्बर

मूल्य : ₹350

BORSI BHAR AANCH
Memoirs by Yatish Kumar

ISBN : 978-81-19989-89-8

दिदिया–तुम्हारे लिए,
अपने बचपन की ढाल के लिए

इस अनन्त के अचिर जाल में अभिनव कौन, कौन प्राचीन-
मैं हूँ, तेरी स्मृति है, और विरह-रजनी है सीमा-हीन!

—अज्ञेय

क्रम

प्रस्तावना : तमाम रंगों का मेला : अखिलेश 9

भूमिका : स्मृतियों की तपन 15

परिदृश्य की अकुलाहट 19

अस्पताल तक जाती नदी 29

भागता बचपन 49

दिदिया : मेरे कोमल मन की पक्की ढाल 71

बैरन डाकिया 107

अस्पताल : स्नेह, ममता और प्रेम 115

कसैला पानीफल 131

स्मृति के रंग में होली 143

बड़की अम्माँ 151

ड्राइविंग का डर 159

भैया : अनजाना सम्बल 167

और कितने क़रीब 181

और अन्त में... 197

आभार 199

तमाम रंगों का मेला

यतीश कुमार को साहित्य में सक्रिय हुए अधिक समय नहीं बीता है लेकिन उनको संजीदगी से लिया जा रहा है। दरअसल यतीश का आकर्षण इसलिए भी बढ़ता गया कि उन्होंने अपनी सृजनात्मकता को नये-नये रूप में आविष्कृत करने का साहस दिखाया है। कवि, कहानीकार, समीक्षक, साहित्यिक एक्टिविस्ट के रूप में यतीश ने अपने को तलाशा, तराशा और गतिमान किया। इतना जैसे नाकाफ़ी हो, अब 'बोरसी भर आँच' कथेतर गद्य की पुस्तक के ज़रिये उनके लेखकीय परिसर का विस्तार हुआ है। इसको संस्मरण कहा जा सकता है क्योंकि इसमें यतीश अपने बचपन के दिनों को याद करते हैं और उसे याद करते हुए, अपनी माँ, पिता, दूसरे पिता, भाई, बहन, दोस्त, रिश्तेदार, घर, ननिहाल आदि की स्मृतियों को साझा करते हैं। यह अलग बात है कि इसको दूसरी तरह से देखने पर यह किताब ख़ुद यतीश के प्रारम्भिक जीवन की आत्मकथा लगने लगती है। दिलचस्प यह है कि एक अध्याय में यतीश अपने पहले के वर्णन के क्रम को अपनी लिखी एक कहानी से नैरन्तर्य देते हैं और तब मालूम होता है कि यह अफ़साना न होकर वस्तुतः आपबीती थी।

यतीश पुस्तक के प्रारम्भ में ही एक अन्य विधा कविता का भी इस्तेमाल करते हुए लिखते हैं—

स्मृति की वीथियों से
एक लम्बी टेर आ रही है
चिनगारियाँ बुझ गईं
पर ताप है कि कम हो नहीं रहा

यही है स्मृतियों का स्मरण। वक़्त के साथ किसी स्मृति का रूपाकार बेशक धूसर, कभी-कभी ओझल तक हो जाता है पर उसकी तासीर जिसे

यतीश ताप कह रहे हैं वह मौजूद रहती है। इस किताब का शीर्षक 'बोरसी भर आँच' यहाँ पर अपना निहितार्थ खोलता है। ग़ौर करने की बात है, शीर्षक 'बोरसी भर आग' भी हो सकता था पर यतीश आग नहीं आँच लिखते हैं। आग दिखती है किन्तु महसूस आँच होती है।

यतीश अपनी इस कृति के पहले अध्याय 'लखीसराय—परिदृश्य की तपन' में लिखते हैं—जब स्मृतियों की साँकल बजती है तो मैं दो टुकड़ों में विभक्त हो जाता हूँ। बचपन और आज का लगभग प्रौढ़—यह किताब इस दूरी को पाटती है। संस्मरणात्मक साहित्य की यही फलश्रुति होती है, वह अपने प्रभाव से अतीत और वर्तमान के पार्थक्य तथा ऐक्य दोनों को उपस्थित करता है। उसके जादू से अतीत वर्तमान लगने लगता है और ऐसा भी कि वर्तमान पर गोया विगत का पर्दा गिर जाता है, तब वह वही महसूस होने लगता है। लखीसराय इस पुस्तक का केन्द्र स्थल है। यहीं पर लेखक का बचपन बीता था। संक्षेप में यह कि आज के समय में सफल व प्रतिष्ठित यतीश कुमार के अँधेरे बचपन की थोड़ी सी ख़ुशियों और बहुत ज़्यादा दुख, अभाव और संघर्ष की ज़मीन है लखीसराय। यतीश के पिता कम्युनिस्ट थे और असमय उनका निधन हो गया। उनकी तीन सन्तानें थीं—दो बेटे और एक लड़की। यतीश की माँ के पास इस विकट परिस्थिति से भिड़ने के लिए हिम्मत के अतिरिक्त कोई पूंजी नहीं थी। उन्होंने सरकारी अस्पताल में स्टाफ़ नर्स की नौकरी और जीवट के बल पर विपरीत हालात से मुक़ाबला करने का फ़ैसला किया। वह अपने बच्चों के संग अस्पताल के ही एक छोटे से हिस्से में रहने लगीं। जिसके बारे में यतीश कहते हैं—स्टाफ़ क्वार्टर के नाम पर अस्पताल के ही कुछ हिस्से को कर्मचारियों ने घेर रखा था...ठीक अस्पताल के पीछे वाले वार्ड के एक छोटे से हिस्से पर बाक़ी लोगों के साथ हमारा भी क़ब्ज़ा था और हम उस छोटे से हॉल में साड़ियों की दीवारें बनाकर रहते थे जो रिश्तों की डोर से बँधी थीं और बेहद मज़बूत थीं। पूरी पुस्तक में यही ढब है—दुख की घेरेबन्दी और अपनों के साथ मिलकर उसका सामना। बुरे लोग जीवन में दाख़िल होकर कठिन और तिक्त करते हैं मगर उससे भिड़न्त की मुहिम में अनायास अच्छे लोग आकर साथ खड़े होते हैं।

यतीश के पिता के एक दोस्त जो डॉक्टर थे और स्वयं भी कॉमरेड थे, सहयोग के लिए हाथ बढ़ाते हैं और अन्ततः वह अपने दिवंगत दोस्त की पत्नी से विवाह करते हैं। वह अपनी इस नर्स पत्नी और उसके बच्चों के साथ अपनी

नई पोस्टिंग वाली जगह पर जाकर रहने लगते हैं। डॉक्टर साहब दलित समुदाय से थे, नैतिक और ईमानदार थे। हमारे देश की सवर्ण वर्चस्व की संरचना का वह शिकार बनते हैं और अन्ततः उनको नौकरी से हाथ धोना पड़ता है। यह अपमान उनको असह्य महसूस होता है, वह अवसाद से घिर जाते हैं जिससे छुटकारे के लिए वह नशे की आत्मघाती दवाओं का इंजेक्शन ख़ुद को लगाते रहते हैं। नतीजतन अन्त में मृत्यु। उनसे अपने रिश्ते को यतीश ने अत्यन्त दक्षता और तटस्थता के साथ अभिव्यक्त किया है। अलगाव और लगाव के युगल धागों से तैयार यह रिश्ता अमिट छाप छोड़ता है।

माँ सुन्दर थी और संघर्षरत भी, ऐसे में एक मर्दवादी लोलुप समाज में उसके लिए जीने की डगर कितनी कठिन थी और उसने कैसे अपने तीन बच्चों के संग उसे पार किया, यह सब यतीश की इस पुस्तक में पढ़ना विचलित करनेवाला है। परेशान माँ खीज, ग़ुस्से में चीकू उर्फ़ यतीश की पिटाई भी करती है और रोती भी है। वह जब डॉक्टर के साथ प्रेम और दाम्पत्य में शामिल होती है तो चीकू के अकेलेपन, निस्सहायता, खो देने के मनोविज्ञान और तदनुसार की गई प्रतिक्रियाओं के चित्रण में यतीश ने काफ़ी कुछ बग़ैर कहे कहा है। किताब के पृष्ठों पर थोड़ा बाद में माँ की मित्र और सहकर्मी नर्स 'मौसी' और चीकू के बीच के सम्बन्ध में एक बच्चे के आकर्षण, लगाव, भावनाओं, मनोविज्ञान को यतीश ने काफ़ी सावधानी, रचनात्मक धैर्य और सुन्दरता के साथ सामने रखा है।

बहन को लेकर यतीश ने अनेक मर्मस्पर्शी और ख़ूबसूरत प्रसंगों को बताया है। यतीश बचपन में शैतान नम्बर वन थे, इतने अधिक कि माँ को अवसर मुहैया कराते थे कि जब देखो तब वह अपने इस बेटे की कुटाई करे, लेकिन बहन ही थी जो रक्षा कवच बनकर हमेशा उपस्थित रहती। 'भाई बहन की रक्षा करता है' की अवधारणा का यहाँ प्रत्याख्यान है। क़ाबिल होने के बावजूद जल्दी शादी हो जाने के चलते बहन की सम्भावनाओं का विधिवत विकास नहीं हो सका, इस कचोट को यतीश संवेदनात्मक उत्ताप के साथ किन्तु बिना भावुक हुए लिख सके हैं। बहन के प्रसंग में कुछ न कर पाने की छटपटाहट पाठक को उद्विग्न करती है। इसी प्रकार पत्नी के प्रसंग में वह जिस तरह अपने प्रेम, पछतावे और ग्लानि को एक साथ एक ही समय में अभिव्यक्त करते हैं वह महत्त्वपूर्ण है। एक जगह वह लिखते हैं कि—वह ज़्यादा स्त्री थी और मैं ज़्यादा पुरुष। यानी पत्नी में स्त्री होने का सार्थक बोध था और पति में पुरुष होने, पति होने का दम्भ। इस प्रकार की आत्म-स्वीकृतियाँ अब विरल होती जा रही हैं।

अब देखने की चीज़ यह है कि यतीश इस किताब में ख़ुद अपने को किस प्रकार देख और दर्ज कर रहे हैं? कहना होगा, यतीश ने निस्पृह होकर अपने ब्योरे प्रस्तुत किये हैं जिनसे साबित होता है कि वह एक वक़्त में बदमाश की हद तक शरारती थे। हालाँकि वह पढ़ाई में कुशाग्र थे लेकिन बदमाशी की यह प्रतिभा जैसे उनमें नैसर्गिक रूप से कूट-कूटकर भरी हुई हो। नतीजतन वह ऐसे-ऐसे अप्रत्याशित घटनाक्रम उपस्थित करते जो उनके साथ सभी के लिए मुसीबत, तकलीफ़ और परेशानी का सबब होता। उनकी ही ज़बानी—"मेरी बेवक़ूफ़ियों की फेहरिस्त में एक और बेवक़ूफ़ी जुड़ गई। पढ़ते हुए मुझे अपनी नाक में पेंसिल डालने की आदत थी। मैं कई बार काग़ज़ के तुर्रे सींक की तरह बना लेता और उसे नाक में डालकर घुमाता जिससे असमय छींक आ जाती। एक दिन मैंने उस पेंसिल चॉक से नाक में गुदगुदी पैदा करने की कोशिश की, तभी कुछ ऐसा घटित हुआ जिसका मुझे अन्देशा नहीं था। छोटी सी पेंसिल नाक में घुसाते ही मैंने सुड़क लिया। नतीजतन मुझे रोते-चिल्लाते देख दीदी और भैया दोनों मेरी ओर दौड़े। अब मेरी आवाज़ भी निकलनी बन्द हो गई। मेरा हिलना-डुलना भी।"

यतीश की किताब को कोई पसन्द करे तो एक बच्चे की एक से बढ़कर एक बदमाशियों के संकलन के रूप में भी पढ़ सकता है। वे बदमाशियाँ जो अपने स्वरूप में कॉमिक हैं किन्तु परिणति में ट्रैजिक। लेकिन यह कहना ज़रूरी है और ख़ास भी है कि इनसे एक ऐसे [illegible] बच्चे या किशोर का बिम्ब तैयार होता है जिसकी बदमाशियाँ यथार्थ की ऊपरी परत हैं, निहितार्थ यह है कि धूल, मिट्टी, संघर्ष के रसायन में पले-पगे बच्चे के जीवट का कोई जोड़ नहीं होता है। उसे परिवार के साथ रहकर अपने ढंग से ख़ुद को विकसित करना आता है। वह मुसीबत, बुरे दिनों में पलायन न करके भिड़ जाने की कला जानता है। चीकू उर्फ़ यतीश निश्चय ही इसी प्रकार के थे।

दरअसल 'बोरसी भर आँच' में एक समय है जिसमें उसके लोगबाग हैं किन्तु वे सब एक बच्चे की आँख और स्मृतियों के माध्यम से वर्णित हैं। यतीश के वर्णन की अच्छी बात यह है कि वह अपनी विपदाओं और संघर्षों को इस तरह सामने रखते हैं कि पाठक उसमें सम्मिलित हो, न कि दया दिखाए। शायद इसलिए वह अनेक बड़ी-बड़ी बेधक घटनाओं को सामने लाते हुए उनमें अनेक सरल, सादे, मामूली वृत्तान्तों के रंग मिला देते हैं। इस तरह जीवन, जीवन से बड़ा नहीं होने पाता। वह जीवन की तरह ही तमाम रंगों का मेला लगता है, जिसे बेशक आप 'अतीत के सैरबीन' के मार्फ़त देख सकते हैं।

—अखिलेश

स्मृति की वीथियों से
एक लम्बी टेर आ रही है
चिनगारियाँ बुझ गईं
पर ताप है कि कम ही नहीं हो रहा

दुख को कुन्द करनेवाली अफ़ीम
चाँदी का वरक़ लगाए
बाँटी जा रही है

सारा आकाश खुला है
विचार को छोड़कर

इन सबके बीच
हम सब
आत्मीय क्षण टालते हुए
भँवर में घूमती नाव हैं

परन्तु, इस बुरे समय में भी
माँ की करुणा ने बचा रखी है
बोरसी भर आँच
जिसकी सुलगन लिये
बचानी है अभी
मन की पूरी पृथ्वी

—यतीश कुमार

स्मृतियों की तपन

स्मृतियाँ एक अदृष्ट कलाकार की मूल कृतियाँ हैं।

—रवीन्द्रनाथ टैगोर

बचपन अस्पताल की चौहद्दी से इधर-उधर फलाँगता रहा है। बचपन जितना नाज़ुक होता है उसकी स्मृति उतनी ही सबल होती है। अक्सर उन यादों को सपरकर लिखना हो नहीं पाता। उसके लिए तो अनायास अतीत की यात्रा से गुज़रना होता है। कई बार इन यादों की बौछार में भीगते ही रुलाई का रेला बहता है और कई बार रुदन ज्यों-का-त्यों भीतर कहीं ठहरा रह जाता है जिसे टघराने के लिए अनचीन्ही यादों से हम अचानक टकराते हैं और फिर सब कुछ याद आता चला जाता है, लगता है, अरे कल ही तो घटा था हाँ, बस कल ही। यह कल भी क्या चीज़ है झट से भविष्य को वर्तमान से मिला देता है कल जो बीत गया और कल जो बीते को दोहरानेवाला है दोनों की घालमेल की इस दुर्लभ यात्रा में पाता हूँ कि स्मृतियों के पन्ने कभी पुराने नहीं होते। इन पन्नों की तारीख़ों में ठिठकी स्मृतियाँ समय के हर मोड़ पर झिलमिल-सी मुस्कराहट लिये मिलती है। मुस्कराहट के इस रेले से गुज़रते हुए ख़यालों की भीड़ उमड़ती है, भीतर कल-कल बह उठता है और क़लम अपनी यात्रा पर निकल पड़ती है।

स्मृतियाँ दरअसल अकेलेपन की संगिनी भी हैं जो आपको एकान्त से उबारती रहती हैं और इसी क्रम में लिखना आपके कषाय को कम करता रहता है। इसी क्रम में जब स्मृतियों की साँकल बजती है तो मैं दो टुकड़ों में विभक्त हो जाता हूँ। बचपन और आज का लगभग प्रौढ़! यह किताब इस दूरी को पाटने का और इस दो को एक करने का एक प्रयास मात्र है जहाँ रह-रहकर यादों से बने अब्र के सब्र का बाँध टूटता रहता है और देखते-देखते वह नीर बनकर बहने लगता है। चखो तो यह मोती नमकीन नहीं गंगाजल-सी मीठी लगती है

और लगता है जैसे लिखने के एवज़ में पुरानी पीड़ाओं को घोल-घोलकर पी रहा हूँ। मैं इतना ही भोला रहा हूँ क्या कि रह-रहकर कभी मीठा तो कभी नमकीन पानी टपकाता रहता हूँ और जब दुनिया को लगता है आँसुओं का रेला बिलबिलाकर बहना चाहिए तो वहाँ मिकदार पानी का एक बूँद भी नहीं मिलता। आँखों में पूरा-का-पूरा सूखा रेगिस्तान मिलता है, जहाँ न काँटे मिलेंगे और न ही कोई मिराज एकबारगी बस हक़ीक़त जस की तस झाँकती मिलेगी!

कई बार मर्तबान में रखे ढुलमुल चीज़ों को झिंझोड़ देने से वह व्यवस्थित हो जाती हैं। स्मृतियों का मामला भी कुछ ऐसा ही है, पर कई बार ऐसा भी लगा कि यह कैफ़ियत मेरे बयान से बाहर की चीज़ है और ऐसा सोचते ही अन्दर का डर मुझपे बुरी तरह हावी होने लगता है। तब लगता है अब इतनी हिम्मत भी नहीं बची कि टुकड़ों को सूँतकर समूचा कह सकता हूँ। इसी के साथ एक और डर मेरे साथ रहता है, वह है याद की याद न बचे रहने का डर। यह भी कि कहीं स्मृति पूरी तरह ही विस्मृति में न बदल जाए। इस डर ने ही शायद उम्र के इसी पड़ाव में संस्मरण-सा कुछ लिखने को मजबूर किया और इस जाने-अनजाने सफ़र की शुरुआत हो गई।

सब कुछ लिखने की जल्दी थी क्योंकि यह पता था कि विस्मृति के भी अपने पैंतरे होते हैं जो कि कोरोना संक्रमण हमले के बाद ज़्यादा ही चालाक हो गए हैं। स्मृतियों के दरवाज़े नहीं खुलते, एक कौंध के साथ झरोखा ज़रूर खुलता है और अगर ठीक से झाँकना शुरू करो तो खिड़कियों की पूरी शृंखला खुलती चली जाती है। इसलिए लगा स्मृतियों की कौंध में आपके साथ गुज़रने से पहले शहर और शहर के परिदृश्य को जानना भी आपके लिए उतना ही ज़रूरी है और साथ ही ज़रूरी है समझना इसके इतिहास की गुत्थियों को, जो शहर बुद्ध का विहार रहा हो वहाँ वर्तमान (1980 से 2000) में समय की करवट कैसे ख़ून की नदियाँ बहाती रही...

रह-रहकर मन अपने बचपन में जाने को मचल उठता है। इसी बेचैनी और अन्तस में उठती ऐंठन की शान्ति के लिए संस्मरण लिखने के क्रम में मैं बरबस यादों की यात्रा में निकल पड़ता हूँ। जितना लिखता हूँ उतना हल्का होता जाता हूँ। बिहार का वह टालवाला, रेतवाला, बुद्धवाला, जागता-भागता, सोता-रोता मेरा अपना लखीसराय और उसका पूरा परिदृश्य जितना सम्भव हो सका लिखता चला गया। लिखते-लिखते कुछ जगहों पर मन जाकर ठहर गया फिर लगा इसे इससे ज़्यादा कुरेदा नहीं जा सकता तो फिर वहीं से विषय की धारा मोड़ते हुए आगे बढ़ गया।

स्मृतियों की भी कई फाँकें होती हैं जो पूरी तरह नहीं दिखतीं। बार-बार टटोलने पर भी हर बार कुछ हिस्सा छूट ही जाता है। इसलिए लिखते समय कुछ-कुछ हिस्से अलग-अलग जगह मिलेंगे। पुराने हिस्से को याद करते हुए लिखते समय जहाँ भी लगा कि विस्मृति के बादल घने हो रहे हैं तो उसे छाँटने के लिए माँ और दीदी के पास गया, उनसे साझा किया और फिर वहाँ से भी कुछ उत्तर मिलने बचे रह गए तो जिनकी कहानी है उन्हीं की ज़ुबानी सुनी। दरअसल स्मृति और भ्रान्ति इन दोनों में बहुत ही बारीक फ़र्क़ है। याद करने के क्रम में आदमी स्मृति की वाटिका से गुज़रते हुए भ्रम की दुनिया में विचरण करने लगता है और इस दौरान उसे यह पता भी नहीं रहता कि उसने यह सीमा कब तोड़ दी। विभ्रम की आवृत्तियाँ बढ़ न जाएँ और यथार्थ रचते हुए भी गढ़न्त गल्प की छाँव से बचता रहूँ, इसके लिए ज़रूरी है बार-बार अलग-अलग समय के किरदारों और उन जगहों के पास जाना और ऐसा ही मैंने किया।

अचकचाई गम्भीरता और अनगढ़ मासूमियत के बीच मेरी शख़्सियत मोम और पत्थर की मूर्ति की तरह बदलती रही है। मेरा व्यक्तित्व, बहुत कठिन समय में सबसे कठोर और बहुत ही कोमल क्षणों में रबड़-सा इलास्टिक या छुई-मुई-सा रहा है। शायद इसलिए ही डॉक्टर पिता, नाना, नानी या स्मिता के पिता-माँ या भाई किसी की भी मृत्यु पर आँखों से एक बूँद नहीं गिरी जबकि ऐसा अक्सर होता है कि राह चलते किसी करुण दृश्य या सिनेमा का कोई भी मार्मिक दृश्य भीतर करुणा भर देता है और आँखें छलछला जाती हैं। यह स्वभाव बचपन से ही है कि क्षण में युक्त से मुक्त हो जाता हूँ। अकथनीय निन्दा और कल्पनातीत प्रशंसा दोनों मेरे साथी एक साथ रहे हैं।

आकस्मिकताओं से भरे जीवन में आपबीती की गहराई, भावनाओं के गोते के साथ मार्मिकता की चढ़ाई लिये भी मिलती है। इनको मापने का कोई लिटमस पेपर नहीं होता; पर हाँ, लेखनी इसका विकल्प ज़रूर है जो इसे अपने शीशे में उतार लेती है। स्मृति की विडम्बनाओं से उबरने के लिए डुबकी लगाता हूँ तो कल्पनाओं का बुलबुला मेरी साँस बन जाता है पर स्मृतियों में अगर सेंध मारनी हो तो इन साँसों का साथ बेहद ज़रूरी है।

स्मृतियों की दुनिया में प्रवेश करते ही बेआवाज़, अबोला, बेजान, सोया आकाश बेसोच जगाता हूँ और फिर ढूँढ़ता हूँ अपना वही पुराना आकाश जिसके चँदोवे तले एकान्त हमेशा सुखद लगता रहा। मन करता है वहाँ बैठ याददाश्त का टेपरिकॉर्डर रिवाइंड करता रहूँ पर डर यह भी लगता है कि याददाश्त का

टेपरिकॉर्डर न जाने कब बन्द अचानक हो जाए। याद करता हूँ तो स्मृतियों के उद्‌दंड बच्चे एक-एक कर ज़ेहन में घुस आते हैं। उन बच्चों की सारी हरकतों को यहाँ क़ैद करने की और साथ ही चारों ओर की घटनाओं का असर मन-मस्तिष्क पर कैसा रहा, यह इस संस्मरण के ज़रिये बताने की पूरी कोशिश कर रहा हूँ पर पता नहीं उन तकलीफ़ों को उकेरनेवाले सटीक शब्द मेरे शब्दकोश में हैं या नहीं; फिर भी कोशिश है कि बदस्तूर जारी है।

मेरे लिए यह संस्मरण अतीत में झाँकने की सैरबीन है जिसके पार यह झूठी व्यवस्था के आईने में बदल जाती है जहाँ पूरा परिदृश्य अपनी सूक्ष्मता के साथ और ज़्यादा साफ़ दिखने लगती है। इसी के साथ समय के परे ताकते हुए यहाँ अतीत अपने वर्तमान के सारे जंगल-जालों के साथ उपस्थित मिलेगा।

संस्मरण लिख भी इसलिए ही रहा हूँ ताकि लिखते समय भीतर की ऐंठन और उसकी तकलीफ़ थोड़ी कम हो जाए। आगे जो भी पढ़ेंगे वह अस्पताल के इर्द-गिर्द होगा और इसमें एक बच्चे की नज़र से सन् 80 से 90 तक के दशक के बिहार की राजनीतिक, सांस्कृतिक और सामाजिक बुनावट की बदलती झलक होगी जिसे आप एक दशक का यादनामा समझ सकते हैं। यह गाथा आपको धीरे-धीरे यथार्थ के नुकीले पत्थरों पर चलने को उकसाएगी।

एक सच यह भी है कि कल्पना यथार्थ की भाप है और भाप का एहसास सजग लेखक के लिए बेहद ज़रूरी है पर कई बार इनका आपसी घालमेल कब हो जाता है पता नहीं चलता। इस स्मृति यात्रा में बचपन के स्वप्न के साथ-साथ कल्पना और यथार्थ का घालमेल भी है। बचपन को ढूँढ़ते हुए अक्सर इसी घालमेल की घुली-मिली मिश्री चख लेता हूँ। तब यह पता ही नहीं चलता कि कब सपनों की दुनिया में भटक रहा हूँ, कब यथार्थ में!

मेरी हार्दिक इच्छा है कि यह आपबीती, परबीती की तरह आपसे मिले और यथासम्भव बतियाए! जिन प्रश्नों में जिज्ञासा कम पछतावा ज़्यादा है, जिन्हें कुरेदने से डरता रहा उन उत्तरों को यहाँ छाप देने से अनोखा सुकून मिला है। लिखते समय चर-अचर सृष्टि के बीच ख़ुद को यूँ इस संस्मरण के बहाने छोड़ जाने का सायास मन भी प्रेरणा पुंज बना रहा जिसके प्रकाश में लिखने की यात्रा जारी रही...

जिसे अब मैं आपके हवाले करता हूँ।

किसने बचाया मेरी आत्मा को
दो कौड़ी की मोमबत्तियों की रोशनी ने

—आलोकधन्वा

परिदृश्य की अकुलाहट

तभी मैंने जाना
कुछ पाए बग़ैर भी मुमकिन है सुख
तभी मैंने जाना
हम जैसों के लिए भी बनी है पृथ्वी।

—वीरेन डंगवाल

इस कथा में किऊल नदी अपनी सम्पूर्ण उपस्थिति के साथ रुकती-बहती रहती है। नदियाँ वैसे भी वर्तमान से इतिहास की यात्रा करने की क्षमता रखती हैं। 80 के दशक का सूरज अस्ताचलगामी था और किऊल नदी कछारों पर ढलते सूरज के प्रतिबिम्ब समेट रही थी। किऊल नदी भी अजीब है; भरती है तो कछारों को पार कर जाती है और सूखती है तो पूरा सपाट मैदान बन जाती है। सच तो यह है कि सामान्य दिनों में इस नदी में पानी नदारद ही रहता है। यह उत्तरी छोटानागपुर के पहाड़ों से निकल झारखंड गिरिडीह से होती हुई जमुई, लखीसराय और हरोहर नदी में मिलकर गंगा में समाहित हो जाती है पर जब भी गंगा को ग़ुस्सा आता है, हरोहर की दिशा उलट जाती है और फिर किऊल को इसमें पिसना ही पड़ता है। नदी की कोलाहल का ऐसा असर है कि वहाँ रहनेवाले इसे पागल नदी भी कहते हैं। साल-भर यह नदी कई चहबच्चे जनमती हुई सुस्त सूखी पड़ी रहती है जिसमें कुत्तों को लोट-पोट करने में उतना ही आनन्द आता है जितना इनसान को आता है स्वयं हाथ से गड्ढा करके पानी पीने में।

नदी के उस थोड़े से ही जल ठहराव में आदमी के साथ भैंस भी भँसियाती दिख जाएँगे। नदी के बीचोबीच भैंसों के सींग पर काले कौवे जाने क्या चुगते रहते हैं। थोड़ी सी ही बारिश में लोग कभी-कभार मछली भी मार लेते हैं। समय के साथ किऊल जंक्शन की तरफ़ वाली रेत मिट्टी में बदलती जाती है

और नदी का वह हिस्सा किसी की जायदाद का हिस्सा बनती चली जाती है। उस मिट्टी में सब्ज़ियों के साथ उगनेवाला भ्रष्टाचार किस-किस के घर में पहुँचता है, यह किसी से छुपा भी नहीं है। रेत रेत ही बनी रहे या मिट्टी बने यह समय की भी विडम्बना है। दूसरी तरफ़ लखीसराय की ओर किनारे बसे लोगों ने अपने घर का विस्तार सुविधानुसार नदी की ओर बढ़ाया हुआ है। मिला-जुलाकर सकारात्मक-नकारात्मक दोनों सम्भावनाओं का विस्तार और नदी की सिकुड़न, दो पटरियों की तरह एक साथ चल रही है।

प्रश्न अब यह भी नया नहीं रह गया है कि अन्तिम बार यह नदी कब पगलाई थी! बेमौसम अचानक हुई तेज़ बारिश, भय और सम्भावनाओं के द्वार एक साथ खोल देती है, नदी के बदलते व्यवहार से आतंकित लोग बस सोचते रहते हैं कि नदी पागल हुई तो अपने छोर पर फिर पसर जाएगी, कितनों को लील जाएगी पता नहीं। बच्चे जो नदी के बीचोबीच क्रिकेट खेल रहे होते या जो गाय-भैंस चरा रहे होते, वो देखते-ही-देखते किनारों की खोज में लौटते-भागते-बहते दिखाई देने लगते। कभी कोई बच पाता तो कभी कोई नहीं भी।

नदी अपने साथ खरपतवार के अवशेष लेकर जाती है और जाते हुए गिद्धों को न्योता भी दे जाती है। अच्छी बात यह है कि जितनी बार नदी बौराती है रेत की प्रचुरता बढ़ती जाती है और फिर शुरू होता है नदी के अवशेष पर लूट और वर्चस्व का तांडव, एक ऐसा ख़ूनी खेल जिसका पहला सिरा जातिवाद और दूसरा साम्यवाद के रंग में सना दिखाई देता है। ग़ौर करने पर एक तीसरी रेखा भी नज़र आती है जो कि मज़दूरों के पाँव जकड़े हुए उन्हीं कुर्सियों के पायों से लिपटी हुई है जहाँ साम्राज्यवाद अभी भी आख़िरी साँस लेता हुआ मिलेगा। यहाँ यह समझना भी ज़रूरी है कि आख़िरी साँस का झपट्टा बहुत सख़्त होता है।

शहर से थोड़ी दूर पर ही एक छोटी सी पहाड़ी है जयनगर की लाल पहाड़ी, जिसके गर्भ में असीमित पुरातात्त्विक महत्त्व लिये कई राज दफ़न हैं। जिसकी जाँच राज्य सरकार के साथ पश्चिम बंगाल के शान्तिनिकेतन का पुरातत्त्व विभाग कर रहे हैं। इस पहाड़ी के दोनों ओर अपनी-अपनी स्वायत्तता के साथ बसे दो गाँव हैं जयनगर (केवैया) और हसनपुर। हसनपुर भूमिहार-बाभनों (सवर्णों) का गाँव है और जयनगर मिली-जुली अकुलीन जातीय बहुलता का। वैसे बहुत ही ख़ूबसूरत और नपी-तुली अन्दरूनी व्यवस्था के साथ दोनों गाँव अपने-अपने वर्चस्व के साथ सामंजस्य बनाए रहते आए हैं।

जयनगर अभी भी एक प्रजा की तरह व्यवहार करता है और हसनपुर अभी भी राजा की तरह। यहाँ बहुत सारे छोटे-मोटे राजा एक छोटे से गाँव में रहते हैं जिनका एक साथ होना और एक ही गाँव में रहना ख़ुद किसी जटिल समस्या से कम नहीं।

मुखिया और सरपंच की व्यवस्था ग्रामीण समाज में सन्तुलन की डोर है वरना गाँव का हर छोटा-बड़ा राजा अपना आधिपत्य छोटी जातिवालों पर समझने लगता है। क़ानून की पकड़ और उनकी पकड़ की मुट्ठी एक साथ आपस में गुँथी-बँधी रहती है और इसी व्यवस्था के सन्तुलन में दोनों गाँव अपनी-अपनी जगह बहुत ख़ुशहाल जीवन जी रहे थे। छोटे गाँव की ख़ुशी तब तक क़ायम थी जब तक उनमें कोई राजा पैदा नहीं हुआ था। राजा की लड़ाई वर्चस्व की लड़ाई है और सन् 80 से 90 तक हमने राजा का नाम और शक्ल बहुत तेज़ी से बदलते देखा है, जिनका ज़िक्र रुक-रुककर करता रहूँगा और इस पूरी किताब में समय-समय पर आपको ऐसे महारथी आते और जाते मिलेंगे।

दोनों गाँव को देखनेवाला यह बच्चा यानी मैं अस्पताल में रहता है और आगे जाकर इन गाँवों और अस्पताल के बीच कितने सूत्र जुड़े हैं इस पर चर्चा होती रहेगी पर अभी चर्चा करना चाहता हूँ इस ज़िले और वहाँ के घटना चक्र की जो हम जैसे बच्चों के लिए मिथक के जीवन्त किरदार रहे हैं जिनकी कहानियाँ सुनते तो विश्वास नहीं कर पाते कि ऐसा भी होता होगा। याद करने की कोशिश करता हूँ तो अब भी भीतर से झन्ना जाता हूँ।

मन के भीतर मस्तिष्क है या मस्तिष्क के भीतर मन यह तो पता नहीं; पर मस्तिष्क के भीतर शिराओं में जो अजब सर्पीली बारीक नसें हैं जिनके घूमने का कोई निश्चित रूप नहीं, वहीं कुलबुलाती हैं, वे कोकून के लार्वा-सी यादें। कभी-कभी वह सिहरन में बदल जाती हैं और उसी सिहरन में थम-थमकर दृश्यों का रेला चमकता है। ऐसा ही बादल 2009 में एक बार चमका था। 1974 बैच के आईपीएस डी.एन. गौतम को बिहार का पुलिस महानिदेशक बनाए जाने की ख़बर मेरी स्मृतियों से कैसे जुड़ी, समझ से परे है। स्मृतियाँ तरल होती हैं पर कभी-कभी उसका कुछ हिस्सा पत्थर-सा हो जाता है, असल में वे ठोस स्मृतियाँ होती हैं और आप जानते हैं कि ठोस और द्रव्य के घर्षण से कुछ नहीं निकलता पर कुछ ही देर में पाया कि स्मृतियाँ ठोस विस्मृतियों से लड़ रही हैं और हर भिड़न्त एक चिनगारी पैदा कर रही है और हर चिनगारी के फ़्लैश में कुछ फ़्लैशबैक उभर रहा है।

एक-एक धागा फ़्लैशबैक का पूरा परिदृश्य रचने को व्याकुल है। मैं इसकी पुष्टि करने माँ के पास जाता हूँ। कुछ भी बोलने से पहले माँ की आँखें डबडबा जाती हैं पर उनके मुँह से अधिकारी गौतम नहीं, प्रकाश सिंह का नाम निकलता है। मुझे यह नाम मंत्र की तरह याद है—डर निवारण मंत्र!

रात में या पौ फटने से पहले जब भी हम किऊल स्टेशन और लखीसराय को जोड़नेवाले लोहे के रेल पुल से गुज़रते, यह नाम बुदबुदाते रहते। उन दिनों छिनतई इस पुल पर बहुत आम बात थी और यह नाम डर से जीतने का नाम था हमारे बाल-मन के लिए। ऐसा अक्सर ननिहाल (मुंगेर) से लौटते समय होता जब आदत से मजबूर जमालपुर-किऊल लोकल देर से ही पहुँचती और हमें उस थरथराते पुल से देर रात गुज़रना होता। अब यह प्रश्न उठता है कि कौन हैं ये प्रकाश सिंह और क्यों उनके नाम की याद आ रही है मुझे, तो चलिए इस क़स्बे के परिदृश्य का क़िस्सा आगे बढ़ाते हैं।

औपनिवेशिक शक्तियाँ जब अपने मकड़जाल बुनती हैं तब शुरू होता है उत्कर्ष और अपकर्ष के बीच का ख़ूनी खेल। यह बात उस समय की है जब जातीय संघर्ष के समीकरण में भयंकर उलटफेर हो रहे थे। यही नहीं, आपसी सामंजस्य भी प्रश्नों के घेरे में थे। यहाँ तक कि कौन सी जाति किस जाति पर ज़ुल्म ढा रही है यह भी पता नहीं चलता। अधिक यादव, कैलू यादव (पिपहरा), रामजी ढाँढी और प्रकाश सिंह इनमें से कौन सच है कौन झूठ, कुछ पता नहीं चलता। यह उस दशक का बहुत मुश्किल समय था। खुटहा-लखीसराय के इर्द-गिर्द की अजीबोग़रीब विचलित करनेवाली कहानियाँ। बड़हिया से लखीसराय और फिर बेगूसराय के बीच की कहानी लिखने कोई बैठे तो कई उपन्यास ही लिख डाले। दिलीप सिंह यानी बड़े सरकार, सूर्यभान सिंह, बरमेश्वर मुखिया, अशोक सम्राट, कामदेव सिंह, किशोर पहलवान, देवन सिंह, टिक्कर सिंह जैसे एक-से-एक दिग्गजों की अनगिनत कहानियाँ। पूरे इलाक़े में भय और स्वयं को बचाने की लड़ाई से लेकर आधिपत्य के सिंहासन पर विराजमान होने तक की जद्दोजहद रही। इस सिंहासन को किऊल नदी का पानी लाल करके ही हासिल किया जा सकता था। इस घमासान के बीच बचपन बिताना अभिशाप है या वरदान पता नहीं चला। लेकिन, अब लगता है कितने अनूठे अनुभव हैं जो शायद ही बिहार के किसी अन्य भाग में रहनेवालों को नसीब हुए हों। मोकामा, बेगूसराय, लखीसराय, सूर्यगढ़ा और इनके बीच का दियारा क्षेत्र चम्बल के समकक्ष ही रहा होगा। अराजकता अपने चरम पर थी।

जीवन को पूरी तरह नेस्तनाबूद करने के लिए किसी की ज़िन्दगी में ऐसी एक ही घटना काफ़ी थी।

मसलन अगर टिक्कर सिंह की ही बात करूँ तो सारी बातें कहानी की तरह लगती हैं। एक बच्चा जो आठवीं कक्षा तक अपने स्कूल में अव्वल आता हो, अपने बड़े भाई की जातीय रंजिश, मार-पीट व लड़ाई के नाम पर घसीटे जाने और 12-13 साल की उम्र में झूठ-मूठ बलात्कार के केस में फँसने के बाद, किसी भी स्कूल में दाख़िला नहीं हो पाने और आगे जाकर सारे रास्ते बन्द दिखने यहाँ तक कि भाई भी कहे, "हथियार उठा लो नहीं तो हम ही सबसे पहले मरेंगे" और फिर अन्त में थक-हार कर बाहुबली बन जाने और फिर 1998 में जाकर फिर से उसी बड़े भाई के संन्यासी बन जाने के बाद उनकी हत्या हो जाने के उपरान्त सदा के लिए बन्दूक़ त्याग देने की कहानी का नाम है टिक्कर सिंह।

न जाने ऐसी कितनी कहानियाँ हैं जो इस दलदल में तैरती लाल आँखों की तरह चमकती रहतीं। एक पल काफ़ी होता है पूरी ज़िन्दगी को चकरघिन्नी बनाने और फिर एक ही पल लगता है उस घिरनी से फ़ुहार की वर्षा हो जाने में।

ऐसे लोगों को अपने कार्यक्षेत्र में कई बार घायल होकर अस्पताल आना पड़ता है। सामने से छाती फुलाए पर अक्सर मुँह छुपाए उसी अस्पताल में जिसके एक हिस्से में हमारा बसेरा है। एकमात्र जगह जहाँ इलाज और इज़्ज़त एक साथ मिले। इसी श्रृंखला में कई ऐसे विरल व्यक्तित्व से राब्ता हुआ पर हर एक का ज़िक्र करने लगेंगे तो एक किताब इसी श्रृंखला की बन जाएगी लेकिन जिस व्यक्ति का ज़िक्र यहाँ बेहद ज़रूरी है वे हैं प्रकाश सिंह। संस्मरण के आगे के अन्य हिस्सों में जब भी याद किया तो भूमिहारों का दलितों पर अन्याय या क्रूरता की बात करता रहा; पर प्रकाश सिंह की कहानी बिलकुल अलग है। यहाँ एक तरफ़ यादव और दलित मिलकर भूमिहार के फ़सल की लूट बटाई में लगे थे और दूसरी तरफ़ माहौल कुछ ऐसा था कि बाभन ही बाभन का दुश्मन भी।

अवर्ण डकैत लूटते इन्हीं सवर्णों को और बेचने के लिए भी इन्हीं के समुदाय के धनाढ्य के पास जाते। आपसी संवादहीनता और झूठी अकड़ के कारण इनमें गुटबाज़ी शुरू हो गई और ऐसा कई बार हुआ जब निचली जातिवाले सिर्फ़ मोहरा भी बने। झूठी अकड़ की ऐंठन ऐसी कसी कि एक समय ऐसा आया जब इस क्षेत्र के भूमिहारों का सर्वस्व ख़तरे में आ गया और फिर

प्रकाश सिंह के साथ कुछ ऐसा हुआ कि वे एकदम बदल गए और बाहुबली बन गए जिन्होंने अपने गाँव और जाति को बचाने के लिए बन्दूक़ उठाई। 70 घोड़ोंवाला समूह बादल की तरह उमड़ता और अपने ऊपर होते आतंक और विरोधियों के बढ़ते वर्चस्व के विरुद्ध निर्भीकतापूर्वक लड़ता। नेपथ्य में कांग्रेस और कम्युनिस्ट के बीच की ख़ूनी लड़ाई भी चल रही थी। 70 और 80 का दशक इन्हीं ख़ूनी खेल से भरा है जहाँ राजनीति ऐसी लड़ाइयों के बीच अपनी रोटी सेंकती है जिसका टुकड़ा किसी आम को नहीं मिलता। सही था या ग़लत पर हमारी परवरिश भी इसी परिवेश के बीच हुई।

निदा कहते हैं, "ज़िन्दगी ही ज़िन्दगी की गिज़ा है" और कितना सच कहा उन्होंने। यहाँ भाई भाई का दुश्मन, कभी जाति तो बाहर वाले लूटते तो कभी अपनी ही जातिवाले! सच पूछिए तो विडम्बनाओं का पूरा जख़ीरा है इस क्षेत्र के परिदृश्य में!

ख़ैर! अब अपने क़िस्से पर वापस लौटते हैं। हुआ यूँ कि एक दिन किसी बस के पलट जाने की ख़बर आई और बहुत सारे ज़ख़्मी व चोटिल लखीसराय अस्पताल लाए जाने लगे। बड़ी ख़बर यह आई कि उनमें कुख्यात बाहुबली प्रकाश सिंह भी है। एक साथ इतनी भीड़ को सँभालना अस्पताल के इतने कम कर्मचारियों के बस में नहीं था फिर भी सब दिलोजान से इलाज में जुटे हुए थे। पता चला प्रकाश सिंह के हाथ में चोट आई है। जिस बाहुबली ने लगातार तीन दिन तक गोलियाँ चलाई हो, जिसने सत्तर घोड़ों की बारात को पाला हो, जिसके समर्थन में भूमिहार जाति बिछी पड़ी हो, जिसके पराक्रम को रोकने के लिए नया पिपहरा थाना बनाया गया हो आज उसे चोट लगी थी।

आधे लोग तो उसके पास जाने के नाम से ही डर रहे थे। छह फुटिया पहलवान-सा वह आदमी ऐसा लग रहा था जैसे आदमी की गर्दन को मुर्ग़ी की गर्दन समझकर मरोड़ देगा। डर का यह चेहरा और सामने इतने सारे ज़ख़्मी लोग! माँ बाक़ी बीमार लोगों को दूसरी टीम के भरोसे छोड़कर इस ओर आई। उनका मुआयना किया और जनरल वार्ड के पास से उन्हें ऑपरेशन थियेटर की ओर चलने का अनुरोध किया। लीडर होने का सबसे प्रबल पक्ष है करुणा और यही पक्ष उन्हें भीड़ से अलग करता है। हालाँकि हाथ टूटने का दर्द उनको भी होगा ही पर बड़ी सहजता के साथ माँ की टीम को समझाया कि "मुझे दर्द सहने की आदत है पर जो सामने बाक़ी लोग हैं उन्हें ऐसी आदत नहीं है। अत: सबसे पहले उनका ही इलाज किया जाए और फिर अन्त में मेरा।"

उनकी आवाज़ में अनुरोध के साथ आदेश का मिश्रण भी था अत: ऐसा ही हुआ। सब कुछ सँभालने में लगभग दो से तीन घंटे लगे। माँ ने काम के बीच जाकर अनुरोध किया कि जब तक बाक़ी यात्रियों का इलाज हो रहा है तब तक आप हमारे घर के सामने खटिया पर आराम से लेट सकते हैं जो कि अस्पताल के ठीक पीछे ही है। सहजता से आ तो गए, लेटे नहीं पर वहीं खटिया पर बैठ गए। मैं घर से पानी और बिस्किट लेकर गया और दूर से ही रख दिया। असल में उस समय तक हमें कुछ भी ठीक से पता नहीं था बस एक हौआ-सा उड़ा था कि कोई राक्षस जैसा आदमी आया है। तब तक यह कन्फर्म हो गया कि उनका हाथ टूट गया है और उनके प्लास्टर की व्यवस्था होनी अभी बाक़ी है। दो घंटे हम दूर से उन्हें यूँ ही घूरते रहे जैसे चिड़ियाघर में किसी बन्द शेर को देखते हैं और यहाँ तो शेर खुले में बैठा हुआ था।

सबको प्राथमिक इलाज देने के बाद डॉक्टर सिंह और पाल मामू उनके इलाज में लग गए। उन्हे ऑपरेशन थियेटर लाया गया। माँ भी उनके साथ इलाज में लगातार लगी रहीं। जब यह सब ख़त्म हुआ तब माँ ने वार्ड की बजाय उन्हें फिर पीछे घर के बाहर उसी खटिया पर ही लेटने की जगह दी और घर का बना खाना दिया। हम लोग अब भी डरे ही हुए थे और उनके पास जा नहीं रहे थे और माँ ख़ुद ही सारे काम कर रही थीं। शाम को चार बजे उन्होंने माँ से कहा कि वे यहाँ नहीं रुकेंगे और अपने घर खुटहा जाएँगे। अब उनको भला कौन रोक सकता था। कोई रिलीज़ लेटर भी बना या नहीं पता नहीं पर जाते समय उन्होंने माँ को बहुत विनम्रता से 'रेखा दी' कहकर सम्बोधित किया और कहा कि कभी कोई ज़रूरत पड़े तो मुझे बस एक आवाज़ दीजिएगा। किसी ने परेशान किया तो मेरा नाम लीजिएगा और तब से हमारी ज़ुबान पर डर भगाने का मंत्र बन गया—'प्रकाश सिंह'।

बाद में उड़ती हुई एक और ख़बर आई कि कोई नये एस.पी. आए हैं जो बहुत ईमानदार हैं और उन्होंने प्रकाश सिंह को पकड़ने की क़सम खाई है। यह भी पता चला कि ख़ाकी की शान में कोई बट्टा न लगे इसलिए अपनी बहन की शादी के बाद प्रकाश सिंह ने ख़ुद ही उन्हें सरेंडर कर दिया। यह कितना सच है कितना झूठ कहा नहीं जा सकता। बाद में पता चला कि प्रकाश सिंह के ऊपर 15 साल की उम्र से ही मर्डर का केस दर्ज है और इसे लिखते वक़्त तक कुल जमा छप्पन केस अब भी दर्ज हैं। तो ऐसा था पूरा परिदृश्य और इन्हीं के बीच कुलाँचे भरता 'हमारा बचपन'।

अस्पताल न जाने ऐसी कितनी कहानियों से घिरा हुआ था। हर कहानी कुछ कहती थी, कुछ सिखाती थी, समझाती थी और आगे का रास्ता दिखलाती थी। अब भी सोचता हूँ शायद इन्हीं परिस्थितियों ने हमें विषम से लड़ना सिखाया और सिखाया विपरीत समय में सही निर्णय लेने की कला और दी न घबराने की सीख भी।

क्या कोई अपना पूरा शरीर
देख सकता है याद की तरह?
क्या याद की पीठ पर छपे रंग पूरे
दिखाई देते हैं?

—ऋतुराज

बोरसी भर आँच

2024

अस्पताल तक जाती नदी

दो बारिशों के बीच कितना बड़ा हो जाता है आदमी

—राजेन्द्र धोड़पकर

उम्र के चढ़ते पायदान पर बचपन की स्मृतियों से बढ़िया मलहम कोई दूसरा नहीं। अवचेतन की जड़ों में ही सनी हुई यह समय-समय पर संचरित होकर जीने की शक्ति प्रदान करती रहती है और अगर ग़लती से दृष्टिभ्रम हो जाए तो समय इस पर वाइपर चलाकर पूरा शीशा साफ़ कर देता है और यूँ स्मृति की खदान के अयस्क का ईंधन लिये ज़िन्दगी की गाड़ी आगे बढ़ती रहती है।

इस यात्रा में रह-रहकर बहुत कचोटता है मन और कचोट की पकड़ से बाहर आने के लिए जाने-अनजाने उन लम्हों को अवचेतन से चेतन में बार-बार ले आने की कोशिश करता रहता हूँ। बचपन की मिश्री और हलवे भी थोड़ा चख लेता हूँ, ज़िन्दगी फिर से ताज़ा-तरीन लगने लगती है।

बचपन की यादें अब भी चमकदार, पारदर्शी या यूँ कहूँ 'डावकी की उमनगोट नदी' की तरह बिलकुल साफ़ है और यहाँ स्मृतियाँ दृश्यों को जस का तस दर्ज कर रही हैं। कल्पना से इतर यथार्थ के बारीक और मुलायम धागों से बुना आकाश, गहरे सुख-दुख और पीड़ा के रंग से रँगी हुई पूरी तसवीर लिये दिख रहा है।

कविता लिखने के लिए कवि दूसरों के दुख में किस क़दर घुल-मिल जाता है और फिर किस कलात्मक ढंग से उस अनुभव को अभिव्यक्त करता है कि वह लोगों के अवचेतन में बैठ जाती है पर जो बरसों-बरस स्मृतियों में अक्षुण्ण रह जाता है, ताउम्र कचोटता रहता है और उससे हल्का होने के लिए उसी अक्षुण्णता से रूबरू होने के लिए जन्म लेता है संस्मरण...

राज्य—बिहार, ज़िला—मुंगेर और स्थान—किऊल नदी जिसके तट पर बसा है अनुमंडल लखीसराय (उस समय का सब-डिविज़न जो अब ज़िला बन चुका है) और वहाँ का अनुमंडलीय अस्पताल जो मेरी ज़िन्दगी की किताब में अपनी सारी विषमताओं के साथ हूबहू हाज़िर है। जिसके पन्ने बार-बार फड़फड़ाते रहते हैं और मेरे चेतन को कुरेदते हुए रह-रहकर अपनी उपस्थिति की हाज़िरी लगाते रहते हैं।

वह जगह जिसे अनुमंडलीय अस्पताल लखीसराय कहते थे, उसने समय से पहले मुझे बड़ा बनाने में कोई कसर नहीं छोड़ी। बहुत कुछ सिखाया, बहुत कुछ समझाया। ज़िन्दगी के मायने, दोस्ती का मतलब, बहन का होना और भाई का घर से बाहर होने के कारण होकर भी नहीं होना। बहन, माँ और अस्पताल बस इतनी छोटी सी दुनिया थी मेरी। पिता स्मृति के अलग हिस्से में हैं और पूरी तरह शामिल नहीं हैं इस संस्मरण में। जब तक मुझे कुछ समझ आता बड़े भाई सैनिक स्कूल तिलैया में प्रवेश कर गए और पीछे अपना ओज, अपना पढ़ाकू आभामंडल छोड़ गए। भैया की प्रतिच्छाया बनना तो मुश्किल था तो अपनी अलग ही आभा बना डाली। लापरवाह, आवारा, भुलक्कड़, घुमक्कड़ और न जाने क्या-क्या। वह जब भी लौटते तो नाना जी के घर मुंगेर छुट्टियाँ मनाने चले जाते। अस्पताल की ज़िन्दगी को माँ, दीदी और मैंने एक साथ जिया। पापा का होना हमारी ज़िन्दगी में एक कम वोल्टेजवाली ट्यूब लाइट की तरह था जो कि हमेशा से ही जलती-बुझती रही, यहाँ तक कि मेरी स्मृति में भी!

अस्पताल के सामने एक विस्तृत मैदान हुआ करता था जिसकी सुन्दर बाहरी बनावट ज़रूर किसी दिल और दिमाग़ दोनों में सामंजस्य रखनेवाले अभियन्ता ने बनाई होगी। मुझे अस्पताल हमेशा अन्दर से अँधेरे की चपेट में ही दिखा। अन्दर घुप्प गलियों जैसा वातावरण रहता। वार्ड की तरफ़ हल्की-फुल्की रोशनी फैलती रहती जो खिड़कियों या रोशनदानों से होकर दिन के वक़्त भी शरमाती हुई आती।

सामने के गेट से वार्ड तक जाना तीसरे पहर के सफ़र के समान लगता। उस अँधेरे से उजाले की ओर के सफ़र में एक अजीब-सी कुलबुलाहट मची रहती। स्पिरिट की महक और तरह-तरह की दवाइयों का हवा में व्याप्त मिश्रण, हमेशा भ्रमित करता कि साँस लेना बेहतर है या साँस छोड़ना!

दीवारों पर नमी मानो सिसक-सिसककर अपना दुख और व्यथा सुनाना चाहती हो, परतों में न जाने कितनी ठंडी कहानियाँ छुपाए सफ़ेद नज़रों से घूरती रहती। ठंडी लाश की तरह बेजान ठंडी दीवारें कुछ नहीं बोलतीं बस सुनसान में किसी रोती हुई रहस्यमयी औरत की तरह डरातीं। बारिश के दिनों में अँधेरा और बारिश की बौछार मिलकर साथ-साथ वार्ड के गलियारों में छप-छप के खेल खेलती और यूँ अँधेरे का वह माहौल और नमी की चिपचिपाहट ज़िन्दगी का नमकीन हिस्सा बन गई। कुल मिलाकर हम बच्चों के लिए यह एक पूरा रहस्यमयी संसार था जिसमें हमारा बचपन तप रहा था, पक रहा था।

स्टाफ़ क्वार्टर के नाम पर अस्पताल के ही कुछ हिस्से को कर्मचारियों ने घेर रखा था। सिर्फ़ प्रभारी ज़िला चिकित्सक को अलग से बँगला मिला हुआ था वह भी झूले के साथ और वह झूला मेरी नज़रों में हमेशा से चुभता रहा। झूले पर बैठकर अंगूर खाता हुआ उनका लड़का अपनी सम्पन्नता के दर्पण में हमारे अस्तित्व को बौना बनाते हुए चिढ़ाता नज़र आता। अंगूर उन दिनों हमारे लिए ज़्यादा खट्टे होते थे, स्मृति में जिसकी खटास आज भी मेरी मीठी ज़िन्दगी का रस बिगाड़ देती है।

लगभग स्टेडियम जितना बड़ा पूरा मैदान बिना एक भी पेड़-पौधे के पूरा खुला आसमान लगता जहाँ हमेशा से आमंत्रण था झूमती हवाओं के साथ उड़ने का, उन्हीं झूमती हवाओं में पला-बढ़ा मैं। माँ स्टाफ़ नर्स थीं। ठीक अस्पताल के पीछे वाले वार्ड के एक छोटे से हिस्से पर बाक़ी लोगों के साथ हमारा भी क़ब्ज़ा था। हम उस छोटे से हॉल में साड़ियों की दीवारें बनाकर रहते थे जो रिश्तों की डोरी से बँधी थी और बेहद मज़बूत थी। माँ के आने और जाने की कोई समय सीमा तय नहीं थी। वस्तुत: हम दोनों भाई-बहन एक-दूसरे के राज़दार थे। मेरी सारी शैतानियाँ, बदमाशियाँ और ऐयारियाँ सब दीदी को ही पता होतीं। माँ की नज़रों ने मुझमें कभी कोई ऐब देखा ही नहीं। वह मेरे झूठ को भी आसानी से सच मान लेतीं और अस्पताल के हर उस स्टाफ़ से बिना कुछ सोचे-समझे लड़ आतीं जो मेरी शैतानियों की फ़ेहरिस्त लिये घूमते रहते। कालान्तर में यह अटूट विश्वास मेरे सकारात्मक बदलाव का कारण बना!

उन दिनों 'निरोध' नि:शुल्क बाँटा जाता था। बाँटने के लिए शायद कोई नियमित संख्या माने कि कोटा भी निर्धारित की गई होगी जिसे पूरा करना

निहायत ही अनिवार्य रहा होगा कर्मचारियों के लिए। इसलिए पेपर की भरपाई के साथ कई बार पूरा-का-पूरा पैकेट ही मैदान में फेंका मिल जाता। हम बच्चों के लिए तो वो फ़्री का गुब्बारा था जो मैदान पर घास को छूते ही फट जाता है। हम इसकी असल उपयोगिता से पूरी तरह अनभिज्ञ थे। बेख़बर मासूम हम निरोध के गुब्बारे उड़ाते-उड़ाते अस्पताल के अन्दर घुस जाते। सब-के-सब हमें यूँ देख दबी हुई हँसी में खिलखिलाते, एक-दूसरे को केहुनिया मारते और कभी-कभी हँसते हुए डाँट-फटकार भी लगा देते पर कभी किसी ने सही बात नहीं समझाई। कई बार तो गुब्बारा फुलाते-फुलाते ही फट जाता और एक अजीब सा पाउडर चेहरे पर चिपक जाता और हम वही शक्ल लिये अगले गुब्बारे की चाह में कम्पाउंडर चाचा के पास जाकर ज़िद करने लगते कि हमें निरोध गुब्बारा चाहिए। चाचा इधर-उधर देखते, हमसे नज़रें बचाते-छिपाते हुए चुपके से हमें हमारा गुब्बारा दे देते। ऐसी कई जानी-अनजानी शरारतों से भरा हमारा बचपन अपने ही सलीक़े से गुज़र रहा था।

तब मल्टीस्किलिंग का नाम इतना आम नहीं पर माँ ऑल इन वन थीं इसलिए उनको हर जगह किसी के भी रिप्लेसमेंट के लिए उपयुक्त और ज़िम्मेदार मान लिया जाता। कम्पाउंडर नहीं आया है, दवाइयाँ बाँटनी हो या सर्जन का सहयोगी नहीं आया तो ऑपरेशन थियेटर में काम करना हो या फिर किसी गाँव में कैम्प के लिए जाना हो, मतलब कहीं भी, कभी भी। एक ही पंक्ति में कहना हो तो माँ कभी न थकने वाली चींटियों की तरह अपनी ज़िम्मेदारियाँ निभाती रहती।

"ऑपरेशन थियेटर को थियेटर क्यों कहते हैं"—कभी समझ नहीं सका पर वहाँ घटित होनेवाली ढेरों सच्ची कहानियाँ हमेशा बड़ी दिलचस्प लगीं। ऑपरेशन थियेटर के ठीक पीछे हमारा छोटा सा हथियाया हुआ घर था। ऑपरेशन थियेटर की खिड़की हमारे घर की ओर खुलती थी। ऑपरेशन के दौरान अक्सर हम अपनी दिदिया के साथ खिड़की से भीतर झाँकते रहते और कई बार दृश्य भी ऐसे होते जो साधारण बाल मस्तिष्क में कौतूहल और भय दोनों एक साथ भर दे!

उसी खिड़की से चाय और पकौड़े की दरख़्वास्त और आदेश समय-असमय अपने रंग बदल-बदलकर मिलते जैसे यहाँ कोई फ़्री का होटल चल रहा हो और हमसे चाय और पकौड़े की शक्ल में वहाँ रहने का किराया वसूला जा रहा हो। दीदी बनाती और मैं वार्ड ब्वॉय की तरह सबको खिड़की के रास्ते चाय-नाश्ता पहुँचाता। साथ ही गवाह भी बनता रहता ऑपरेशन थियेटर में रोज़ जन्मती विचित्र व अजीबोग़रीब कहानियों का। वो सारी कहानियाँ बिना बताए समय की पीठ पर दर्ज होती चली गईं।

कई बार ऐसा भी होता कि किसी सन्दिग्ध क्रिमिनल को गोली लग गई, वह पुलिस से बचकर आया होता और परिसर में चर्चा हो रही होती अब इसका क्या किया जाए। और अन्तत: भय के मारे बिना पुलिस को ख़बर दिये उसका इलाज कर दिया जाता। कभी-कभी वैसे लोगों को नींद की सूई लगाकर पुलिस को इत्तला कर दी जाती। यह सब उस आदमी के अपने वर्चस्व और समय की नज़ाक़त पर निर्भर करता था। बुरा जितना शक्तिशाली, उतना ही असरदार! लोकल सिस्टम ने समय-समय पर अपने क़ानून ख़ुद गढ़े थे जो लिखित न होने पर भी सबके अबोले ज़ुबान पर होते। व्यवस्था ने अपना सन्तुलन पूरी तरह बनाया हुआ था।

कुछ गुदगुदानेवाली रोचक घटनाएँ भी घटती रहतीं जैसे एक दिन एक बूढ़ी अम्माँ की साँस अटक गई, पता चला कि पेट दोगुना फूल गया है। सत्तर साल की अम्माँ अन्तिम साँस के लिए तड़प रही हैं। देर रात का समय होगा, सुपर इमरजेंसी वाला माहौल क्योंकि यह हसनपुर के किसी धनाढ्य दबंग के घर का केस बताया गया था, सो सब लोग सुनकर भागे-भागे पहुँचे। सब परेशान कि हुआ क्या है, बूढ़ी अम्माँ कुछ कह नहीं पा रही थी बस साँस की दिक़्क़त के इशारे किये जा रही थी। उपयुक्त निरीक्षण और घरवालों से बातचीत पर निष्कर्ष यह निकला कि अम्माँ ने ज़रूरत से ज़्यादा चूड़ा खा लिया था और रात में पानी पीना भूल गई और जब पानी पिया तो चूड़ा पेट में फूल गया और गैस ने हलक़ पर क़ब्ज़ा कर लिया। साँस अटक गई और फूले हुए पेट को ढीला करने के लिए पाइप डालकर गैस उतारी गई। उसके बाद सभी लोग बूढ़ी अम्माँ को ऑपरेशन रूम में ही छोड़कर भाग खड़े हुए, सचमुच पूरा कमरा अमोनियावाली दुर्गन्ध से भर गया। अम्माँ की कहानी आज भी जब याद करते हैं तो पेट पकड़-पकड़कर हँसते हैं।

कुछ घटनाएँ बहुत ही ममस्पर्शी थीं जैसे माँ अकेली आई, बच्चे को जन्म दिया और चल बसी। अकेली आई माँ का यूँ बेसमय जाना और अस्पताल को एक और अनाथ बच्चे की ज़िम्मेदारी दे देना। सच में बहुत क्रूर समय था वह। दृश्य भी ऐसा जहाँ बाप का नामोनिशान नहीं, माँ की लाश सामने और मासूम नज़र चमककर खिल-खिलकर कहे मुझे ख़ूब दुलारो, ख़ूब प्यार करो! लाश को देखकर आँखों में आँसू और नौनिहाल को देख मुस्कान भगजोगनी की तरह चेहरे पर आती-जाती रहती। ऐसे असमंजस भरे क्षण बहुतेरे होते। हममें से ही कोई उस बच्चे को रुई से दूध पिलाता होता तो कोई लोरी सुनाता। क़ानूनी प्रक्रिया को जगने में समय लगता इसलिए प्रशासन की नींद टूटने तक बच्चे को ज़िन्दा रखना ही प्राथमिकता रहती।

कुछ घटनाएँ ऐसी भी थीं जिसमें ममता और वात्सल्य के इतर क्रूरता की कोई सीमा नहीं थी, जैसे बच्चे को जन्म देते ही कुछ घंटे में प्रसूता का रफूचक्कर हो जाना। प्रश्न उठता कि अब उस लावारिस को कौन देखेगा। फिर परिवार को ख़बर दी जाती और बच्ची को उसके घर पहुँचा दिया जाता। कभी-कभी परिवार ही माँ और बच्ची दोनों को छोड़ भाग जाता, कहता, तीसरी बच्ची हुई है, अब इस करमजली को कौन ले जाएगा। हम सब मिलकर उसे कुछ दिन अपने साथ रखते फिर न जाने वो दोनों कहाँ गुम हो जाते...

एक बार तो बच्ची की शक्ल बहुत ही भयानक निकली तो लोगों ने उसे राक्षसी का अवतार मान लिया और उसे मार डालने की साज़िश तक रच दी। इन क़िस्सों की अपनी श्रृंखला है जिसे केन्द्र बिन्दु बनाकर लिखना शुरू कर दूँ तो अलग से पूरी किताब रचनी पड़ेगी!

इन क़िस्से-कहानियों के बीच मेरे लिए माँ का बेहिचक आगे बढ़कर सब सँभाल लेना, असहज समय में अविलम्ब उपयुक्त निर्णय लेना हमेशा से प्रेरणादायी रहा और हमारे अन्तस में कहीं इस गुण के बीज जन्मते रहे और समय के साथ पनपते भी रहे। हमने माँ को हर ऐसी अनसुलझी समस्या को बिना परेशान हुए सुलझाते देखा है। जटिलता को सहजता से सरलता में परिवर्तित होते देखना मेरा सौभाग्य रहा है। कालान्तर में माँ को इन गुणों ने चर्चित और परेशान दोनों किया।

पास के गाँव हसनपुर जो कि किऊल नदी के तट पर बसा हुआ था, वहाँ बालू पर वर्चस्व रखने को लेकर घटित घटनाओं का प्रतिकूल असर अस्पताल पर सीधा पड़ता था। उन दिनों गोलियाँ चल जाना उतना ही स्वाभाविक था जितना सर्वदा सूखी किऊल नदी में असमय बाढ़ आ जाना। हर बार किसी को गोली रात में ही लगती और बत्ती का उसी समय गुल होना प्रकृति का विधान-सा लगता। एक अजीब रहस्यमय आवरण पूरे वातावरण को घेरे रहता। हमेशा खुसुर-फुसुर और बुदबुदाहट हवा में तैरती रहती। हम बच्चे उस अस्पष्ट भय से विमुक्त-बेख़बर मटरगश्ती करते फिरते तो कभी सब कुछ दूर से निहारते रहते। सच पूछिए तो यह अस्पताल हमें हमेशा नाटक का मंच ही लगा जिसे हम जैसे बच्चों ने कभी विशुद्ध दर्शक तो कभी अदाकार की तरह जिया।

नया अस्पताल अभी-अभी बना ही था और हम लोग पुराने अस्पताल, जो एक हेल्थ यूनिट जैसा था, से आए थे। सच यह भी था कि अब तक आधे कर्मचारी ही आ पाए थे। स्टाफ़ की कमी के कारण या ज़्यादातर कर्मचारियों के शहर में रहने के कारण माँ को सफ़ाई से सर्जरी तक हर काम करना पड़ता।

हालात ऐसे भी हो जाते कि दस साल की उम्र का मैं और मुझसे ढाई साल बड़ी दीदी को ज़रूरत पड़ने पर ऑपरेशन के दौरान टॉर्च दिखाने का भी काम करना पड़ता। मुझे याद है हमारे कमज़ोर हाथ कई बार थरथराते और उन्हें ऑपरेशन करने में कितनी दिक़्क़त होती।

मुझे याद है अक्सर जब किसी ख़ास महाशय को गोली लगी होती तो उनका व्यवहार बड़ा अजीब-सा होता। कमरे में हेकड़ी और विनती का मिश्रित स्वर गुंजायमान होता रहता, जिसमें कुछ चुनी हुई गालियाँ भी शामिल होतीं। वो सर्वदा भूल जाते कि सामने पुरुष है या महिला या फिर बच्चे। उन्हें सिर्फ़ ये याद रहता कि वो दर्प से ओत-प्रोत पुरुष हैं जिनका अधिकार है बेहिसाब गालियाँ बरसाना। हालाँकि ऐसे लोगों को रास्ते पर लाने के लिए अस्पताल के भी अपने नुस्ख़े और सधे हुए तरीक़े थे। उनके ऑपरेशन में सबसे ज़्यादा वक़्त लगता जो सबसे ज़्यादा गाली देते, साथ ही सबसे ज़्यादा सूई और ऑपरेशन के सबसे गहरे घाव भी उन्हीं को पड़ते।

कई बार जब वैसे महाशय से भी बड़े महाशय को गोली लगती तो न जाने कैसे अस्पताल की बत्ती अपने-आप गुल हो जाती और उन्हें बाहर खुले आकाश में ही बेंच पर ऑपरेट करना पड़ता। हम दोनों भाई-बहन टॉर्च की रोशनी को बार-बार केन्द्रित कर गोली का खेल देखते रहते। गोली को बाहर निकालने का तरीक़ा बच्चे को गर्भ से निकालने जैसा ही होता। वह भी कभी दिखती कभी ओझल हो जाती, आदमी को देखकर टाँका लगाने की संख्या का भी निर्णय लिया जाता। अब सोचता हूँ प्रत्यक्ष ख़ून देखने का जितना डर अब लगता है तब क्यों नहीं लगता था!

दस साल की उम्र में ये दिल दहलानेवाले अनुभव थे। ये घटनाएँ आपको कठिन समय के लिए बहुत ही चुपके से तैयार करती रहती हैं और वह कठिन समय बिना तैयारी का वक़्त दिये, बिना बताए अचानक धप्प से प्रकट हो जाता है। आपकी सहनशीलता में परिपक्वता का आवरण चढ़ता रहता है और एक वक़्त ऐसा भी आता है जब आप मौत तक के दर्द से ज़र्द नहीं होते मानो कुछ भी महसूस नहीं कर रहे और यह दुर्घटना एक सामान्य घटना जैसी प्रतीत होने लगती। ऐसा ही हुआ था जब असमय पिता गुज़र गए और हमें लगा यह एक सामान्य घटना ही तो है जबकि अब भी मैं बहुत छोटी बात पर या फ़िल्म के किसी भावुक सीन देखते हुए या अपनों के बीच अपनी बात रखते हुए रो पड़ता हूँ। जबकि बड़ी व्यक्तिगत घटनाओं जैसे किसी अपने को खोने या अस्पताल में भर्ती होने पर शून्य की पनाह में चला जाता हूँ, एकदम पत्थर समझ लीजिए। शायद मनोभाव की ऐसी अदला-बदली का कारण अस्पताल में बीता बचपन ही हो!

यह सच है कि मुड़े-तुड़े इरादे अपनी जेब में आज भी रखता हूँ। मुझे हमेशा से विश्वास है कि वे मेरा साथ देनेवाले हैं। हालाँकि समय की ठोकरें अक्सर मेरे इरादे बुहार देती हैं और मैं ख़ाली जेब बे-इरादा घूमता-फिरता रहता हूँ! यही बे-इरादा यायावरी एक निर्वात रचती है और मैं उसमें प्रवेश कर सुकून की पनाह पाता हूँ। फिर से ज़िन्दा हो जाता हूँ। आज भी कुछ नहीं बदला है। जब भी शून्य में विचरता हूँ, निर्वात का खोल सबसे सुकून की जगह लगती है। यहाँ मुझे विस्मृति की पनाह मिलती है पर सच यह भी है कि विस्मृति को जगाने और स्मृति में बदलने के लिए हम जीवन को अपने पुराने ढर्रे यानी कि पुरानी पटरी पर ले जाना चाहते हैं। इसके लिए उसे एक ख़ास लय की तलाश होती है और आगे बढ़ने के लिए ताल मिलाने की भी! जिस लय और ताल से भरे झूम की तलाश रही वह अक्सर मुझे रेलवे यार्ड में मिली! बचपन में सुनसान किऊल नदी में भी जब मन नहीं रमता तब स्टेशन से दूर पटरियों पर कूदता-फाँदता रहता। वहाँ ठहरी हुई नदी से विपरीत चारों ओर चीज़ें गतिमान थीं। इस लय ने मुझे उस निर्वात के बढ़ते जाल को तोड़ने में हमेशा मदद की!

तब कभी नहीं सोचा था कि ये पटरियाँ मेरी ज़िन्दगी में कितनी दूर तलक का साथ लेकर आई हैं कि आज भी इन्हीं के बीच जीवन बीत रहा है।

उस समय की रेल से जुड़ी कई घटनाएँ याद आ रही हैं पर कुछ घटनाओं जो यहाँ साझा कर रहा हूँ जिसकी स्मृतियाँ आज भी बिलकुल तरोताज़ा हैं।

एक बार ज़ख़्मी हालत में एक बूढ़ी अम्माँ को लाया गया जिनका पैर अस्पताल में आते ही काटना पड़ा। वो रेलवे स्टेशन के यार्ड में कोयला चुनती थी। थोड़ी पगली अन्यमनस्क-सी खोए हुए बेटे कि याद में बुदबुदाती फिरती। कैसे गिरी, किसने धक्का दिया या आत्महत्या की कोशिश थी पता नहीं पर यह अप्रिय घटना घटी और ट्रेन से उनका पैर अधकुचल गया जिसे अविलम्ब अस्पताल आते ही ऑपरेट करना पड़ा। अस्पताल का अपना ही नियम होता है जो दवाइयाँ सप्लाई में कम होती हैं उनकी राशनिंग होती है कोटे से बँटती हैं और इस कोटे के अनुसार डाइकट्रीसिन इंजेक्शन एक सप्ताह में ख़त्म हो गया। जैसी हालत थी कि दवाई अभी कुछ दिन और अम्माँ को मिलनी चाहिए थी। माँ के साथ पूरी टीम चिन्तित थी और तभी शान्ति मौसी ने दिमाग़ लगाया कि जितने उपयोग में लाए गए ख़ाली इंजेक्शन के वाइल हैं उन्हें डिस्टिल्ड वाटर से धोकर उस पानी को अम्माँ को चढ़ाया जाए और ऐसा ही हुआ। इस उपाय ने अपना असर दिखाना शुरू कर दिया। थोड़े ही दिन बाद जब वो थोड़ी सामान्य हुई तो सबने यह महसूस किया कि रात-दिन अम्माँ अपने बाल

नोचती रहती है बुरी तरह सिर खुजाती रहती है। उनके बाल बिलकुल चिड़िया का खोता और साथ में स्प्रिंग की रस्सीवाला छल्ला भी। हम लोग उनके लिए पावरोटी-चाय लेकर जब जाते तो इतने गन्दे बाल की बदबू से परेशान होकर साँस रोके वहीं सामने रखकर भाग जाते। तब माँ और शान्ति मौसी को एक और उपाय सूझा और उन्होंने मिलकर उनके बालों में तारपीन के तेल में भिगोया तौलिया लपेटकर रात-भर छोड़ दिया। सुबह जब तौलिया हटाया तो हज़ारों कि संख्या में जूँ चिपकी पड़ी मिलीं। सबको यह देखकर उबकाई आ रही थी पर इस काम को रोज़ाना करने में दीदी ने माँ की बहुत मदद की। गरम पानी से उनके पूरे बदन को साफ़ किया गया। वह बिलकुल अलग नज़र आने लगीं। बहुत जल्द एक अलग ही रूप था सामने जिनमें अभी जीने की अथाह चाह बची हुई थी। जाते हुए हम सबको ढेर सारा आशीर्वाद दिया, स्नेह की अविरल धार में कितनी दुआएँ निहित थीं यह उनकी आँखों से साफ़ दिख रहा था। जब वो आई थीं तो कोयले के धूल से सनी हुई थीं और जाते समय एक सुन्दर-गोरी दिव्य अम्माँ दुआओं के पुंज पीछे छोड़ती जा रही थीं...

रेल से जुड़े क़िस्से हैं जो शुरू कहीं भी हों पर अस्पताल की चौहद्दी में आकर ही ख़त्म होते हैं। इसी कड़ी में एक बार जीआरपी (राजकीय रेलवे पुलिस) द्वारा तीन लोगों को लाया गया। तीनों का शरीर बुरी तरह से ऐंठ रहा था और साथ ही वे बिलकुल बेसुध थे। पता चला बाढ़ और बड़हिया स्टेशन के बीच किसी नशाख़ोर ने उन्हें खाने के बहाने कुछ ऐसा खिलाया कि वे बेहोश हो गए। नशाख़ोरी के शिकार लोग अक्सरहाँ आते रहते अस्पताल में पर शरीर की ऐसी ऐंठी पहली बार देखी जा रही थी। चेहरा टेढ़ा हो गया था और इन तीन लोगों में एक की हालत ज़्यादा ही ख़राब हो रही थी। उन तीनों का सामान तो पहले ही ग़ायब हो चुका था। उनके पास पहनने और खाने के लिए कुछ नहीं बचा था। पैसे सामान के साथ चोरी हो चुके थे। अस्पताल में सभी लोगों द्वारा जो भी बन पड़ा सब किया गया पर उनमें से एक बीमार पाँच दिन के बाद भी पूरी तरह होश में नहीं आ पा रहा था। रह-रहकर नींद में वो अपने-आप चिल्लाता और उसका शरीर तड़प उठता। उसके शरीर में पानी भी इसी डर से लगातार चढ़ाया नहीं जा पा रहा था। उसे एक क्षण को होश आता भी तो वह जो कहता किसी के पल्ले नहीं पड़ता, बस होश आने पर गोंगियाता रहता। बाक़ी दोनों मरीज़ तो दस-बारह दिन में लगभग ठीक हो गए पर यह शख़्स तो जैसे अन्यमनस्क हो गया हो। बारहवें दिन भी बहुत मुश्किल से अपने गाँव का नाम-भर ही बोल पाया। पुलिस को इत्तला करने के बाद यह निष्कर्ष निकाला गया कि

इसे इसके गाँव भेजा जाए, वहाँ कोई-न-कोई ज़रूर पहचान लेगा। समस्या यह थी कि यह कैसे गाँव जाएगा, इसे कौन लेकर जाएगा। ऐसे में एक पुलिस कांस्टेबल इस शर्त पर तैयार हुआ कि एम्बुलेंस मिलेगा तब ही पहुँचाऊँगा। अब समस्या यह भी थी कि एम्बुलेंस में मरीज़ लाए जाते हैं घर नहीं भेजे जाते! माने क़ानूनी अड़चन जिसका काट ढूँढ़ना ज़रूरी था। अब सरकारी अस्पताल में एम्बुलेंस से गाँव तक भेजने का ज़िम्मा कौन उठाए, क़ायदे-क़ानून के भीतर इसे कैसे निपटाया जाए। मानवता सारे क़ायदे-क़ानून से बढ़कर होती है यही सोचकर सभी स्टाफ़ ने मिलकर एम्बुलेंस के तेल का ख़र्च साझा किया और ड्राइवर को मनाया गया कि इसे गाँव छोड़कर आए। सारे अस्पताल को इस सामूहिकता ने चैन की साँस लेना किसे कहते हैं सिखाया। ऐसी घटनाएँ हम बच्चों के लिए एक सच्ची सीख थीं।

रेल से जुड़ी एक और मार्मिक घटना सुनाता हूँ जिसे याद करते हुए आज भी मेरे रोंगटे खड़े हो जाते हैं। ट्रेन ने झाझा क्रॉस किया था। झाझा और जमुई के बीच गिद्धेश्वर जंगल है वैसे तो यह जंगल नक्सलियों का घर है पर वहाँ का ग़रीब कुनबा इसी जंगल से लकड़ी चुनकर या काटकर ट्रेन में अवैध रूप से ढोता आया है। ट्रेन के दरवाज़े के पास शौचालय के बीच लकड़ियों का गट्ठर होना उन दिनों इतना आम दृश्य था कि सभी यात्रियों को यह सामान्य ही लगता। वैसे भी दुर्घटना घटने से पहले तक सब सामान्य ही लगता है। बाद में सौ ग़लतियाँ निकालिए, कोई फ़र्क़ नहीं पड़ता। गर्मी अपने चरम पर थी। दोपहर का समय था। किसी की पी हुई बीड़ी की चिनगारी थी या लापरवाही में फेंकी गई अधजली बीड़ी, देखते-देखते लकड़ियों का गट्ठर दावानल में बदल गया। ड्राइवर को जब तक लपटें दिखतीं तब तक ट्रेन ने अपनी गति बनाए रखी थी पर जैसे उसे समझ में आया कि कुछ बड़ा घटनेवाला है उसने अपनी गति को और तेज़ कर दिया यह सोचकर कि किसी तरह किऊल स्टेशन पहुँच जाए तो पानी की व्यवस्था हो जाएगी पर लपटों ने उसकी एक नहीं सुनी और चैन पुलिंग और अपनी जान बचाने के सामूहिक असर ने उसे ऑउटर पर ही इमरजेंसी ब्रेक लगाकर ट्रेन से छलाँग लगाने को मजबूर कर दिया। अच्छी बात यह थी कि ट्रेन में कोई एसी का डब्बा नहीं था। दरवाज़े पर गट्ठर होने के कारण लोगों को कूदने में बहुत मुश्किलों का सामना करना पड़ा। सौ से ज़्यादा लोग ज़ख़्मी हो गए। आम जन और सरकार के साझे प्रयास से सबको अस्पताल लाया गया। अस्पताल जले लोगों की कराह से कराहने लगा। हम बच्चों के लिए यह एक भयावह मंज़र था।

नवजात शिशु, छोटे बच्चे, बूढ़ी अम्माँ, नववधू, बूढ़े-बुज़ुर्ग सब एक लाइन से कराहते हुए। इस बुरे समय में बस एक बात अच्छी थी कि चार-पाँच को छोड़कर कोई डीप बर्न केस नहीं था और सब लोग सँभालने की स्थिति में थे। जलन का दर्द कितना हृदय विदारक होता है यह वही समझ सकता है जिस पर बीत रही हो। एक नवविवाहित जोड़े का पूरा सामान जल गया। दुल्हन का पैर और दूल्हे का हाथ जल गया पर दोनों इस दर्द में भी एक-दूसरे को कितनी प्यार भरी नज़र से देख रहे थे जिसमें ढेर सारा ढाढ़स बँधा था। तेरह धनाढ्य व्यापारियों का एक समूह भी था जिनका सब सामान जल चुका था। उस समय उनके उपचार के साथ ज़रूरी था उन सबके लिए खाने का इन्तज़ाम होना। इतनी बड़ी घटना में समाज के लोगों की प्रतिभागिता हो जाए तो कितना सुखद! दुख पर थोड़ा मलहम लग जाता है। राजकुमार एक कांग्रेसी थे जिन्होंने इन मरीज़ों को यहाँ पहुँचाने में मदद की थी। उन्होंने ही हिम्मत की और कई लोगों को इकट्ठा किया। सबके घर से चावल, आलू और दाल लाई गई। हम सब लोग मिलकर खिचड़ी बनाने की तैयारी में जुट गए। मेरा और बच्चों के साथ काम था बाल्टी भर-भरकर पानी लाने का। उस समय मेरी उम्र कुछ ऐसी थी कि हैंडपम्प चलाने के लिए मुझे हर बार उछलकर पम्प के हैंडल के ऊपर चढ़कर लटकना होता अत: एक-दो बाल्टी के बाद ही मुझे इस काम से हटा दिया गया और अब मैं सबको गिलास और मग छलकाते हुए पानी बाँट रहा था। जामुन मामा जो ख़ानसामा (रसोइया) थे वो स्वयंसेवक की तरह अपने काम में जुट गए। ईंट का चूल्हा बना और बड़ा सा तसला चढ़ाया गया, जैसे इंजन में कोयला डालकर आग बढ़ाई जाती है वैसे अस्पताल से इकट्ठा किये गए कूट (कार्टन) की दफ़्ती और स्टोर की पैकिंग की लकड़ी डालकर आँच बनाई और बढ़ाई गई।

सच, दर्द के माहौल में मलहम पक रहा था!

भैया छुट्टी में आया हुआ था और मरीज़ों को उतारने, बिठाने और स्ट्रेचर पकड़ने में पाल मामू की मदद कर रहा था। दूसरे दिन सुबह दर्द कम हुआ पर दर्द की शक्ल और भयावह हो गई। हम बच्चों के लिए जॉनशन वॉइलेट वाला बैगनी फफोला बहुत ही विकृत डरावना प्रतीत हो रहा था। इन फफोलों को कैंची से कपड़े की तरह काटते हुए देखना और उससे बहते पानी की धार की फुहार आपको भीतर तक हिला देगी! सुबह नाश्ते के लिए केले-पावरोटी की व्यवस्था अस्पताल की तरफ़ से हुई पर हम लोगों ने सबको फिर चाँपाकल से पानी लाकर पिलाया। उन तेरह लोगों में सबसे बुज़ुर्ग की आँखें

ब्रेड-केला के लिए हाथ फैलाते हुए अचानक छलछला गईं, कहने लगे कि अपने शहर में हज़ारों को पंगत में खिलाते रहे हैं, हाथ हमेशा ऊपर ही रहा और आज ईश्वर ने यह दिन दिखाया है कि हाथ फैलाकर खाना माँग रहे हैं। ज़िन्दगी ऐसी महत्त्वपूर्ण सीख के साथ बचपन, अस्पताल या यूँ कहें ज़िन्दगी की पाठशाला में अपने डेग बढ़ाती रही। नित नई सीख देती रही।

यादें भी उन सिक्कों की तरह हैं जो रेल जैसी छुक-छुक बचपन के नीचे आकर और चौड़ी हो जाती हैं। चलिए, रेल के डिब्बे से बाहर ज़िन्दगी को वापस पटरी पर लाते हैं। यह अस्सी के दशक की बात है। उन दिनों गाँव-देहात में क़ायदे-क़ानून थोड़े से ताख़ पर ही पड़े रहते थे। हर किसी की ज़िन्दगी में कुछ ख़ास वर्ग की दख़लअन्दाज़ी ज़रूरत से ज़्यादा की रहती थी। जातिवाद के आपसी वर्चस्व में संघर्ष अकेला औज़ार था। ऊँची और नीची दोनों जातियाँ अपनी-अपनी सीमा विस्तार में लगी हुई थीं। सबके जूतों की माप अचानक बड़ी हो गई थी। नई लोकतांत्रिक राजनीतिक पार्टियाँ जातिवाद का झंडा फहरा रही थीं जिसका असर गाँव और बस्ती पर भी पड़ रहा था।

ऐसे में अस्पताल की राजनीति में भी जातिवाद का असर दिख जाना स्वाभाविक था। यहाँ तक कि बच्चों पर इसका सीधा असर हुआ। कभी मन होता तो बड़े डॉक्टर साहब का लड़का हमसे बात कर लेता, हमारे साथ खेल लेता तो कभी घर में भी नहीं घुसने देता। बच्चे भी गुटों में बँट रहे थे पर बचपना गुटबन्दियों को बहुत देर तक टिकने नहीं देता। यह भेदभाव क्रिकेट के मैदान या गिल्ली-डंडा और कंचों की आवाज़ में गुम हो जाता। आश्चर्य है कभी भी जातिवाद हमारे घर से ऑपरेशन कक्ष में जाते चाय और पकौड़े पर नहीं पड़ा। सभी जाति के डॉक्टर और सहयोगी समान भाव से ज़ायक़े का मज़ा लेते और समय-बेसमय यह माँग हमेशा बनी रहती। इन बातों से यही समझा कि सारे ढकोसले पेट के सामने ध्वस्त हो जाते हैं।

इसी बीच एक ऐसी घटना हो गई जिसकी कल्पना हममें से किसी ने नहीं की थी। डॉक्टर सिंह भूमिहार नहीं थे पर अस्पताल को अपनी मर्ज़ी और ज़्यादा ही कड़ाई से चलाना चाहते थे। कड़ाई का आलम यह था कि किसी को छुट्टी भी बमुश्किल देते, विशेषकर किसी ख़ास वर्ग को! माँ बन्ध्याकरण ऑपरेशन कैम्प में उनकी पत्नी डॉक्टर उर्मिला की सहायिका के तौर पर जाती थी। डॉक्टर उर्मिला माँ से बहुत हमदर्दी से पेश आती और उनका दोस्ताना व्यवहार माँ को भी उनके प्रति कार्य और कार्य से बाहर दोनों जगह समर्पित रखता। एक बार माँ नहाते हुए फिसल गई और बाल्टी का कोना जाँघवाले हिस्से में लग गया।

चोट लगने से माँ ठीक से चल नहीं पा रही थी और पूरे हिस्से में नीला निशान पड़ गया था। माँ ने आराम के लिए छुट्टी की दरख़्वास्त दी पर अगले दिन ही ऑपरेशन कैम्प के लिए सूर्यगढ़ा जाना था। सिंह साहब ने छुट्टी देने से इनकार कर दिया। माँ के बार-बार आग्रह करने पर डॉक्टर उर्मिला को कहा गया कि पहले उनकी चोट का निरीक्षण किया जाए। यह माँ जैसी कर्मठ कर्मी के लिए सरासर बेइज़्ज़ती करनेवाली बात थी पर डॉक्टर सिंह की ज़िद के आगे डॉक्टर उर्मिला की भी एक नहीं चली और चोट माँ को दिखाना ही पड़ा। डॉक्टर उर्मिला माँ की बहुत इज़्ज़त करती थी इसलिए ऐसा करते हुए उनकी आँखों में क्षमा के भाव अवश्य रहे होंगे। ऐसा सिर्फ़ इसलिए हो रहा था क्योंकि डॉक्टर सिंह की पत्नी के साथ कैम्प में कोई और स्त्री का न होना उनके लिए असहज स्थिति पैदा कर देता।

तो कहानी यहाँ ख़त्म नहीं होती यहाँ से शुरू होती है, कुछ ही दिन बीते होंगे कि डॉक्टर सिंह जनरल शिफ़्ट की ड्यूटी पर थे और वहाँ उनकी कुर्सी के सामने सिर्फ़ एक ही कुर्सी रखी जाती थी। ग्यारह बजे दिन का समय था और मुखिया जी की पत्नी को बुख़ार था सो वो इलाज के लिए आई थीं। मुखिया जी की पत्नी भला किसी पंक्ति में क्यों खड़ी होतीं, वो आईं और धम्म से सामने कुर्सी खींचकर बैठ गईं। यहाँ तक तो सिंह साहब ने बर्दाश्त कर लिया पर समय ख़राब था कि उसी समय राउंड ख़त्म करके डॉक्टर उर्मिला भी उनके चैम्बर में आ पहुँचीं। उनके आते ही सिंह साहब ने मुखिया जी की पत्नी को कुर्सी ख़ाली करने को कहा ही था कि गाली-गलौज का माहौल बन गया। किसी तरह से बाक़ी स्टाफ़ ने बीच-बचाव किया और मामला रफ़ा-दफ़ा हुआ। डॉक्टर सिंह के पास लाइसेंसवाली बन्दूक़ रहती थी और वह अन्य जाति का होने के बावजूद अपने-आपको हसनपुर के किसी भी बाभन से कम नहीं समझते, बात-बात पर बन्दूक़ निकालने की बात करते। अब हुआ यूँ कि डॉक्टर साहब को अकस्मात पटना जाना पड़ा और उसी रात उनके घर पर धावा बोल दिया गया। सभी का मुँह कपड़े से ढका था और अपने-आप को डाकू कह रहे थे, पिछले दरवाज़े को तोड़कर भीतर आए थे। उनकी बेटी मीठी दीदी और डॉक्टर उर्मिला ने उन्हें रोकने की कोशिश की तो बन्दूक़ के कुन्दे से सिर पर वार कर दिया और डॉक्टर उर्मिला को ठीक-ठाक चोट आई। डाकू आए तो थे लूटने पर सिर्फ़ घर से बन्दूक़ ले गए। अब चोट सिर पर की गई या डॉक्टर सिंह के आन और शान पर यह कोई कहने की बात नहीं पर उसके बाद से डॉक्टर सिंह का स्वभाव बहुत बदल गया।

तो ऐसा था हमारा अस्पताल और उसके चारों ओर का समीकरण। मेरी मन्द बुद्धि का हाल यह था कि बग़ल में रहनेवाली चिन्ता मौसी या अंजू मौसी जो माँ की सहकर्मी नर्स थीं, उनके घर से उधारवाले रोज़मर्रा का सामान जैसे चीनी-चाय पत्ती माँगने के लिए भी उनके नाम रटते हुए जाता था। परचून का कोई सामान लाना हो तो रास्ते-भर रटते हुए जाने के क्रम में अगर किसी ने अचानक टोक दिया कि कहाँ जा रहे हो तो सब भूल जाता और माँ के पास वापस डाँट खाने के लिए आना पड़ता। बाद में माँ आजिज़ होकर सामग्री कम भी लानी हो तब भी लिस्ट बनाकर देती थी। सब्ज़ी ख़रीदते समय मेरा भोला मन और शक्ल सिर्फ़ फावा मिलने का इन्तज़ार करता रहता, मुझे सब्ज़ी ख़रीदते समय फावा मिलने पर बड़ी ख़ुशी मिलती। मन चहक उठता और इस चक्कर में मैं कई बार बिना मोल-भाव किये एक ही सब्ज़ीवाले से सारी सब्ज़ी ख़रीद लाता। घर आने पर जब डाँट पड़ती तो मैं बिलकुल भोथर बन जाता जैसे चिकने पत्थर पर सब पानी टघर जाता है ठीक वैसे ही मैं डाँट का एक अंश भी नहीं स्वीकारता!

उन्हीं दिनों ख़बर आई कि जयनगर लाल पहाड़ी जो किऊल नदी के तट से शुरू होती थी वहाँ सुरंग निकली है। सुनते ही अविलम्ब हम सारे बच्चे पैदल एक साँस में पहाड़ी के ऊपरी शीर्ष पर जमा हो गए जहाँ से किसी ने पहले से एक बड़ा पत्थर हटाया हुआ था और सलीक़े से कटी हुई सीढ़ियाँ नीचे की ओर जाती दिख रही थीं। थोड़ा उतरने से नीचे जाती सीढ़ियाँ अँधेरे में गुम हो जा रही थीं। किसी ने फुसफुसाकर कहा यहाँ डाकू छुपकर रहते थे तो किसी ने बताया, यहाँ पुराना ख़ज़ाना दबा हुआ था जिसे कल ही लूट लिया गया है। सब बातें हममें कौतूहल भर रही थीं। मैंने दीदी की नज़र से नज़र मिलाई, दीदी मुझसे कहीं ज़्यादा हिम्मती थीं। उसने भाँप लिया कि मैं क्या कहना चाह रहा हूँ और फिर वह आगे बढ़ गई और मैं उसके पीछे-पीछे सीढ़ियाँ उतरने लगा। दस सीढ़ियों के बाद ही साँस अटकने लगी, ऑक्सीजन शायद कम रहा हो नीचे! अँधेरा और घना होता जा रहा था और फुसफुसाहट भी पुरज़ोर गूँजती आवाज़ में बदल जा रही थी। मेरे ज़ेहन में साँप का डर काले नाग की तरह फन फैलाए था और अँधेरे में हर हल्की आवाज़ उसे और डरावना बना रही थी। दीदी का हाथ मैंने ज़रूरत से ज़्यादा कसकर पकड़ रखा था। आधे रास्ते में ही किसी ने खुसफुसाकर पुलिस के आने की आवाज़ लगाई और हम सब वहाँ से एक साथ भाग खड़े हुए।

अस्पताल के स्याह माहौल में भी रोमांच, मस्ती और मनोरंजन सब कितने सहज तरीक़े से उपलब्ध थे। तब चमचमाती स्क्रीन और जादुई कीपैड नहीं हुआ करते थे।

[कुछ दिन बाद पता चला पुरातत्त्व विभाग ने सुरंग को अपने क़ब्ज़े में ले लिया है और वहाँ से चौंकानेवाली ख़बरें आ रही थीं। किसी ने बताया कि दक्षिण-पूर्व कोने से खुदाई का कार्य आरम्भ कर उत्तर-पूर्व दोनों कोनों तक प्रथम चरण सम्पन्न किया गया, दोनों कोनों पर दो-दो सुरक्षा मीनार के अवशेष प्राप्त हुए जो अब तक पूर्वी भारत के सभी उत्खनित बौद्ध मठों से अलग हैं। इस स्थल की पहचान एक बौद्ध भिक्षुणी मठ के रूप में 19वीं सदी के उत्तरार्द्ध में प्राप्त सिंहनाद अवलोकितेश्वर की मूर्ति पर उद्धृत अभिलेख से की गई। अन्य अवशेषों के साथ भगवान बुद्ध की भूमि स्पर्श मुद्रा तथा वोटिव स्तूप अलंकृत सिलिंग भी मिला। स्मृति और इतिहास एक साथ बनते हुए अलग-अलग दर्ज हो रहे थे। 1986 के बाद अब जाकर 2017 में मुख्यमंत्री नीतीश कुमार ने इसकी खुदाई के लिए 25 करोड़ आवंटन किया और आज भी यह काम पूरा नहीं हुआ, चल ही रहा है।]

चलिए फिर से वापस अस्पताल की दुनिया में लौटते हैं। हमें ख़बर मिली प्रधानमंत्री राजीव गांधी लखीसराय आनेवाले हैं। हेलिकॉप्टर उतारने की जगह हेलीपैड का स्थान अस्पताल के पीछे वाले मैदान में तय किया गया। बाँस के बल्लों से पूरा-का-पूरा मैदान घेर दिया गया। सुरक्षा की पूरी घेराबन्दी बना दी गई और हमें सख़्त हिदायत दी गई कि बाहर नहीं जाना है। बचपन उन्मुक्त होता है, आज़ाद परिन्दे बेड़ियों के ग़ुलाम नहीं होते। ज़रूरत से ज़्यादा और सख़्त हिदायतें हमें और विद्रोही बना देती है। इसी विद्रोह में सब बच्चे एकजुट हो गए और पूरी तैयारी कर ली गई मैदान तक पहुँचने की। सब यही सोचकर इकट्ठा हुए थे कि प्रधानमंत्री जी को कौन कितने नज़दीक से कैसे देख सकता है। भला इतने नज़दीक से देखने का मौक़ा हाथ से कोई कैसे जाने दे सकता है। योजना के मुताबिक़ हम सारे बच्चे एक-एक कर सड़क की बग़ल वाली नहर के रास्तेवाले घेरे से बिलकुल सटकर खड़े हो गए। सुबह के 9 बजे हेलिकॉप्टर ने ख़ूब धूल उड़ाई, इतना कि कुछ भी नहीं दिख रहा था। बस धूल के बादल सामने थे और हमारे मुँह, आँख, कान, बाल सब में एक साथ कबड्डीवाली धूल-ही-धूल भर गई। तभी अचानक गाड़ियों का क़ाफ़िला लाल बत्ती और सायरन बजाता निकलता दिखा, हमें लगा कि क्या बेकार में इन्हीं गाड़ियों को देखने के लिए हम सबने इतना जोखिम उठाया। माँ को पता चल गया तो ऐसी पिटाई होगी कि तीन दिन खेलने भी नहीं जा सकेंगे। परन्तु ज़िन्दगी आपसे हमेशा न्याय करने की चेष्टा करती है बस ये हम पर निर्भर है कि हम ज़िन्दगी का साथ कितना देते हैं। गाड़ियों के क़ाफ़िले से उतरकर अचानक सेब और टमाटर के बीच के रंग में स्मित बिखेरते सफ़ेद कुर्ते में हम सबके सामने हमारे प्रधानमंत्री पैदल चल रहे थे। यह किसी स्वप्न से कम नहीं था हमारे लिए।

हम अपने छोटे हाथों को लम्बाई से ज़्यादा इस आशा में लहरा रहे थे कि शायद वे हमको देख लें और हमारी तरफ़ ही आ जाएँ। पता नहीं क्या हुआ राजीव गांधी जी अचानक सड़क के उस ओर से हमारी तरफ़ मुड़ गए। उन्होंने मेरी नज़रों में नज़रें तो नहीं डालीं पर उनके हाथ हमारे हाथ को हौले से छूते निकल गए। मखमल की छुअन से मानो एक करेंट लगा। मैंने उन उँगलियों को कुछ दिनों तक धोया नहीं। वह अपने-आप में एक लम्हा था जिसे मेरे बचपन ने हमेशा याद किया और बेहतर उड़ान की कल्पना की। एक बच्चे को किसी राजनीतिक पार्टी से कोई लेना-देना नहीं होता।

वह तो बस बहाव के धुन में होता है, हवा और पानी की तरह अपनी रवानगी में बहता रहता है। उस स्पर्श के ज़रिये राजीव गांधी जी के व्यक्तित्व ने व्यक्तिगत तौर पर हमेशा प्रोत्साहित और प्रेरित किया और ज़िन्दगी के बहाव को एक दिशा ज़रूर मिली।

प्रधानमंत्री आगमन के अभी कुछ ही दिन हुए होंगे, रात को 11 बजे ख़बर आई कि सवारियों से खचाखच भरी एक बस सड़क से समानान्तर बहती नहर में पूरी तरह पलट गई है। नहर की चौड़ाई और गहराई उस बस के जितनी ही थी इसलिए बस नहर में उलटकर अटक गई थी। लोगों को बस से निकलने का कोई रास्ता तक नहीं मिला। लगभग 90 प्रतिशत लोगों का दम पानी में ही घुट चुका था। यह इसलिए भी हुआ क्योंकि सड़क की हालत खस्ता एवं बड़े गड्ढे होने के कारण बस को कई बार सड़क से उतारकर चलाना पड़ता था। इसी उतार-चढ़ाव में बस पलट गई थी। सरकारी महक़मा पूरी तरह हिल गया था। ज़िलाधिकारी और सुपरिंटेंडेंट ऑफ़ पुलिस अपने लाव-लश्कर के साथ रात में ही आ गए थे। हम बच्चे खिड़की से अन्दर की मीटिंग का नज़ारा देख रहे थे। कोई भी यात्री जीवित या मृत अब तक लाया नहीं गया था लेकिन चर्चा इस बात पर ज़्यादा हो रही थी कि इतनी बड़ी संख्या को जस्टिफ़ाई कैसे करेंगे। गिनती का खेल यहाँ भी शुरू हो चुका था। राजनीति अपनी रणनीति अलग बना रही थी, किसने स्वीकृति दी इतने ज़्यादा यात्रियों को एक साथ बस में चढ़ाने की। रास्ते में इतने ट्रैफ़िक पुलिस क्या घास छीलने के लिए हैं? सड़क मरम्मत का फ़ंड कहाँ गया? रास्ते में किसी ने क्यों नहीं टोका। एक के बाद एक प्रश्न साँप के फ़न की तरह उठे जा रहे थे। कोई कह रहा था गाँववाले ठेकेदार से वसूली माँगते हैं तो कोई कुछ और सब तरफ़ अपनी-अपनी दलील देने का शोर! समस्याओं की पूरी परतें अब खुली किताब बन चुकी थीं। रातोंरात कई लाशों को ग़ायब करने की चर्चा भी हुई पर सारी बातें और निष्कर्ष हम सही से सुन नहीं पा रहे थे।

अन्तत: लाई गई एक-एक लाश को अस्पताल के बाहरी प्रांगण में ही रख दिया गया। वह कीचड़ में सनी, घसीटी गई मानव देहें थीं। स्टोर कीपर शहर में रहता था अत: रात में चादर की कमी को देखते हुए स्टोर का ताला तोड़ दिया गया ताकि कम-से-कम निष्प्राण शरीर को पूरी तरह ढका तो जा सके। ये हादसा सिर्फ़ दर्दनाक नहीं ख़ौफ़नाक भी था और कमज़ोर प्रबन्धन ने इसे और बद-से-बदतर बना दिया था।

लगभग सुबह के चार बजे नींद जैसे आ-जा रही थी तो हम दोनों अस्पताल की छत पर ही लेट गए। नीचे लाशों का क़ाफ़िला बिछा पड़ा था। उस दिन लगा सफ़ेद कफ़न पूरी चाँदनी में कुछ ज़्यादा ही दूधिया दिखता है। अजीबो-ग़रीब उधेड़बुन ख़यालों में उलझे छत पर ही पसरे हुए नींद ने अन्तिम पहर हमें जकड़ लिया। गहरी नींद में भी कितनी छटपटाहट थी। बाल-मन व्याकुल और ज़रूरत से ज़्यादा भयभीत था। मिट्टी से सने चेहरे भयानक शक्ल अख़्तियार कर रहे थे। मिट्टी की मूरत और मिट्टी से सने चेहरे में कितना फ़र्क़ होता है?

सुबह-सुबह नींद टूटी जब नेताओं का हुजूम उमड़ पड़ा, हम लोगों को छत से अविलम्ब भगा दिया गया। मैं और दीदी चुपके से पानी टंकीवाली छत के ऊपर वाले छज्जे जहाँ सिर्फ़ एक रोशनदान था, वहाँ छुप गए। साइरन की आवाज़ें धीमे-धीमे थम गई थीं और कर्मचारियों की आपाधापी में भागने की आवाज़ें तेज़-तेज़ आने लगीं। कोई आपस में बात करता गुज़र रहा था जिसे हम आधा-अधूरा सुन पा रहे थे। कहा जा रहा था पोस्टमार्टम करना है। सौ से ज़्यादा लाशें हैं और पोस्टमार्टम की कोई सुविधा है नहीं। क्या करें, कैसे करें? सब आज ही होना है और अविलम्ब सब लाशों को यहाँ से विदा करना है। जितनी देर मजमा लगा रहेगा परेशानी बढ़ती रहेगी।

अभी तक सुना था कोई डोम होता है जो पुलिस और डॉक्टर के कहने पर ख़ूब दारू पीकर चीर-फाड़ करता है। पर यहाँ समस्या संख्या और वक़्त दोनों की थी। मीडिया का डर भी था जबकि ऊपर से आदेश बिलकुल साफ़ थे 'जस्ट क्लीन दिस मेस'। एक डोम के वश में सौ पोस्टमार्टम तो कहीं से सम्भव नहीं था। हम दोनों ऐसे रोशनदान में छुपे थे जहाँ से सारी लाशें साफ़-साफ़ दिख रही थीं। हरी घास पर सफ़ेद कफ़न!

अचानक देखता हूँ, खुले मैदान में मंच सज गया। पूरा-पूरा नाटक आज दिन में ही खेलना था। खुले मैदान में डॉक्टर और स्टाफ़ की फ़ौज अजीब से अस्त्र-शस्त्र के साथ जुट गई। जैसे मानो छेनी-हथौड़ी हवा में तैर रही हो और डॉक्टर लोहार में बदल गया हो! वह दृश्य ऐसा था मानो अर्जुन महाभारत के युद्ध के उपरान्त बिछी लाशों को किंकर्तव्यविमूढ़ दृष्टि से देख रहा हो। वहाँ उनके पास कृष्ण थे जो गीता के श्लोक से दृष्टि बाधित, श्लोकोच्चारण से दृश्य का शोरगुल मस्तिष्क तक नहीं पहुँचने दे रहे थे और यहाँ बस मेरी दीदी ने एक हाथ से मेरा और दूसरे से अपना मुँह दबा रखा था।

दोनों की आँखों से खारे पानी की धाराएँ बही जा रही थीं। नीचे ठीक सामने तांडव जारी था, दिख रहा था हथौड़े और छेनी जैसे औज़ारों से सीना बेधा जा रहा था। अँतड़ियाँ बाहर आ रही थीं और उस शरीर को छोड़ बारी-बारी से अगले देह पर प्रहार किया जा रहा था। जान बचानेवाले चिकित्सक वर्ग अपना काम बख़ूबी निभा रहे थे। ज़िन्दगी हमारे सामने अपने मायने बदल रही थी और दबी-घुटी साँसों में बेहोशी मुझ पर हावी हो रही थी। जब होश में आया तो माँ बिलकुल क़रीब बैठी थी, दीदी रो रही थी और मैं मानो नई ज़िन्दगी को नये तरीक़े से देख रहा था, उनींदी से उजासी की तरफ़...।

मैंने माँ की उँगली बहुत तेज़ पकड़ ली। आज भी उस स्मृति में माँ उँगली थामे खड़ी हैं। उसके चेहरे की रेखाएँ दृश्य में अब भी तनी हुई हैं। हम आज भी परिदृश्य में उस दृश्य को जीते रहते हैं। यूँ ही स्मृतियाँ सोपान बनकर सम्बल में बदल जाती हैं।

परन्तु बहुत सारी सीढ़ियाँ चढ़नी बाक़ी हैं अभी...

कौन सीखा है सिर्फ़ बातों से,
सबको एक हादसा ज़रूरी है।

—जॉन एलिया

भागता बचपन

स्मृति एक टाइम मशीन है
जिसके माध्यम से आप अतीत में जा सकते हैं
और एक बार पुन: जी सकते हैं उसे

—ब्रजेन्द्र त्रिपाठी

बुद्ध की तरह उसकी आँखें खुलीं तो पिता उसे कहीं नहीं दिखे। चन्द्रमा के बदले वह भी बृहस्पति के साथ बड़ा हुआ और आगे भी पिता उसकी ज़िन्दगी में एक ग्रह की तरह ही बने रहे। रिश्ते में उस समय दूरी या खटास आने लगती है जब कुंडली में उन रिश्तों के स्वामी ग्रह कमज़ोर होने लगते हैं और चीकू की ज़िन्दगी में इस समय सारे ग्रह अपने उचित स्थान से विमुख थे।

अपने पिता को उसने कभी देखा नहीं। पिता का देहान्त ब्रेन ट्यूमर की देर से जानकारी के कारण हुआ। लोग कहते कि ग़ज़ब के वक्ता थे और हूबहू मुकेश की तरह गाते थे।

लम्बे, साँवले, बिलकुल खड़ी नाक, हृदय से उतने ही नरम और बच्चों से बेहद प्यार करनेवाले। अपने इन्हीं नैसर्गिक गुणों के कारण वे बिहार कम्युनिस्ट पार्टी के शीर्ष नेताओं में शामिल थे। ये सारी बातें चीकू के लिए जैसे कहानियों-सी थीं जो किसी-न-किसी और के मुँह से रह-रहकर उसने सुनी थी। पिता के गुज़र जाने के बाद भी पार्टी होलटाइमर बहुतायत में आते रहते, उन्हें देखकर बचपन से ही ये बात ज़ेहन में बैठ गई कि कम्युनिस्ट फक्कड़ होते हैं। घर में हमेशा अभाव का डेरा ख़ाली कनस्तर बन बजता रहता है और भूख ढिबरी की तरह जलती रहती है बिला-नागा।

जब आधार टूटता है तो आशाओं के बिम्ब मद्धिम होने लगते हैं। चीकू का पिता के देहान्त के बाद जन्म लेना ननिहाल के आर्थिक सन्तुलन के पारदर्शी शीशे को तोड़नेवाले पत्थर की तरह देखा जाने लगा। नाना, नानी, मामा, मामी सारे रिश्ते घर के बढ़ते ख़र्चे के इर्द-गिर्द चक्कर लगाने लगे। ताने-तिश्नों के लहज़े में बातें होने लगीं और स्वाभिमान की खूटन, माहौल में घुटन पैदा करने लगीं। माँ के पास और कोई विकल्प नहीं था बजाय नौकरी ढूँढ़ने के। उन्होंने इंटरमीडिएट किया हुआ था, स्टाफ़ नर्स की बहाली उनके लिए रोशनी की किरण बनकर आई। समस्या बस यही थी कि नौकरी के पहले दो साल पटना मेडिकल कॉलेज में ट्रेनिंग करनी थी। चीकू कहाँ और कैसे रहेगा यह समस्या माँ के सामने मुँह बाए खड़ी थी। जिसका समाधान बनकर माँ के बड़े भाई और भाभी आए और इस शर्त पर उसे ननिहाल में रखा गया कि चीकू के रहने का ख़र्चा माँ अपने स्टाइपेंड से भेजती रहेगी। वर्तमान को लाँघने का माँ का यह पहला क़दम था।

पीएमसीएच (पटना) में ही ट्रेनिंग के दौरान उनकी पहचान चीकू के पिता के पुराने मित्र और पार्टी के ही सहयोगी डॉक्टर ईश्वर नाथ से हुई। पार्टी के कई काम दोनों ने साथ ही किये थे और उनके मन में मरहूम मित्र के लिए बहुत ज़्यादा इज़्ज़त थी। उस समय चीकू की माँ का ख़याल रखना उन्हें अपनी नैतिक ज़िम्मेदारी लग रही थी। चीकू की माँ एक अच्छी नृत्यांगना भी थी और एक दिन मेडिकल कॉलेज के किसी कार्यक्रम में चीकू की माँ का नृत्य होना था सो हुआ और फिर कुछ लफंगे डॉक्टरों की फिरकी और फूहड़ता भरी ओछी फब्तियाँ, राह चलने और नौकरी करने में परेशानी का सबब बन गईं। बीच-बचाव में आनेवाले डॉक्टर साहब से कई बार रिश्तों का प्रमाणपत्र पूछा गया। डॉक्टर साहब हर बार मन मारकर मौन रह जाते पर

हर बार का मौन उनके भीतर लावा का टुकड़ा बड़ा कर जाता और साथ ही उसमें दो बूँद तेल भी डाल देता। उधर माँ की नज़र में डॉक्टर साहब के प्रति इज़्ज़त बढ़ती जाती। नज़र की इज़्ज़त धीरे-धीरे कब ज़िम्मेदारी में बदलती चली गई दोनों को ही पता नहीं चला। ख़याल कब स्नेह बना और अनुराग ने कब प्रेम की शक्ल अख़्तियार कर ली पता ही नहीं चला और एक दिन बिलकुल फ़िल्मी अन्दाज़ में डॉक्टर साहब ने ईश्वर के समक्ष मन्दिर में मांग भरकर सारे उड़ते प्रश्नों को विराम दे दिया। एक ही दोने में मूँगफली खानेवाले कब एक ही थाली में खाने लगे दोनों में से किसी को पता नहीं चला। ज़रूरतें किसको किसकी थी यह कहना मुश्किल था पर सभी नकारात्मक कारणों को नकारते हुए डॉक्टर और चीकू की माँ ने अन्तर्जातीय विवाह कर लिया। अब वह एक ऐसी प्रेम-कहानी का लबादा ओढ़े थी जिसमें प्रेम और जिजीविषा दोनों आपस में सिमटे पड़े थे।

दो साल की ट्रेनिंग देखते-देखते ख़त्म हो गई। डॉक्टर साहब के लिए पत्नी का प्यार अब एक नशे से कम नहीं था। पटना में भी वे ज़्यादातर समय, साथ ही काटते, शिफ़्ट की ड्यूटी एक साथ बुक करवाते। यह डॉक्टर साहब की उस पृष्ठभूमि का भी असर था जहाँ से हटकर आज वे यहाँ पटना में रह रहे थे। उस पृष्ठभूमि से पूरे गाँव या कहिए शहर का एकमात्र लड़का जो सवर्णों की हिकारती नज़रों को झेलते हुए पढ़-लिखकर डॉक्टर बना और यहाँ तक कि अपनी बिरादरी में भी अपने पढ़ाकू स्वभाव के कारण अलग-थलग ही रहा। डॉक्टर साहब की माँ का देहान्त उनके बचपन में ही हो गया था उसका भी एक गहरा असर कहीं अर्धचेतन में ज़रूर रहा होगा जो उन्हें हर हाल में पत्नी के क़रीब रखता जहाँ ममत्व, स्नेह और प्रेम एक ही पात्र में एक साथ मिलता। वो उनके लिए अपनी खोई डायरी की तरह थीं जिनको फिर से खो जाने का डर हमेशा उनको भीतर से डराए रखता। इसी चक्कर में दोनों ने ट्रेनिंग ख़त्म होते ही जमुई के पास तेतरहट गाँव में पोस्टिंग ले ली। चीकू को ननिहाल से अब माँ अपने साथ ले आई थी। चीकू के लिए भी यह दुनिया एकदम नई थी।

पत्नी के प्रति लगभग ऑब्सेस्ड डॉक्टर साहब बाक़ियों से बहुत कम बोलते। साधारण क़द-काठी के गोल चेहरेवाले डॉक्टर साहब थोड़े ज़्यादा साँवले तो थे ही, साथ ही सिर के सामने के बालों में अत्यधिक कमी के कारण उम्र से ज़्यादा बड़े भी लगते। उस पर चश्मे का होना उन्हें डॉक्टर कम प्रोफ़ेसर ज़्यादा बना दे रहा था। स्वभाव से भी वे डॉक्टर कम अन्तर्मुखी शोधकर्ता ज़्यादा थे।

हमेशा नई और सस्ती दवाइयों के ऊपर उनका प्रयोग चलता रहता। दिल से अब भी कामरेड ही थे सो ग़रीबों का विशेष ख़याल रखते और उन पर ही उन दवाइयों के प्रयोग भी करते। चिन्तन-मनन में लगे रहते और हमेशा कुछ-न-कुछ पढ़ते ही दिखते।

गम्भीरता बच्चों के लिए डरावनी हो सकती है और सुना है शोधकर्ता सबसे पहले स्नेह का त्याग कर देते हैं। बाहरी दुनिया में एक भी दोस्त न होना और सारे रिश्तों का समागम पत्नी में हो जाना, घर में अलग ही माहौल बना रहा था। थोड़ा रहस्यमयी थोड़ा डरावना!

दोनों पिताओं के सम्बन्ध एक ही राजनीतिक और बौद्धिक संस्था से होते हुए भी उसे हमेशा अपने पिता की छवि डॉक्टर से बेहतर दिखती। माला चढ़ी घुँघराले बालोंवाली पिता की मुस्कराती तसवीर हमेशा डॉक्टर साहब के आधे चाँद पर हँसती रहती, यह सब देख एकान्त में चीकू मुस्करा देता उसे गुरूर-सा महसूस होता कि वो साधारण से शिक्षक का ही पुत्र है, न कि डॉक्टर साहब का।

पिता-पुत्र का रिश्ता कुछ ऐसा हो गया था जैसे कुत्ते और ढेले का। सीधे मुँह बात तो दूर आँख मिलाना भी पर्व-त्योहार की तरह साल का दिन देखकर आता, परन्तु माँ के लिए डॉक्टर का प्रेम कभी कम नहीं होता दिखा और यह भी सच है कि उस प्रेम पात्र से स्नेह की दो-चार बूँदें भी कभी उस नादान की ओर नहीं छलकतीं। स्वभाव में प्रेम याचना उसके नसीब में बचपन की घटती घटनाओं की ही देन थी। माँ के साथ जो अपनापन पिता का था वह बेटे के साथ अजनबीपन में बदलता जा रहा था। रिश्तों में शून्यता गहरा रही थी। समय से पहले बड़ा होने की ललक, कहीं किसी और घर में प्रेम, स्नेह और दुलार तलाशती रहती। मुकेश और रफी के गाने अकेले में सुनता और गुनगुनाता। 'ओ जाने वाले हो सके तो लौट के आना' या 'तोरा मन दर्पन कहलाए' जैसे दर्शन भरे गीत उसे उस उम्र में भी बहुत प्रिय थे। जीवन का अलग ही दर्शन उसकी बाहरी और अन्दरूनी खोज में चुपके से शामिल हो रहा था।

जब भी डॉक्टर साहब घर पर होते, माँ का ध्यान पूर्णत: उन पर ही केन्द्रित रहता। चीकू के हिस्से में सिर्फ़ माँ-बाप की खिलखिलाहट से उफनती कुढ़न आती। अक्सर वे दोनों ख़ुद में इतने खोए रहते कि बच्चा भी घर में है इसका एहसास तक उन्हें नहीं रहता। घुटन भरे ऐसे वातावरण में उस छोटी उम्र को अपना बुख़ार बार-बार देखने का मन करता।

उसे हमेशा तेज़ ज्वर का अन्देशा लगा रहता या फिर वह यह सोचता कि कहीं उसका ब्लडप्रेशर तो नहीं बढ़ गया है। घर में कुढ़न और अस्पताल का रहस्यमय परिवेश उसके माथे में ऐसी-ऐसी बीमारियों के सपने दिखाता जिससे माँ डॉक्टर को छोड़ उसके पास आ जाए और ऐसे विचारों में ही घिरे-घिरे उसे कब नींद आ जाती पता ही नहीं चलता।

अक्सर माता-पिता का बन्द दरवाज़ा उस नन्हे बच्चे के बचपन को और भी पथरीला बना देता, अकेले में वह ख़ुद को कभी कचोटता तो कभी डरता रहता। रात को डरावने सपने आते, बीच-बीच में माँ दौड़कर आती भी, सुलाने की कोशिश भी करती पर अगले ही पल कमरे से एक नकली खाँसी की आवाज़ उन्हें वापस बुला लेती। उस डर की याद मात्र से ही उसका पूरा शरीर कान में बदल जाता। कई रातें बस छत पर टँगे काले बादलों को निहारते बीततीं। अजीब चेहरे उसके साथ डरावने नाटक खेलते रहते। वह यह भी सोचने लगा था कि उसके इस धरती पर बचे रहने का औचित्य भी है क्या? ऐसे में पहले पिता की छवि ही उसका सम्बल होती परन्तु पिता की क्षीण स्मृति उसे और परेशान कर देती। ज़िन्दगी अनाथों और लावारिसों से कुछ ही ज़्यादा बेहतर थी पर एहसास लगभग वैसे ही थे।

इसके विपरीत जब भी वह सिर्फ़ माँ के साथ होता, गिलहरी की तरह फुदकने लगता। अखरोट की तरह सहेजता माँ के साथ बिताए एक-एक क्षण को। माँ भी अपना संचित प्रेम, स्नेह, दुलार उस छोटे से पल में ही एक साथ उड़ेल देती। उन क्षणों में वो दुनिया की सबसे अच्छी प्यारी माँ होती जिसके लिए उसका चीकू ही सारा संसार। वो फिर से जी उठता। एक दिन सुलाने के क्रम में माँ अपनी आपबीती सुनाने लगी। उनकी शादी के पहले परिवार और घर तक ठीक से नहीं देखा गया था बस दूल्हे की सूरत और सीरत देखी गई थी जबकि शादी के अगले दिन उन्हें पता चला कि ससुराल में शौचालय है ही नहीं! सारी औरतें चार बजे सुबह ही लालटेन लिये एक साथ निकल जाती हैं। यह सब एक धोखे-सा लगा। अच्छी बात यह थी कि उसकी माँ की बात चीकू के पिता ने बिना कहे समझ ली। अगले दिन ख़ुद घर के पीछे गड्ढा खोदने में लग गए और गड्ढे पर पटरा डालकर उसे टाट की चादर से घेर दिया। यह सब कितनी देर चलता, माँ उनको लेकर मायके आ गई जहाँ ज़िन्दगी में और भी भूचाल का आना बाक़ी था जो आया और पिता को उड़ाकर ले गया। यह क़िस्सा सुनाते हुए चीकू की माँ मानो ख़ुद में खो गईं।

चीकू की आती नींद अब ग़ायब हो चुकी थी। माँ को इसलिए भी कभी वह स्मृति की खोह में जाने नहीं देता और भरसक प्रयत्न करता कि माँ ख़ुश रह सके।

ज़िन्दगी में दुखों का आरोह-अवरोह डॉक्टर पिता के आने, रहने और जाने से जुड़ गया था। माँ का पूरी तरह उनकी ओर सम्पूर्ण समर्पण, स्नेहिल प्रेम के एक किंचित मात्र हिस्से के लिए भी उसे तड़पा देता। उसके लिए यह सब एक मानसिक बवाल का ऐसा रेला था कि झेले नहीं झेला जाए। दिमाग़ में दावानल विस्फोट और आर्तनाद का कोलाहल हमेशा बना रहता। उसका बचपन ऐसा ही कुंठित बीत रहा था। इसलिए अब ज़्यादातर समय वह अब घर से बाहर बिताने लगा। अच्छे-बुरे सारे दोस्त उसके जीने की वजह बनने लगे। बाल-मन की मानसिकता में अब दूसरों से प्यार पाना पहली प्राथमिकता बन गई थी। वह हर वक़्त ख़ुद को सबसे अच्छा दोस्त साबित करने में लगाने लगा। लगभग पागलपन वाली हद तक वो दूसरों में प्रेम ढूँढ़ने लगा। कभी माँ की किसी सहेली के घर रुक जाता, उनमें अपनी माँ और ममत्व को तलाशता तो कभी रात में अपने दोस्तों के साथ ही ठहरता, घर नहीं लौटता। उन दिनों उसकी ज़िन्दगी की रातों को रातों से बातें करने का शग़ल हो गया।

मन के जिस हिस्से में माँ क़ाबिज़ थी वहाँ औरों ने डेरा जमाना शुरू कर दिया था। माँ अब जब भी अकेली होती तो चिन्तित ही रहती। समझाते समय पता नहीं चलता वो चीकू को समझा रही है या ख़ुद को, फिर ख़ुद ही खीजकर चीकू की पिटाई भी कर देती। चीकू की कोमल त्वचा और नादान मन दोनों समय से पहले भोथराने लगा। धीरे-धीरे चोट खाने में उसे और मज़ा आने लगा या यूँ कहें माँ को दर्द देने में उसे ज़्यादा ख़ुशी मिलने लगी। न चाहते हुए भी उसमें अपनों से ही बदला लेने की एक नई प्रवृत्ति जागृत हो रही थी। वह जान-बूझकर ऐसी शैतानियाँ भी करता कि माँ को और ज़्यादा तकलीफ़ पहुँचे। उपेक्षा उसके स्वभाव में घुलकर उसका अस्त्र बन गई थी। उसकी आँखों में कोमलता ने विद्रोह भाव भरना शुरू कर दिया, अवज्ञा अब उसके पाठ का पहला शब्द था। विद्रोह की शुरुआत खाना न खाने से हुई पर जब कई बार लगातार भूखे रहने के बाद भी किसी का ध्यान उसकी ओर उस तरह नहीं जाता तो वह नये-नये हथकंडे आज़माने लगता। जैसे रात में घर से अचानक ग़ायब हो जाना, दिन-भर सिनेमाघर के चक्कर लगाना, ग़ुस्से में नदी में घंटों तैरना, बग़ल की छोटी पहाड़ी में शाम अकेले बिताना, दूसरों को बीड़ी फूँकते देख जलकुम्भी की सूखी डंडियों का सिगरेट बनाना और उसे

अन्दाज़ बदल-बदल कर फूँकना, कभी चुपचाप चाय की दुकान पर कोने में बैठकर लोगों की गप्पें सुनना, तो कभी ताश खेलते लोगों को दूर से निहारना। सार यही है कि चीकू अब घर में नहीं टिकता चाहे कितनी भी पिटाई हो जाए।

समय के पंख हैं उड़ते हैं तो उड़ते ही चले जाते हैं। छह साल ऐसे ही कब बीत गए पता ही नहीं चला। अब उसके घर पर लोग पहले की तरह नहीं आते। एक-दो परिचित आते भी तो चीकू के सिर पर दया भरा हाथ ज़रूर फेर देते। कभी-कभार कोई यूँ ही आ भी जाता तो पिता की और याद दिला जाता फिर चीकू कई सवालों से एक साथ उलझ पड़ता। इस लड़ाई में सिर्फ़ वही लड़ता, वही घायल होता, वही रोता और अन्त में वही हार भी जाता। रिश्तों के इस ग़ैर फ़ितरी कसाव ने उसके मिज़ाज का रंग बदरंग कर उसे थोड़ा ज़्यादा ही झक्की बना दिया था।

यह घटना 1984 के आसपास की है जब बिहार में जातिवाद, नक्सलवाद और साम्यवाद के बीच रोज़ाने का संघर्ष जारी था। राजनीति की दख़लअन्दाज़ी घर के ओसारे तक फैली हुई थी। रेत, गारा और सीमेंट में ख़ून सना हुआ था। सिक्खों की खिन्नता अपने चरम पर थी और कम्युनिस्ट पार्टी के लोग विद्रोही स्वर में विकल्प के रास्ते तलाश रहे थे। नये जातीय दलों का आपसी गठन भी तेज़ी से हो रहा था। नक्सली आन्दोलन के भय से जन्मे जातीय दलों का मूल आधार ही प्रतिहिंसा पर आधारित था। यह वही समय था जब तत्कालीन प्रधानमंत्री इन्दिरा गांधी उग्रवादी सशस्त्र आतंकवादियों के ख़िलाफ़ एक लिहाज़ से गृहयुद्ध ही झेल रही थीं। इन सभी घटित बदलावों में एक चीज़ ऐसी थी जिसने और भी भयावह रूप ले लिया था वो थी घूसख़ोरी जो देश की आत्मा में सेंध मारकर कुंडली जमाकर बैठ गई थी। हिंसा के साथ भ्रष्टाचार रेशा-दर-रेशा फैल चुका था। छोटी सी पोस्टिंग हो या मुफ़्त इलाज हर जगह भ्रष्टाचार वायरस की तरह संचारित होकर पूरे सिस्टम को संक्रमित करने लगा था।

84 के दंगे से छह महीने पहले की बात है, एक शाम माँ ने बताया डॉक्टर साहब की पोस्टिंग शेखपुरा से 50 किलोमीटर दूर एक सुदूर गाँव में हो गई है। इसे सुनने के बाद चीकू और चिन्तित हो उठा, क्या अब उसे अपने बचे-खुचे दोस्तों से भी दूर रहना होगा जो उसके जीने के किंचित सहारा थे, जबकि माँ उधर सोच रही थी शायद जगह और हवा बदलने से चीकू में कुछ बदलाव ही आ जाए। मन की कटुता ही शायद थोड़ी कम हो जाए। यह सब सोचकर माँ ने भी छह महीने की लम्बी छुट्टी ले ली।

तीनों अब उस मनहूस गाँव में रहने चले आए। समय से पिछड़ा यह मनहूस गाँव ऊँची जाति के बाहुल्य से प्रभावित था। टूटा-फूटा दो कमरे का अस्पताल, छोटा सा घर, पास ही पोखर, टूटा-फूटा खपरैल का स्कूल, एक छोटा सा बाज़ार और दो किलोमीटर में सिमटा संसार। इस संसार में ग़रीबी, अवसाद, बीमारियाँ सभी कुछ एक साथ पसरी हुई थीं। रेड कॉरिडोर के बीच बसा यह गाँव, जहाँ लाल और काले सायों का दो तरफ़ा राज था, रुक-रुककर नक्सली हमले होते रहते। हर हमले के पीछे कुछ झूठी कुछ सच्ची कहानियाँ भी होतीं। जंगलों, क़स्बों और गाँवों की पगडंडियों पर लाल रंग के झंडे उड़ते हुए दिख जाते थे। मिला-जुलाकर कांग्रेस और कम्युनिस्ट के बीच लड़ाई ज़ोरों पर थी।

अस्पताल में सिर्फ़ दो स्टाफ़ ही काम करते थे, कम्पाउंडर हरि मिश्रा और चपरासी सुनील दास। स्कूल में भी दो ही शिक्षक थे जो पास में ही रहते थे। मिला-जुलाकर जानवर ज़्यादा और इनसान कम। देखते-देखते चीकू की ज़िन्दगी भी वहाँ घर से बाहर अस्पताल, स्कूल और पोखर के इर्द-गिर्द ही घूमने लगी। चमकती चिलचिलाती दोपहर की धूप-सा बेज़ार झुलसता चीकू का जीवन दोस्तों से दूर होने के बाद और कठिन होता गया। जगह बदली पर घर का माहौल नहीं। अकेलापन उसकी नियति में शामिल ऐसे हुआ जैसे उर्वर मिट्टी में केंचुआ या यूँ कहना ज़्यादा बेहतर होगा जैसे लकड़ी में दीमक, पर यहाँ नियति ने कुछ और ही लिखा था जिसे जल्द ही घटना था।

किसी ने ठीक ही कहा है "अनपेक्षित हादसे जैसे ख़ुद के घटने के इन्तज़ार में रहते हैं।"

अस्पताल में पहुँचते ही डॉक्टर साहब को स्थानीय बाहुबली विधायक राज किशोर सिंह का बुलावा आ गया। सन्देशा एक विनयपूर्वक धमकी की तरह था। उस क्षेत्र में ड्योढ़ी पर हाज़िरी लगाने का प्रचलन इलाक़े के सभी सरकारी बाबुओं के लिए एक रिवाज जैसा था। जब भी कोई नया सरकारी अधिकारी गाँव में आता तो उसे सर्वप्रथम सिंह साहब के दरबार में मत्था टेकने जाना पड़ता और शरण की गुहार लगानी ही पड़ती, जिसे शुद्ध हिन्दी में 'प्रोटेक्शन' का नाम दिया गया था। शरणार्थी को अभय-शुल्क चुकाने के लिए फिक्स्ड मासिक राशि देनी पड़ती। सीधा-सीधा कहें तो सरकारी अधिकारियों को घूसख़ोरी की खुली छूट दी जाती और उसके एवज़ में उसका मोटा हिस्सा विधायक साहब को दिया जाता। कहना मुश्किल था कि ज़्यादा ख़तरा किससे था, नक्सल से या राजनीति से।

हक़ की लड़ाई राजनीतिक रण में अलग-अलग झंडों में तब्दील होने लगी थी। जिसकी बन्दूक़ में जितनी गोली, वहाँ उसी का झंडा लहरा दिया जाता। यह बन्दूक़ की राजनीति का प्रारम्भिक दौर था।

डॉक्टर ख़ुद अवर्ण और संघर्षशील कम्युनिस्ट थे और उसी के साथ थोड़ा अक्खड़ और ईमानदार भी, कुछ दिन यूँ ही बीत गए परन्तु डॉक्टर साहब ने अपनी हाज़िरी सम्माननीय विधायक के यहाँ नहीं लगाई। हालाँकि, डर शंका की तरह उनके चेहरे पर भी तैरता रहता पर उभरता बिलकुल नहीं। संघर्षशील और दृढ़निश्चयी मन अडिग के अडिग ही बना रहा।

अस्पताल और घर बिलकुल आमने-सामने ही थे। डॉक्टर साहब इस समाज की ज़मीनी सच्चाई से वाक़िफ़ थे। वक़्त की परवाह किये बिना ग़रीबों का भरसक इलाज ईमानदारी से करते। घर पर भी जाकर मरीज़ देखने से कभी नहीं हिचकते। हरि मिश्रा कम्पाउंडर वहीं पास वाले गाँव के रहनेवाले थे और विधायक के बहुत ही क़रीबी भी थे। अस्पताल की सारी ख़बरें नमक-मिर्च लगाकर सिंह साहब तक पहुँचाना उनके रोज़नामचे में शुमार था।

इधर चीकू का समय घर के बाहर इस नये वातावरण से दोस्ती करने में बीतने लगा। रहतें-रहते आसपास के वातावरण और तरीक़े-सलीक़े से परिचय होने लगता है। पोखर, पेड़, मैदान और ख़ालीपन अब यही नये दोस्त थे जिनके बीच उसका मन रमने लगा था। चीकू और डॉक्टर साहब सब्ज़ी ख़रीदने साथ जाते थे। दोनों के बीच प्रत्यक्ष सम्बन्ध इतना-भर ही था कि उनकी फटफटिया पर वो तभी बैठता जब बाज़ार से कुछ लाना होता। उसका काम सिर्फ़ थैला पकड़ने का होता। स्वाभिमानी था, पूरा ख़याल रखता कि बाज़ार में चलते समय डॉक्टर साहब की उँगली के बजाय थैले की डोरी ही पकड़नी है। यूँ ही एक दिन जब दोनों सब्ज़ी ख़रीदने निकले हुए थे, विधायक साहब का अर्दली डॉक्टर साहब को ढूँढ़ता हुआ आया और हड़बड़ाकर बोलने लगा कि “डॉ. साहब, विधायक बाबू की तबीयत ठीक नहीं है, आपको अभी तुरन्ते चलना होगा।”

डॉक्टर साहब चेहरे पर बिना कोई भाव बदले अर्दली को देखते रहे। अर्दली के चेहरे पर अनुरोध से ज़्यादा हुकुम तामिल करवाने जैसा भाव था। थोड़ी देर तक वे सोचते रहे, फिर उन्होंने चीकू की ओर देखा और मोटरसाइकिल पर बैठने का इशारा किया। उन लोगों ने बाज़ार से सीधा सिंह साहब के घर की तरफ़ रुख़ कर लिया। उन्हें पता था नैतिक रूप से वे जाने के लिए बाध्य थे। पाँच-छह किलोमीटर दियरा को नापते हुए वे सभी लखीमपुर गाँव पहुँचे।

आलीशान घर था। हवेली को चीकू इस तरह निहार रहा था मानो किसी सपने में विचरण कर रहा हो। चीकू की आँखें फटी जा रही थीं। महल जैसा घर, बड़ा सा गेट, गेट पर टिप-टॉप वर्दी में दरबान, सिपाही और चमचों की जमात, सभी कुछ ज़रूरत से ज़्यादा। चीकू ने सुन रखा था कि हर गाँव में एक ही धनी आदमी होता है, वही जो पहले राजा हुआ करता था, बस नाम और शक्ल का अन्तर। डॉक्टर साहब ने एक बार चारों तरफ़ देखा और अपनी हिक़ारत भरी दृष्टि को चुपचाप नीचे झुका लिया। अभी कुछ दिन पहले एक कामरेड से हुई जिरह में उनकी अपनी ही कही बात उन्हें याद आने लगी!

"भूमि सुधार क़ानूनों का दुरुपयोग काफ़ी हुआ है। प्रभावशालियों ने सरकारी और सामुदायिक ज़मीनों को प्रतिहिंसा में हड़पकर आज अपना बना लिया है। जिस राजनीति ने ज़मींदारों से ज़मीन छीन ली, ज़मींदारों ने उसी राजनीति को अपनी दख़ल में रखकर यह सिद्ध किया कि वक़्त बदलता है हालात नहीं! अधिकतर ज़मींदार अब बाबू साहब बन गए हैं। परिवर्तन बस इतना हुआ है कि ज़मींदारों ने अब अपना पेशा बदल लिया है।"

डॉक्टर साहब ने मोटरसाइकिल पोर्टिको में लगाई और चीकू को साथ लेकर भीतर चलने लगे। उनके साथ आगे-पीछे कम-से-कम दस सशस्त्र छह फुटिया बॉडीगार्ड हो लिये। सामने बड़ा सा बरामदा, बरामदे के भीतर आँगन फिर कमरों की दीर्घश्रृंखला। भीतर घुसते ही देखा पैर पर पैर चढ़ाए विधायक सिंह साहब विराजमान मुस्करा रहे हैं। सविनय दृढ़ स्वर गूँजा, "डॉक्टर साहब स्वास्थ्य का रख-रखाव और सफ़ाई तो आपके जात-गुण में है ही नहीं, आप जिस समाज से आते हैं वहाँ तो इसका ख़याल रखा ही नहीं जाता तो कृपा करके अपना सैंडल यहीं खोलिए, हाथ में लीजिए और बाहर रखकर फिर भीतर आइए और हाँ, इस लौंडे को भी वहीं बाहर ही छोड़ आइए।" लौंडा कहते समय कसैलापन उनकी ज़ुबान से चेहरे तक फैल गया था।

चीकू सर्द चुभन भरी आवाज़ सुनकर हवेली के मोहपाश से बाहर निकला और डॉक्टर पिता की तरफ़ पूरी मासूमियत से देखने लगा। उसके भीतर एक डर एक धुकधुकी उग आई थी। डॉक्टर साहब बहुत गम्भीर व्यक्ति थे और ग़ुस्सा उनकी नाक पर हमेशा ही रहता, पर इस स्थिति में सौम्यता ने आज अचानक उन्हें क्यूँ कर घेर लिया यह उसके लिए भी आश्चर्य की बात थी। उन्होंने वही किया जो कहा गया। चीकू को बाहर रुकने को कहा और ख़ुद अन्दर चले गए। चीकू अब हट्टे-कट्टे घूरते हुए लोगों के बीच खड़ा था।

वह कई तरह के दृश्यों की कल्पना करने लगा। उसके अन्दर माहौल की नकारात्मकता नई आशंका को जन्म दे रही थी।

अन्दर बातें चल रही थीं। एक बात तो बिलकुल साफ़ थी कि विधायक एकदम स्वस्थ थे और जो भी घट रहा था सब उनकी सोची-समझी रणनीति के तहत था। वे डॉक्टर को अन्दर से तोड़ना चाह रहे थे। अन्त में सिर्फ़ एक ही बात सुनाई पड़ी कि नक्सली दोस्त किसी के नहीं होते डॉक्टर। और सुनते ही बिना वक़्त गँवाए तमतमाते हुए डॉक्टर साहब बाहर आए और रास्ते-भर बुदबुदाते रहे "चाहे जो हो जाए घूस नहीं दूँगा।"

अनजान डर का विषाक्त माहौल और तन गया। किस दिन! किस समय! कौन से रूप में! क्या घट जाएगा इसका अन्देशा नहीं हो पा रहा था। माहौल बाहर से विषाक्त और घर में अतिरिक्त अवसाद से भरा हुआ था। चीकू अलग-थलग बस माँ को निहारता रहता और माँ डॉक्टर साहब को ख़ुश रखने में लगी रहती। इसके लिए अगर बेवजह चीकू को डाँटना-फटकारना हो या बेबात-बेवक़्त उससे माफ़ी मँगवानी हो तो माँ थोड़ा भी नहीं हिचकिचाती और यूँ माहौल में अवसाद के बादल घनत्व से ज़्यादा जमा हो रहे थे और समय के साथ बर्फ़ उन तीनों के रिश्तों में भी जमते हुए अपना घनत्व बढ़ा रही थी।

जातीय समीकरण के पेच से कसाए तीनों के चित्त में रिश्तों की उलझन की भी कड़वाहट फैल रही थी। अवर्ण डॉक्टर जिसने अन्तर्जातीय विवाह किया, उसे सवर्ण विधायक की तीखी आलोचना और कटाक्ष तो झेलना ही था। पिठलग्गुओं का व्यक्तिगत कटाक्ष लगातार आने लगा था। एक और हवा उड़ने लगी थी कि डॉक्टर की दोस्ती नक्सलियों से भी बहुत गहरी है और उनका इलाज वो ही करते हैं। अभी ये बातें अपनी जगह बना ही रही थीं कि एक दिन अचानक ज़िला अधिकारी का औचक निरीक्षण हो गया, वह भी उस समय जब डॉक्टर साहब गाँव में एक अधेड़ बीमार महिला के आपात इलाज को गए हुए थे। हरि कम्पाउंडर उस पूरे आपात निरीक्षण में मुस्कराते हुए यह कहते हुए टाल गया कि उसे क़ुछ पता नहीं है कि डॉक्टर साहब कहाँ गए हैं। उसने यह भी कहा कि कब-कहाँ डॉक्टर साहब किसके इलाज में निकल जाते हैं हममें से किसी को नहीं पता चलता। उन्हें अस्पताल में न पाते हुए ज़िला अधिकारी राम किशोर सिंह को बहुत ग़ुस्सा आया और उन्होंने डॉक्टर साहब को बलात् अविलम्ब छुट्टी पर भेज दिया और साथ में लिखित जवाब भी माँगा।

बलात् छुट्टी के दौरान डॉक्टर साहब ज़्यादातर घर पर ही रहते और इस सुनहरे मौक़े को देख हरि आराम से दवाइयाँ बेच पा रहा था, साथ-ही-साथ शाम को विधायक को डॉक्टर के घर का और अस्पताल का बाक़ी हिसाब-किताब देता रहता। जिनके पास सुविधाएँ थीं उनकी ही भूख बढ़ती जा रही थी। सत्ता हथियाने के नाम पर हिंसा-प्रतिहिंसा भी कमज़ोरों को ही लील रही थी।

हरि सच्चाई जानता था। उसे बहुत ग़ुस्सा भी आता था, सोचता कि डॉक्टर के पास बुद्धि तो है नहीं। वह अपनी चुटीली बातों से अब डॉक्टर को मानसिक रूप से परेशान भी करने लगा था। कटाक्ष की सीटी बजाते हुए वह अब अक्सर चुटकी लेने लगा था। एक दिन उसने हद पार करके डॉक्टर साहब को यहाँ तक कह डाला कि विधायक की शर्तें अगर आज भी मान लीजिए तो मैं ख़ुद मध्यस्थता करा दूँ। डॉक्टर साहब उस दिन आगबबूला हो गए और हरि को गालियों की बौछार के साथ ज़बरदस्त खरी-खोटी सुनाई जबकि सचाई यह थी कि अब डॉक्टर भी भीतर से बेचैन होने लगे थे। इस सारी कशमकश में उनका सारा रंज और ग़ुस्सा चीकू पर समय-बेसमय उतरता रहता। चीकू की घर में लगभग स्थिति गली के पिल्ले की तरह हो गई थी जिसे देखो वही एक घुड़की मार देता है।

इस माहौल में चीकू की हरि कम्पाउंडर से कुछ ज़्यादा ही छनने-बनने लगी और वह ज़्यादातर समय उसी के साथ बिताने लगा। वह दिन-भर उसी के घर में पड़ा रहता, लूडो खेलता, छककर अंडा, मांस-मुर्ग़ा, मच्छी खाता और सिर्फ़ रात को सोने के लिए घर लौटता। घर लौटता तो घर के सड़े माहौल को देख उसका मन कचोटता और वह छत पर ही सो जाता। छत पर चाँद-तारों के बीच तरह-तरह की शक्लें बनती-बिगड़तीं और यह सब देखते-देखते वह सो जाता।

हरि जब भी मिलता बड़ी आत्मीयता से मुस्कराता। यह चीकू को समझ में नहीं आ रहा था कि हरि की बढ़ती मन्द मुस्कराहट का आख़िर राज़ क्या है? चीकू इस बात से भी उकता गया था कि डॉक्टर साहब अब दिन-भर घर में क्यों रहते हैं जो उसके लिए दिन को और भी दुर्दिन बनाते जा रहे थे। माँ एक पल को उसके पास नहीं बैठ पाती। एकान्त का डर उसके बाल-मन में मकड़ी के जाले की तरह फैल रहा था और उसके जीने की इच्छा को भीतर से कमज़ोर कर रहा था। अब जब वह पोखर पर जाता तो उसके भीतर नहाने के बदले डूबने की इच्छा प्रबल होने लगती।

अक्सर इन दिनों चीकू रात को छत पर अकेले ही सोने लगा था। सवाल नींद का था जबकि नींद बहुत दूर थी जहाँ स्पर्श की लोरी भी नहीं पहुँच पाती और पलक से पलक जोड़े रहने पर भी नींद ग़ायब रहती। आँसू भीतर ही लहराते पर आँखों तक आने का रास्ता भूल जाते। अजाने आसमान ताकता तो उसे लगता तारों की कराहटें सुन रहा है। अपनी सारी मुरादों को खिसकता-घिसटता पाता। रात में मन और ज़्यादा डोलता तो ख़ुद को टटोलता कि वहीं छत पर है या कहीं घनघोर जंगल के घुप अँधेरे में गुम! घबराकर उठता तो अपने-आपको अकेला छत पर ही घबराहट के पसीने से पूरी तरह बोथा हुआ पाता।

बग़ल का सटा हुआ मकान हरि का ही था और दोनों मकानों की छतों को एक छोटी सी दीवार अलग करती थी। एक रोज़ रात में छत पर वह अकेला बैठा था और उसने देखा उस रोज़ हरि भी अपनी छत पर आ गया है। बच्चे की सूजी हुई आँखें भले उसे न दिखी हों पर दुखते मन को आसानी से अँधेरे में भी वह भाँप गया। हरि ने बड़े प्यार से पूछा, "बेटा! क्या डॉक्टर साहब ने पिटाई की है?" चीकू के बाल-मन ने तपाक से जवाब दिया, "नहीं, माँ ने डाँटा, असमय भूख लग गई थी।" हरि कहने लगा—"तो तुम मेरे पास आ जाते।" भूख अब याचक दृष्टि से उसकी ओर देख रही थी। हरि भाँप गया और कहा, "अंडा करी बना है खाओगे?" अन्धे को क्या चाहिए दो आँखें! माँ को ज़ोर से आवाज़ देकर कहा कि वो हरि चाचा के यहाँ जा रहा है और छत की छोटी दीवार फाँद गया। भूख की भड़की आग के कारण अंडा करी चावल के साथ तीखी मिर्च का तो उसे पता ही नहीं चला और वो ड्योढ़ा खा गया। बड़ी तेज़ की हिचकी आई पर माँ की याद नहीं आई। बस भूख और उसकी तृप्ति। हरि ने कहा, "सो जाओ।" चीकू ने जवाब में कहा, "छत पर सोता हूँ वहीं सो जाऊँगा" और अगले ही पल चीकू अपनी छत पर अपनी खटिया पर लेटा हुआ था। हरि चाचा अपनी छत से लेटे हुए भी उसी को एक अलग ही दृष्टि से ताके जा रहे थे।

आसमान की उजली नीलाहटें फूल की तरह सिकुड़ रही थीं। परिन्दे सोते हुए अपने पंख ख़ुद में ही समेट रहे थे। घुप अँधेरे में ख़ामोशी अभी-अभी थोड़ी-सी खाँसी और फिर चुप हो गई। इस एकान्त में मन के भीतर निर्वात रचा जा रहा था जिसकी धुन्ध में चीकू उनींदी लिये तारों में शक्लें तलाश रहा था। आँखें जो कई चित्र गढ़ रही थीं बादलों के दूहों और फाहों से कभी डरावनी तो कभी देवी-देवताओं की शक्लें उभर रही थीं। तीसरा पहर बीत रहा था पर

वो अभी भी बार-बार करवट लिये जा रहा था। आधी नींद पूरी नींद की ओर चल पड़ी थी। कषाय की परत थोड़ी ढीली हो ही रही थी कि उसके पेट पर कुछ रेंगता हुआ महसूस हुआ और अगले ही पल उसके शरीर को बलिष्ठ आलिंगन ने कस लिया। अभी तक उसे लग रहा था कि वह सपने में लड़ने की कोशिश कर रहा है तभी उस काली सूरत ने उसके मुख को बेतहाशा चूमना शुरू कर दिया, इतना कि उसका दम फूलने लगा। पलक झपकते ही बादलों की काली ढूह ने हरि की शक्ल अख़्तियार कर ली थी। बच्चा था वह और कल्पना से बाहर की चीज़ यथार्थ में प्रत्यक्ष सामने हो तो लगा मानो जैसे मछली को अचानक सड़क पर पटक दिया गया हो। अकेलापन कभी-कभी ज़्यादा शक्तिशाली बनाता है और शायद इसका ही फल था कि अगले ही पल उसने कस के दाँत गड़ाया था हरि के गालों पर, ख़ून से दोनों का चेहरा सन गया। हरि की जैसे तन्द्रा टूटी और वह वापस एक ही छलाँग में अपनी छत से फलाँगते हुए नीचे भाग गया।

चीकू कुछ पल तो वहीं छत पर निष्प्राण-सा पड़ा रहा फिर कपस-कपस कर रोते-रोते पसीने में बोथ गया। कभी-कभी रुलाई गले से नहीं अन्धे कुएँ से उतरकर आती है गला कब अन्धे कुएँ में बदल जाता है पता ही नहीं चलता।

उसी समय प्रभात की पहली किरण फूटी। चिड़ियों का कलरव उसकी पीड़ा और बढ़ा रहा था। उसका मन अखरोट के छिलके की पहली चोट-सा दरका हुआ था। सोचने की शक्ति क्षीण हुए जा रही थी। निस्तेज़ वह उठ पड़ा, बन्द दिमाग़ और बेजान क़दम उसे किस ओर लिये जा रहे थे उसे भी नहीं पता था। ख़ून अब भी उसकी शक्ल पर फटके हुए बिखरे चावल की तरह फैला था। चलते-चलते अपने आपको पोखर के ठीक सामने पाया उसने। अनायास सारे कपड़े उतारकर छलाँग लगा दी। पानी में लम्बी साँस लेकर रोक लेने की नितान्त आवश्यकता होती है पर उस समय उसकी साँस लेने की ज़रा सी भी इच्छा बाक़ी नहीं थी। भरे तसले-सा पानी के निचले सतह की मिट्टी पर निस्सारता में पड़ा रहा वो। पानी के अन्दर दम घुटता तो है पर उस समय पानी नहीं भुस्सी के बोरे में बन्द घुटन-सा महसूस कर रहा था वह। चेहरे पर चिपके ख़ून के छींटे कई शूल और किरिच बन एक साथ चुभ रहे थे और वो चीख़ भी नहीं पा रहा था। अन्तिम साँस के चन्द सेकेंड पहले अचानक उसके हाथों में पोखर की गीली दलदली मिट्टी भर आई। पूरा चेहरा पानी में भीतर-ही-भीतर उसी मिट्टी से लीप लिया उसने और उसे

लगने लगा जैसे मिट्टी ने उसे थोड़ी और साँसें अता कर दी हैं जिसकी उस वक़्त बहुत ज़रूरत थी उसे। दूसरे ही पल वह पानी की सतह तक आ चुका था। मिट्टी, पानी, हवा, पृथ्वी के सारे तत्त्व एक साथ उस पल उसके साथ हो गए थे फिर वह थोड़ी देर पानी की सतह पर टूटे कमल-सा तिरता रहा। आँखों की नमकीन नमी पोखर के पानी के साथ गड्डमड्ड हो रही थी। सुबह की किरणों में शान्ति और सुकून नदारद थे। तन्द्रा टूटी कि लौटी पता नहीं पर यांत्रिक झटके से किनारे आकर कपड़े निचोड़कर पहन लिये उसने और उसी खोए हुए अन्दाज़ में घर की तरफ़ चल पड़ा।

इधर माँ चिन्तित परेशान चीकू को ढूँढ़ने निकल पड़ी। किसी ने बताया कि घर की ओर जाते दिखा है तो भागती आई। आमने-सामने हुई तो मिमियाती दर्द गले में घूँट की कराह बन छटपटाती मछली-सी दिखी। मासूम शक्ल के पीछे लिखा था, "इन पपड़ियों को छूना भी मना है नहीं तो ज़ख़्म आवारा हो जाएँगे।"

ऐसा पहली बार हुआ होगा कि माँ बच्चे के चेहरे पर उभरती संवेदनाओं से पूरी तरह परिचित नहीं हो पा रही थी। भावों का गड्डमड्ड चेहरा लिये हौल उठा और भीतर ही बैठ गया, ज़ुबान हिली और नम डब आँखें भड़भड़ाने को अकुलाईं, इससे पहले कि भीतर कुछ और दरकता चीकू ने झट चुपके से माँ की गोदी में सिर रख दिया, पर रोया बिलकुल नहीं। लगा, जैसे चाँद पूर्णिमा में कटकर पत्थर हो गया हो और माँ की गोद में गिर पड़ा हो। आँखों में इतने भाव बदल रहे थे कि माँ ने अपनी ही आँखें बन्द कर ली। सुबकने लगी! हज़ार बार पूछा पर एक भी शब्द नहीं फूटा चीकू के गले से।

कभी-कभी शब्द वहीं सूखे थूक में अटके रहते हैं धकियाने से भी बाहर नहीं आते, उनका धकियाना पहाड़ को धकियाने-सा दुश्वार हो जाता है। हज़ार दुख और एक चुप्पी, गहरी उनींदीवाली चुप्पी। चीकू के पास इसको अकेले झेलने के अलावा कोई चारा नहीं था। वर्षों तक इकट्ठा होनेवाली कुंठाएँ, शरीर में हो रहे हार्मोनल बदलाव इस असन्तुलित प्रतिक्रिया में सब सहायक थे।

अगले दिन दस बज चुके थे और पता चला कोई ऑडिट टीम अस्पताल में जाँच करने आ चुकी है। डॉक्टर साहब को बुलाने आज हरि नहीं चपरासी सुनील दास आया। कर जोड़ते हुए अनुग्रह कर उन्हें किसी तरह अस्पताल ले गया। शाम तक ऑडिट टीम निरीक्षण और जाँच-पड़ताल करती रही। चीकू के घर से ही चाय, नाश्ता और लंच का इन्तज़ाम माँ ने ही किया। शाम को कुछ पेपर्स पर हरि और सुनील दास के हस्ताक्षर करवाए गए।

डॉक्टर साहब ने किसी भी काग़ज़ पर हस्ताक्षर करने से साफ़ मना कर दिया। एक सवाल टेढ़ी नज़रों से पूछा गया कि "क्या आपके पास नक्सली भी इलाज कराने आते हैं?" परन्तु डॉ. साहब ने सारी प्रक्रियाओं के दौरान मौन धारण कर लिया था।

बाइज़्ज़त की शक्ल पल में बेइज़्ज़त-सी हो जाती है जबकि इसमें उसका कोई हाथ नहीं होता और उसे तब पता चलता है जब ज़मीन पैरों के नीचे से खींच ली जाती है। दूसरे दिन ठीक दस बजे जिलाधिकारी ने एक पत्र अस्पताल में भिजवाया, जिसमें साफ़-साफ़ लिखा था कि जाँच समिति ने दवाइयों के हिसाब में अनियमितताएँ पाई हैं और कई शिकायतों को भी सही पाया है जो गाँववालों ने डॉक्टर के ख़िलाफ़ लिखी थी। इसके मद्देनज़र डॉक्टर श्री ईश्वर नाथ को तत्काल प्रभाव से निलम्बित किया जाता है और आगे भी जाँच समिति अपनी जाँच जारी रखेगी। अविलम्ब सरकारी घर ख़ाली करने का आदेश भी साथ में ही संलग्न था।

उसी दिन विधायक की कार घर के पास से गुज़री। धूल उड़ाना संकेत है अभिमान का। सवर्ण के साथ धनी होना गौरव की निशानी और जब धन के साथ राजनीति भी जुड़ जाए तो वह और भी बड़ा बाहुबली बन जाता है। बाहुबली का पूरा साम्राज्य भय पर आधारित होता है। जहाँ कहीं भी भय कम होने की आशंका नज़र आती है उसे पूरी तरह से मिटा देना ही शक्ति परीक्षण का ध्येय बन जाता है। कुछ दिन पहले ही चर्चा में आया था कि एक ज़मींदार को मारकर नक्सलियों ने मुसहरों को ज़मीन दे दी। उसके कुछ दिन बाद ही मुसहरों के पूरे गाँव को जला दिया गया। डॉक्टर साहब नक्सलियों को पसन्द नहीं करते थे। प्रतिहिंसा एक और हिंसा को जन्म देती है। डॉक्टर साहब इसीलिए प्रतिहिंसा को ख़राब मानते थे और समाज के सामने खड़े होकर अपने अधिकार के लिए लड़ना पसन्द करते थे पर आज सारे अर्जित सैद्धान्तिक मूल्य प्रश्नचिह्नों के घेरे में थे और इन सबके बीच डॉक्टर ख़ुद पसोपेश में!

जैसे-जैसे दिन बीते दुख की दीवार प्याज़ के छिलकों-सी परतदार होती गई। एक के बाद एक, आख़िर कितनी परतें पार करेगा आदमी। गाँव के वे लोग जिनके लिए दिन-रात डॉक्टर साहब सेवा में लगे रहते थे वे सब लाश से ज़्यादा मरे हुए प्रतीत हो रहे थे। यह किसी अदृश्य डर का प्रतिफल था या समाज के नियम में उगते सूरज की सलामी ही लिखी है पता नहीं। गाँववालों के बदले व्यवहार को देख भ्रम हो रहा था कि तिलचट्टे बदलते वातावरण

के अनुसार ज़्यादा ढलते हैं या आदम! चीकू, डॉक्टर साहब और चीकू की माँ तीनों ही अपने-अपने दुख से ऐसे लड़े चले जा रहे थे जैसे समुन्दर और उसके तीर के बीच की अनवरत लड़ाई हो, कभी न ख़त्म होनेवाली!

31 अक्टूबर, 1984 का दिन था। पूरे देश पर वज्रपात पड़ा। प्रधानमंत्री इन्दिरा गांधी की हत्या अपने ही अंगरक्षक के द्वारा कर दी गई। बौराए से लोग इधर-उधर भाग रहे थे। दिल्ली और देश के अलग-अलग भागों में सिक्खों की हत्याएँ की जा रही थीं। इसी माहौल में इधर इस मनहूस गाँव के इस छोटे से परिवार में अलग तरह की झंझा उठी हुई थी। सरकारी घर से बेदख़ली के बाद गाँव को छोड़ माँ दोनों को साथ लिये वापस अपनी पुरानी कार्यस्थली लौट रही थी। सारे रास्ते भय का माहौल था। पहली बार माँ ने डॉक्टर से ज़्यादा कसकर चीकू को भींचा हुआ था। उस क्षण में चीकू को डर भी आराम के साथ सुकून दे रहा था। तीनों वापस तेतरहट गाँव आ चुके थे जहाँ ज़िन्दगी एक नई करवट के इन्तज़ार में थी...

पीड़ा को कोई कहाँ सूँत पाता है क्षण-भर बस सहला लेता है, बहला लेता है और फिर अपनी खंडित यात्रा को समेटने की यात्रा में निकल पड़ता है। इस यात्रा में अब तीनों की ज़िन्दगी की हौंस हाँफ रही थी। समय हर दिन और ज़्यादा दुर्दिन की तरह सामने आ रहा था। डॉक्टर साहब लगभग मायूस हो चुके थे। सिस्टम में जातीयता और घूसख़ोरी दीमक की तरह घुस गई थी। अर्जित सैद्धान्तिक मूल्यों को ताख पर रखकर अन्त में डॉक्टर साहब ने प्राइवेट प्रैक्टिस की शुरुआत की। धीरे-धीरे डॉक्टर साहब की एक पुरानी आदत जो कभी-कभार वाली थी, उनके कमज़ोर पड़ते ही उन पर पूरी तरह हावी हो गई। समस्या थी नशे की। नशा भी बिलकुल अजूबा जो सम्भवत: एक डॉक्टर ही कर सकता है। वो नशीली दवाइयाँ लेते थे फोर्टविन, कम्पोज या पेथेडीन या जो भी विकल्प आसानी से मिल जाए।

शुरुआती दौर में ये इंजेक्शंस अकेले में ख़ुद से ले लेते और फिर वहीं लुढ़क जाते। घर से जब दूर रहते तब लेते। फिर धीरे-धीरे इसका क्रम और दायरा दोनों बढ़ता गया जिसका प्रतिफल था कि अब टूटन तीनों का स्थायी भाव बन गया था। यह नशा शायद उनके भीतर का क्षोभ था। ज्ञान की कोई कमी नहीं थी पर अवर्ण होने के कारण उन्हें कभी भी समाज में वो इज़्ज़त नहीं मिली जो एक सामान्य डॉक्टर को मिलनी चाहिए। माँ का आधा समय उनकी नशामुक्ति के पीछे बीतने लगा। माँ को हमेशा लगता, हम जितना प्रेम उड़ेलेंगे वो नशे से उतने दूर हो जाएँगे। चीकू को एक हद के बाद इस कोफ़्त

भरे माहौल से भयानक नफ़रत-सी होने लगी। प्रेम हर जगह होते हुए भी आपसी सम्बन्ध नहीं बाँध पा रहा था। बेरुख़ी और बेनियाज़ी इतनी बढ़ गई कि आपसी सम्बन्ध तिक्ततम होने लगे। तीनों के भीतर तनाव समन्दर-सा उफान लिये था और स्थिति ऐसी कि मन के भीतर उस लड़ाई का सारा झाग समाया हो जिसे न उगला जाए न निगला जाए!

शोक ऐसा बीज है जो हज़ार गुना तेज़ी से बढ़ता और फैलता है! चीकू के चारों ओर अब जंगल उग आया था। उसे कोई किरण कहीं से नहीं दिख रही थी। अब हमेशा चीकू के भीतर एक ख़लिश बनी रहती। ऐसी स्थिति में वह अक्सर एकान्त को गले लगाता और घंटों खिड़की से बाहर झाँकता रहता। दिवास्वप्न गढ़ता और ख़ुद ख़ुश हो लेता। खिड़की के बाहर बन्द पल्लों पर बूँदों की जुगलबन्दी देखता तब थोड़ी सी निराशा बूँदों के साथ धुल जाती पर एकान्त का सुकून भी ज़्यादा देर तक नसीब नहीं होता किसी को।

डॉक्टर को नशा अब बेहोशी की तरह आता। वे कहीं भी गिर जाते। बाज़ार में भी गिर पड़ते। अक्सर सभी जगहों पर उनके साथ सिर्फ़ चीकू ही होता। कई लोग इसे मिर्गी समझते और जूते-चप्पल सुँघाने लगते। कितने लोग-कितनी बातें। कटाक्ष भरी भीड़ की बातें गरम शीशे की तरह उसके कानों में पिघलती हुई उतर जातीं। वो बच्चा भारी-भरकम नशे में डूबे आदमी को उठा भी नहीं सकता तो हाथ जोड़े भीड़ से ही कातर नज़रों से विनती करने लगता, कोई तो रिक्शे पर चढ़ा दो प्लीज़। पूरे रास्ते अपने नन्हे हाथों में उस नशे में डूबे विशालकाय शरीर को सँभाले लाना दस बार पहाड़ पर चढ़ने से कम नहीं होता। वो भी उस बेटे के लिए जिसने उस व्यक्ति को कभी पिता नहीं समझा और पिता जिसने कभी उस बेटे को बेटा समझकर गले नहीं लगाया, दोनों के बीच संघर्ष अपनी परिभाषा बदल चुका था।

अब डॉक्टर साहब ने धीरे-धीरे बाहर निकलना कम कर दिया पर लोगों से चुपके से उधार लेने लगे, कभी सूद पर कभी बिना सूद के तो कभी माँ को बिन बताए कुछ गिरवी रख देते। नशे के इंजेक्शंस और उसकी मुक्ति के लिए ख़रीदी गई दवाइयों में चीकू की माँ पूरी तरह ख़ाली और कंगाल होने लगी। इस स्थिति का पूरा फ़ायदा अस्पताल में काम करनेवाले सहकर्मी उठाना चाहते, कभी झूठी सहानुभूति, कभी पैसे की मदद के बहाने। आँखों और अनचाहे स्पर्श में वासना की तीखी गन्ध मिली होती। माँ की इस नई परेशानी से चीकू पूरी तरह वाक़िफ़ था और इसलिए अब वह सारा समय घर पर ही बिताता ताकि

पिता की चिन्ता माँ को न करनी पड़े। कभी-कभी ऐसी विषम स्थिति आ जाती जिसकी कल्पना करने से भी जी सिहर जाए! पिता नहाते-नहाते नशे में बेहोश हो जाते, उस समय माँ अस्पताल में काम पर होती। बाथरूम के भीतर से सिर्फ़ गों-गों की आवाज़ आती, वो बच्चा मुश्किल से पूरा ज़ोर लगाकर दरवाज़ा खोल पाता। चिटकनी कमज़ोर होना मददगार साबित होता और नंग-धड़ंग पिता को सहारा देते हुए उनके बिस्तर तक ले जाता और तकिये के सहारे सुला देता। जब डॉक्टर को होश आता तो आत्मग्लानि से कुछ घंटे सिर झुकाए रहते, नज़रें नहीं मिलाते और कभी-कभी चीकू के सिर पर हाथ फेर देते जैसे माफ़ी माँग रहे हों।

सभी घटनाओं के बीच उम्र से उसकी प्रतिस्पर्धा चल रही थी। वह समय से पहले लगातार बड़ा होता जा रहा था। दुख किसी की उम्र को यूँ ढकेलते हुए आगे ले जा सकता है यह तो उसे भी समझ में नहीं आया। परिपक्वता का कड़ा आवरण उसके कोमल मन पर चढ़ता जा रहा था। अकेले में वह अक्सर यह भी सोचता कि क्या इस सिफ़रीय स्थिति का ज़िम्मेदार वह ख़ुद ही तो नहीं? सब कुछ मानो धीरे-धीरे भीतर धसक रहा हो। यह डर उसे विरसे में नहीं इसी जन्म में मिला था। उसे सब कुछ अधूरा-सा मिला पूरा कुछ भी नहीं। वह अरमानों के ढूह पर बैठा था जहाँ अफ़सोस की साँसें ज़्यादा तेज़ चल रही थीं जो उसे अक्सर तेज़ी से आत्महत्या की राह की ओर खींचती चली जा रही थीं।

अब डॉक्टर पर माँ की प्रतिक्रिया कभी प्यार, ग़ुस्से और खीज के रूप में बारी-बारी से आती, तो कभी एक-एक करके। उन सभी प्रतिक्रियाओं में चीकू कहीं और ही पिसा जा रहा था। वह रोज़ यह मनाता कि भगवान या तो उसे या फिर डॉक्टर साहब को अपने पास बुला ले। बाल-मन यहाँ सिर्फ़ सपनीला स्वार्थ देख रहा था।

एक दिन अचानक डॉक्टर साहब को उनके गाँव जो कि सासाराम के पास था, वहाँ से ख़बर आई कि उनके बड़े भाई नहीं रहे। हालाँकि सबको पता है कि उनके विवाह के समय से उनके पुश्तैनी घर में उनका आना-जाना वर्जित कर दिया गया था फिर भी उस दिन कहाँ से भाई के लिए इतना प्रेम अचानक उभर आया, पता नहीं। क्या मृत्यु ही ऐसा बन्धन बनाती है जो सालों से रूठों को पास लाने में सक्षम हो?

डॉक्टर साहब का गाँव पुराने ज़मींदारों का गाँव था। खेत मज़दूर परिवार में जन्मे उस जनजाति से उभरे पहले डॉक्टर ने शादी किसी और ही जाति में कर ली थी और अपने मौलिक कर्तव्य को भी नहीं निभाया था जो उनके

पिता की आशाओं की तिलांजलि से कम नहीं था। इस क्षोभ के साथ घरवाले प्रतिबन्ध न भी लगाते तब भी वो वहाँ नहीं जाना चाहते। पर आज की पुकार और उनके मन की स्थिति कुछ और ही थी। आज भाई की मौत ने संवेदना और स्मृति के साथ मिलकर अवचेतन को उनके अपने बचपन के जागृत चेतन में बदलकर रख दिया था।

ख़बर सुनते ही अविलम्ब रात को ही ट्रेन से डॉक्टर साहब अपने गाँव को निकल पड़े। माँ ने बहुत समझाया, साथ ले चलने को भी कहा, पर उनकी एक नहीं सुनी डॉक्टर ने। उनको गए दस दिन बीत गए। इस बीच चीकू को खोई हुई माँ पूरी तरह वापस मिल गई। कुछ खोना भी पाना ही होता है, इस भेद से अनजान वो बस इस बात से बेहद ख़ुश था कि घर में माँ के ध्यान का केन्द्र अब सिर्फ़ वही है। दस दिन, बीस दिन फिर पूरा महीना बीत गया। माँ अब थोड़ी चिन्तित और चीकू ख़ूब प्रसन्न रहने लगा, हालाँकि माँ की रोनी सूरत देखकर वो थोड़ा सा परेशान हो ही जाता था।

कोई ख़बर नहीं! कोई चिट्ठी नहीं! माँ ने एक रात सुलाते समय चीकू को कहा कि वह डॉक्टर साहब को देखने गाँव जाएगी। चीकू को अब काटो तो ख़ून नहीं। क्या सारी ख़ुशियाँ फिर विलुप्त हो जाएँगी? माँ के आलिंगन में भी ममता फिसलती हुई लग रही थी उसे।

अगली सुबह माँ ने जल्दी-जल्दी खाना बनाया फिर कुछ कपड़े तह कर बैग में डाले। दस बजे रिक्शा बुलाने को कहा। रिक्शावाला भी कमबख़्त समय पर गेट के सामने ही मिल गया। उसी वक़्त हाँफते-दौड़ते पुराने अस्पताल का सुनील दास चपरासी दौड़ता हुआ आया। उसकी शक्ल पर ज़माने-भर की परेशानियाँ तैर रही थीं। माँ कुछ बोलती उससे पहले उसके मुँह से सिर्फ़ इतना ही निकला कि आप लोगों को क्या सच में कुछ नहीं पता? माँ के चेहरे पर कई आशंकाएँ क्षण-भर में एक साथ उभर गईं। चीकू दरवाज़े पर खड़ा दोनों चेहरों को ध्यान से देख रहा था।

माँ की उड़ती शक्ल को भाँपते हुए सुनील दास ने कहा, "डॉक्टर साहब के गाँव से ख़बर आई है। उनके रिश्तेदार ने पेंशन की पूरी जानकारी माँगने के लिए उनका मृत्यु प्रमाण-पत्र भेजा है। उनके गाँव से कल शाम कोई आया था, कह रहा था यहाँ से जाते वक़्त गया रेलवे स्टेशन से उतरकर टमटम से गाँव जा रहे थे, रास्ते में पता नहीं कैसे टमटम से लुढ़क गए, नशे में थे या किसी ने धक्का दिया किसी को पता नहीं। सिर में अन्दरूनी चोट लगी थी शायद उसके बाद

का ज़्यादा पता नहीं पर दो दिन लाश थाने में पड़ी रही फिर किसी नज़दीकी गाँववाले ने पहचान की। दाह-संस्कार गाँव पर ही हुआ। एक ही घर में दो भाई सात दिन के अन्दर भगवान के पास चले गए। विधि का भी विचित्र विधान है!"

पहले वाक्य के बाद माँ ने कुछ नहीं सुना पर चीकू सब कुछ बड़े ध्यान से सुन रहा था मानो ख़बर की पुष्टि कर रहा हो। माँ दरवाज़े के पल्ले को पकड़े-पकड़े धड़ाम से ज़मीन पर गिर पड़ी और अचानक ही तेज़ दहाड़ मारकर रोने लगी। आसपास के कई लोग आ गए। माँ कभी हँस रही थी तो कभी रो रही थी और कभी दहाड़ें मार रही थी।

चीकू घर के कोने में अलमारी के पास खिड़की पर अटककर बैठा सब कुछ खुली-खुली आँखों से बस देखे जा रहा था। उसकी आँखें अब सिर्फ़ बाहर की ओर देख रही थीं। कहीं कोई दुख नहीं था बल्कि एक निश्चिन्तता थी! मन में बस एक गूँज विद्यमान थी कि माँ अब सिर्फ़ और सिर्फ़ उसकी है। आगे के सारे सपनीले दृश्य उसकी आँखों में अचानक उगने लगे। उसकी स्मित, उसकी खोई मुस्कान उससे मिलने इतने दिनों बाद समन्दर लाँघ के आई थी।

वह अचानक उठा और पिता की कुर्सी पर बैठ गया...

मैं राख हूँ फ़क़त राख
मत फूँको
आँख तुम्हारी ही जलेगी

—उदय प्रकाश

[इस संस्मरणात्मक कहानी को जब लिख रहा था तब इस अकथ कथा को कहने की हिम्मत नहीं हो रही थी। यह भी नहीं कि इसे संस्मरण का नाम दे दूँ और न ही उस समय पता था कि कभी यह किसी किताब का हिस्सा बन जाएगी। जब संस्मरण लिखने की हूक उठी तो लगा यहाँ जो भी लिखा है वह सच के बेहद क़रीब है और अगर इसके स्वरूप को संस्मरण का जामा दिया गया तो ऐसा लगेगा जैसे दही का जामन डालकर जमने से पहले चखनेवाली हरकत कर दी और दही न पूरा जमा न आधा, कहीं का नहीं रहा। इस संस्मरणात्मक कथ्य में चीकू (मेरे घर का पुकारू नाम है) का लगभग दुख दिदिया का भी साझा दुख है। भले उसका नाम नहीं है सिर्फ़ हरि कम्पाउंडरवाले हिस्से को छोड़कर वह हर दृश्य की संवेदना में शामिल है और पूरे संस्मरण में अदृश्य रूप से मौजूद है।]

2024

दिदिया : मेरे कोमल मन की पक्की ढाल

जलती रहीं तुम
तुम्हारा धुआँ सोखती रहीं
घर की गूँगी दीवारें
छप्पर के तिनके-तिनके
धुँधले होते गए
और तुम्हारी
थोड़ी सी कठिन रोशनी में
हम बड़े होते रहे

—उदय प्रकाश

एक सुरंग है और मुझे वहाँ टहलने की आदत है। बार-बार मेरे भीतर का बच्चा कराहता है और मैं स्मृतियों के जंगल में विचरने के लिए उस सुरंग से गुज़रने लगता हूँ। एकान्त बादल बन घुमड़ आता है और फिर अँधेरे में एक किरण दिखती है। बचपन और मैं उसका हाथ पकड़े एक नई यात्रा पर निकल जाते हैं।

बचपन एक हरियाली की तरह है मेरी ज़िन्दगी में, जहाँ दौड़ना सबसे ज़्यादा सुकून देता है। इस बार फिर मैं अस्पताल के इर्द-गिर्द ही टहलूँगा। अस्पताल मतलब क़िस्सों का घर, रोज़ नई घटनाओं से टकराना और नये लोगों से भी। जितने लोग उतनी कहानियाँ। लेकिन इस बार जिनसे रूबरू होने जा रहे हैं वह कहीं बाहर की नहीं, मेरे घर की ही है, असल में मेरी ढाल थी मेरी दिदिया। स्मृति की वीथियों से गुज़रते हुए हर बार अपनी बहन यानी मेरी दिदिया से मिल आता हूँ। एक किरदार जो मेरा नेपथ्य है, मेरा आधार बिन्दु जहाँ विश्वास भावनाओं से चोटिल होने के बाद भी प्रेम करे ऐसी सीख देनेवाली दिदिया।

मुंगेर में जब तक था तब तक का कुछ ज़्यादा याद नहीं बस एक गूँजती ध्वनि साथ रही कि तुमको कोई छू नहीं सकता चिकना (चीकू) तुम्हारे पास दीदी है! सीमा, श्वेता, भोटी के नाम से जाननेवाली को लोग अक्सर सिमिया ही पुकारते। सबसे पहली बात याद करता हूँ तो उसका छुप-छुपकर चुकड़ी (कुल्हड़) खाना याद आता है, कहीं भी उसे बस मौक़ा मिलना चाहिए, ईंट हो या मिट्टी की प्याली या मिट्टी का बना, पका कुछ भी वह हमेशा छुपाकर रखती और छुपकर खाती।

समय से आगे रहनेवाली मेरी दीदी में नेतृत्व का नैसर्गिक गुण एक प्राकृतिक देन की तरह शुरू से है। लखीसराय में माँ जब नर्स की नौकरी कर रही थी तब उन दिनों हम ननिहाल ज़्यादा आते-जाते रहते। उस समय (1978-80) आज वाला अस्पताल बना भी नहीं था। पुराना अस्पताल बीच बाज़ार में था और वहाँ रहने की कोई व्यवस्था भी नहीं थी। माँ अस्पताल के स्टोर में बहुत ही छोटे से कमरे में दूसरों के साथ कमरा साझा करके रहती थीं। उस समय ननिहाल ही हमारा घर था। मैं इतना छोटा था कि मुझे अपनी उम्र तक याद नहीं। याद है तो बस मेरी नाक का हमेशा चूना, इतना चूते रहना कि जब नहीं भी बह रही हो तो भी दो सफ़ेद धार जो दो सफ़ेद नाले की तरह स्थायी सफ़ेद निशानी बनकर दिखती रहती! मुझे दिदिया ही सँभालती, नाक साफ़ करने से लेकर नहलाने तक का सारा काम। हर बार चाँपाकल के नीचे बिठाकर घंटों मेरे पैर-हाथ-तलवे की खुरचन ईंट या सूखे नेनुआ का झावा के टुकड़े से निकालती। कई बार तो मिट्टी का लेप लगाकर घंटों यूँ ही छोड़ देती, हिल-डोल बन्द करने की हिदायत देती, कहती, "हिलने से चेहरे पर झुर्री आ जाएगी।" मुझसे बस ढाई साल बड़ी है दीदी पर समय से पहले

व्यवस्था और वातावरण की पकाई बच्ची थी वो। 1980 में शहर से बाहर नया अस्पताल आधे-अधूरे तरीक़े से शुरू कर दिया गया और पुराने अस्पताल के आधे कर्मचारियों को ज़बरदस्ती वहाँ भेज दिया गया।

वहाँ जाने से पहले माँ ने हम दोनों को बहुत सारे सपने दिखाए जिसमें एक था ग़ुसलख़ाने में नहाने के लिए झरने का होना। जब हम उस नये घरनुमा स्टोर में पहुँचे तो उससे लगे बाथरूम में एक लोहे का झरना था फुहारवाला जिसे देखकर हम ख़ुद पानी-पानी हो गए। क्योंकि पानी का कनेक्शन अभी हुआ ही नहीं था। वैसे भी पानी का पम्प आधा किलोमीटर दूर किसी दूसरी कॉलोनी में लगाया गया था। जहाँ से ढोकर पानी लाने का प्रस्ताव हमारा इन्तज़ार कर रहा था। मुद्दे की बात यही है कि पानी की सुविधा नहीं थी और आधा किलोमीटर दूर से हम दोनों को पानी लाना पड़ता। सात-आठ महीने बाद जब पानी का कनेक्शन हुआ और नया बोरिंग घर के पास लगाया गया तब हमने उस झरने को ही तोड़ दिया ताकि पानी की सीधी तेज़ धार हम तक पहुँचे। बोरिंग की भी ऐसी क़िस्मत थी कि जब चाहे पानी छोड़ दे और फिर से हमें पानी उसी पुराने आधा किलोमीटर दूर वाले पम्प से लाना पड़ता।

मैं दीदी को भोटी कहता था और वह मुझे चिकना। हम दोनों साथ-साथ सोते और साथ-साथ जागते, साथ ही स्कूल जाते पर खेलने कभी-कभार अलग-अलग भी जाते। दिदिया बचपन से बहुत सुन्दर है। बचपन में तो और ज़्यादा सुन्दर लगती थी। उसे साफ़-सुथरे और सफ़ेद कपड़े ज़्यादा पसन्द थे। अपने कपड़ों को ख़ुद ही एकदम साफ़ टिप-टॉप मेंटेन रखती थी। हम दो किलोमीटर पैदल रास्ते-भर यूँ ही बातें करते चलते रहते और इस तरह स्कूल कब आ जाता पता ही नहीं चलता। पाँचवीं कक्षा तक सरस्वती शिशु मन्दिर साथ ही गए, फिर दीदी दुर्गा गर्ल्स स्कूल और मैं नेशनल एकेडेमी होते हुए दुर्गा हाई स्कूल छठी कक्षा में दाख़िल हुआ। हम दोनों को बहुत कुछ कहना नहीं पड़ता और हमारा बातें छुपानेवाला पेट एक ही था।

जैसा कि मैंने पहले भी बताया है, बचपन में मैं बहुत मन्दबुद्धि था और अक्सर बातें भूल जाता था। सामान क्या लाना है वह पूरे रास्ते रटता जाता और अगर किसी ने रास्ते में टोक दिया तो भूल भी जाता। इस बात का ज़िक्र पहले भी किया है कि माँ अच्छी तरह कुटाई भी करती, ऐसे में दीदी ही बचाने आती। चूँकि खाना कोयले के चूल्हे या स्टोव पर बनता था। गैस तब तक नहीं आई थी तो घर पर किरासन तेल का स्टॉक रखना पड़ता था।

प्लास्टिक का पाँच लीटर का केन लेकर बाज़ार जाना पड़ता। पैसों के लाले हमेशा रहते तो माँ कहती तेल ख़रीदने के बाद रिक्शा कर लेना। बचपन यानी दस-ग्यारह साल की उम्र में थोड़ी दूरी भी कितनी ज़्यादा दूरी लगती है। बाज़ार घर से दो किलोमीटर पर रहा होगा और हमें पैदल या साइकिल की ही आदत थी। लेकिन तेल का मामला था तो रिक्शा करने का एक बहाना मिल गया। जैसा कि कई बार पहले भी हुआ, चाहते हुए भी भाग्य हमारे साथ नहीं रहना चाहता। इस बार भी कुछ ऐसा ही हुआ और हमने सोचा पहले रिक्शा कर लेते हैं फिर रास्ते में तेल भी ले लेंगे पर क़िस्मत साथ नहीं दे पाई और जो नहीं होना था वही हुआ। तेल की दुकान बन्द निकली और हम सिर्फ़ सब्ज़ी लेते हुए रिक्शे पर घर पहुँचे। माँ को पता चला तो उनका ग़ुस्सा सातवें आसमान पर। उन्होंने रिक्शा के पैसे देने से सीधा इनकार कर दिया। बेचारे बूढ़े रिक्शेवाले काका आधा घंटा इन्तज़ार में बीड़ी फूँकते रहे। माँ का ग़ुस्सा जब शान्त हुआ तब जाकर रिक्शेवाले को पैसे मिले पर हमें उस ग़लती की पूरी भरपाई करनी पड़ी। अगली बार पाँच लीटर का केन नन्हे हाथों में ढोते हुए फेरा-फेरी (अदला-बदली) करते हुए दो किलोमीटर चलकर घर आना पड़ा। उस दिन जाकर माँ की किराया वसूली प्रक्रिया पूरी हुई। हालाँकि माँ ने कुछ नहीं कहा ऐसा करने, पर हम दोनों पर फ़िल्मों का असर ग़ज़ब का था, हम सच में फ़िल्मी किरदार की तरह सोचते और हरकतें भी करते। फ़िल्मों के प्रभाव में हम स्वाभिमानी ज़रूरत से ज़्यादा बन गए थे। यह पैदल यात्रा भी उसी की एक झलक-भर थी। कई बार माँ दोनों की पिटाई करती तो दर्द से निकलती चीख़ को पूरे फ़िल्मी अन्दाज़ में बर्दाश्त करते हुए हम दाँत भींचते।

हम दोनों के काम आपस में बँटे हुए थे। एक टाइम की झाड़ू मेरे हिस्से, तो दूसरे टाइम का झाड़ू और पोंछा दीदी के हिस्से। बर्तन मिलकर धोना या फिर मेरा चाँपाकल चलाना और दीदी का बर्तन धोना। जब तक चाँपाकल घर के पास गड़वाया नहीं गया था तब तक हम दोनों सिर पर तसले भर पानी साथ लाते। बोरिंग पम्प जैसा कि पहले बताया गया आधा किलोमीटर दूर था और नया पम्प जो बाद में गड़वाया गया उसका नछत्तर शुरुआत से ख़राब ही रहा, सो वह ख़राब ही रहता। सिर पर तीन-तीन तसले में एक साथ पानी ढोने में भी हमें बहुत आनन्द आता। इसी बहाने हम भीगते-नहाते जाते और आधा पानी छलकाते हुए नाक चुआते हुए तसले से छलकता पानी पीते रहते। लालटेन की कालिख पोंछना मेरा काम था वो भी चूल्हे की राख से,

जिसे साफ़ करते हुए हाथ कटना जैसे मेरी आदत में शुमार हो चुका था। दीदी कपड़े धोती पर उन सूखे कपड़ों को उतारने का काम मेरा था। सबसे बोरिंग काम कपड़े तह लगाना था अक्सर साड़ी तह लगाते-लगाते मैं उसी में उलझ जाता, आधे तह में ही वह मुझसे बिखर ज़ाती। तब दिदिया सिखाती ठीक से तह लगाना। यह सिखाना बड़े होने तक जारी रहा क्योंकि मेरे मन में इसे सीखना कभी था ही नहीं। तरकारी ख़रीदने हम दोनों साथ-साथ जाते पर किचन का पंसारी वाला पूरा सामान माँ ख़ुद से एक बार में ही लाती। उस समय हम दोनों उनके टंडेल होते थैला लटकाए पीछे-पीछे चलनेवाले। मुझे बस फावा में रुचि होती। जिसे मेरा मासूम चेहरा हर हाल में हासिल कर ही लेता चाहे सब्ज़ीवाला हो या पंसारीवाला!

दिदिया की एक और ख़ास बात थी जिससे मैं ख़ौफ़ खाता था। माँ जब भी ड्यूटी पर रहती और जब भी मैं उसे परेशान करता या उसकी बात नहीं मानता या फिर ऊपर बताए काम करने से इनकार कर देता तब वह मुझे रुई की तरह धुनती और धुनते समय किसी तरह का दया-भाव उसके चेहरे पर नहीं आता। उसके मुक्के में बहुत ज़ोर था और कमबख़्त मेरे लम्बे घुँघराले बाल जिसे बेरहमी से खींचकर अपनी मुट्ठी में भींच लेती। मैं टस-से-मस नहीं कर पाता, पर सच यह है कि असल में आदतन लतख़ोर था। जैसे ही वह पीटना बन्द कर देती मेरा हाथ और लात उस चाबीवाले यांत्रिक बन्दर की तरह चलने लगता। मेरा चलाया हाथ यूँ चलता जिसे कभी भी निशाने पर नहीं लगना होता और फिर मेरी धुनाई का वही चक्र वह फिर से दोहराती। माँ जब लौटकर आती तो भले चादर-तकिया-रज़ाई अस्त-व्यस्त होते पर हम दोनों एकदम चुस्त-दुरुस्त दिखने का अभिनय करते! रात को दीदी फिर मेरी तेल मालिश करती और अगर कहीं कट-छँट गया हो तो बोरोलीन भी लगा देती। इन सब कारस्तानियों के बाद सबसे सुखद था उससे लिपटकर सो जाना। सब दर्द की एक ही दवा 'उससे लिपटना!'

मुझे नींद जल्दी आने की बीमारी शुरू से है। माँ को ड्यूटी के कारण अक्सर देर हो जाती। जब माँ लौटती मैं सोया मिलता, माँ उठाती और नींद में ही खाना खिलाती और सुबह मुझे कुछ याद नहीं रहता कि रात में खाना खाया भी था या नहीं। बाद में माँ के बदले दीदी खिलाने लगी और आश्चर्य की बात यह है कि पोस्टिंग के कुछ महीनों बाद तक स्मिता ने भी नींद में ही खिलाया मुझे और मेरी आदत खाना खाकर भूलने की नहीं बदली।

वस्तुस्थिति को बेहतर समझने के लिए लखीसराय की भौगोलिक और जातीय समीकरण व वर्गीकरण को भी समझना उतना ही ज़रूरी है जितना अस्पताल के भीतर के इन्हीं पहलुओं को! स्टेशन के ठीक बग़ल में जो मोहल्ला है उसे पंजाबी मोहल्ला कहते हैं। फिर नया बाज़ार से दालपट्टी और वहाँ से कवैया रोड तेली समुदाय से भरा हुआ था। वहाँ लाल पहाड़ी की तराई जिसे जयनगर मोहल्ला कहते हैं, दलितों की एक छोटी सी दुनिया, लाल पहाड़ी के दूसरी ओर हसनपुर जहाँ भूमिहारों की भरी हुई बस्ती, रेत इनका संसार, पुराने रईस की लूटी हुई यह दुनिया जहाँ भाई, भाई का दुश्मन और यह वो जगह है जो अस्पताल से सबसे नज़दीक भी है और अस्पताल के रोज़मर्रा के जीवन पर सबसे अधिक प्रभाव भी इसी गाँव का रहा करता था। जब हम दीदी के साथ घर से स्कूल जाते तो इन सभी जगहों से हमें गुज़रना होता और लोगों की नज़रों में बदलते भावों को देखना पड़ता। हर जाति की दृष्टि एक जैसी नहीं होती। छोटा होने के कारण कई बार बस मन मसोसकर रह जाता पर दीदी सबकी आँखों में आँखें डालकर चलती। वो किसी से नहीं डरती यह जानते-समझते हुए भी कि किसकी दृष्टि कैसी है।

खाने के लिए रोज़ाना डीबीसी (दाल-भात-चोखा) और चारों ओर बीबीसी (बुद्धि वर्धक चूर्ण) वाले लोगों से घिरे हुए दिन थे। अस्पताल अभी आधा बना ही था कि सरकार ने थोड़ी दूर पर ही जेल बना दिया। उसके उद्घाटन समारोह में यह बताया गया कि दारा सिंह की बहन आई हैं। पहलवानों की कुश्ती होनेवाली है जिसमें पुरुष और महिला दोनों वर्ग के लोग भाग लेंगे। हम दोनों ने एक-दूसरे को देखा और सब कुछ स्वत: तय हो गया। अस्पताल और जेल के बीच सिर्फ़ और सिर्फ़ ख़ाली सपाट मैदानी घास थी। कहीं-कहीं बनते हुए क्वार्टर्स, सब-डिवीज़नल ऑफ़िस, कोर्ट इत्यादि भी थे। स्वाभाविक है माँ को तो बताना नहीं था कि हम कहाँ जा रहे हैं। कुश्ती शाम के समय होनेवाली थी। हम लोग समय से बहुत पहले पहुँच गए। जब पहुँचे तो देखा इतने सारे फल और अंडे जितने हम और हमारा क़द। एक साथ बैठे दस-दस पहलवान। हमने ज़िन्दगी में इतनी सुन्दर गोरी पहलवान को पहले कभी नहीं देखा था, सो मन मचल उठा उन्हें छूने को। हम दोनों भीड़ से नज़रें बचाते हुए उन लोगों के घेरे के अन्दर पहुँच गए, फिर क्या था जितने नज़दीक पहुँचते उनका क़द उतना ही ज़्यादा बड़ा लगता जाता। इसी बीच एक पहलवान उठा तो लगा वो हाथी और हम चींटी पर हमें अब भी ज़िद तो थी नज़दीक जाकर छूने की।

वह गोरी विशाल काया दर्जनों अंडे खा रही थी। हम उनके बिलकुल पास पहुँच चुके थे। हिम्मत करके उनकी थुल-थुली मांसल टाँगों को छुआ जो बिलकुल रुई-सी लगी पर अगले ही पल दीदी को किसी ने एक हाथ से उठा लिया। वो हवा में टँगी दिखी। इस बात का अन्दाज़ा हमें बिलकुल नहीं था। दीदी को हवा में टँगा देख मैं घबरा गया और उनके टाँगों के बीच से गुज़रते हुए हड़बड़ाकर बचने के लिए भागा। मुझे लगा अगली बारी कहीं मेरी तो नहीं। मैं घर आकर डर के मारे चुपचाप रज़ाई में छुपकर लेट गया।

शाम को रात में बदलना था तो सो हुआ, माँ को ड्यूटी से लौटना था सो लौटी और मेरी खटिया खड़ी होनी थी सो हुई। माँ मुझे रज़ाई से बाहर निकालकर दनादन सोंटते हुए सवाल-जवाब करने लगा। मैं क्या कहता चुपचाप मार और डाँट खाता रहा फिर ग़लती भी स्वीकार की और सब बता भी दिया। अब माँ का ग़ुस्सा परेशानी और बेचैनी में बदल गया और सामने छतवाले पाल मामू अभी ओटी में ही थे तो माँ ने उनको आवाज़ लगा दी। हालाँकि मामू ख़ुद ही हाफ़ लीवर के आदमी थे पर उस समय वही सबसे बड़ा सहारा दिखे। उन्हें लेकर हम सब दीदी को ढूँढ़ने निकले। जब जेल पहुँचे तो वहाँ सब तमाशा ख़त्म हो चुका था और उनमें से कोई वहाँ नहीं था। पूछताछ की तो पता चला कि दीदी यहीं पर थी दो घंटे पहले तक फिर कहाँ गई किसी को नहीं पता। हम सबका हाल मानो काटो तो ख़ून नहीं। अनजान लोग और लड़की जात, सब परेशान और मेरी तो लगातार ख़ैर-ख़बर धकियाते हुए ली जा रही थी। फटकार लग रही थी कि क्यों दीदी को छोड़कर भाग गए तुम कायर पिद्दी, तुमसे ज़्यादा ग़ैरज़िम्मेदार कोई नहीं, मन्दबुद्धि। हम लोग पूछते-पाछते पूरी कॉलोनी में टहलते रहे पर कहीं कुछ पता नहीं चला। थक-हारकर घर की ओर चल पड़े। उस समय कोई रात के नौ बज रहा होगा तब वह दिखी, खिलती हुई हँसी बिखेरती, खिलखिलाती घर की ओर दौड़ती। हम सब लपककर दौड़े उसकी ओर। मैं दीदी से लिपट गया फिर थोड़ी देर बाद ही एकदम बाल पकड़कर पूछा, "कहाँ थी, क्यों नहीं आई, तो वह और ज़ोर से खिलखिलाकर हँसने लगी। फिर उसने जो सुनाया तो एक अलग ही कहानी निकलकर सामने आई। उसका कहना था कि सभी पहलवान ख़ासकर दारा सिंह की बहन (हालाँकि यह कितना सच है कि वह दारा सिंह की बहन थी, नहीं पता पर उस समय चारों तरफ़ यही हल्ला था) ने दीदी को पूरे समय गोद में ही रखा उसे ख़ूब चूमा उसके गाल खींचे, सबने उसे ख़ूब खिलाया। सामने से कुश्ती देखने को भी मिली सो अलग।

बाद में मजिस्ट्रेट साहब के घर में खाना खिलाने साथ ले गई। सच बात यह है कि मजिस्ट्रेट साहब के घर तक पहुँचने की हमारी हिम्मत थी नहीं इसलिए वहाँ हमने दीदी को ढूँढ़ा भी नहीं। दीदी के कहने पर कि उसे घर का रास्ता पता है, उसे सामने तक वे लोग छोड़ गए। माँ ने उस दिन तो कुछ नहीं कहा पर बाद में अगले दिन समाज में रहने वाले लोगों की विकृत मानसिकता के बारे में हम दोनों को बहुत प्यार से समझाया। तब तक डाकियावाली घटना घट चुकी थी और जो क़िस्सा मेरे साथ हुआ उसके पहले उसने दीदी को कुछ अश्लील पत्रिका भी दिखाई थी और दीदी ने उसे भरपेट गालियाँ भी दी थी। (इस घटना पर पूरा ज़िक्र वैरन डाकिया में आगे पढ़ने को मिलेगा)। माँ की बात हम दोनों को समझ में आ रही थी। अस्पताल निर्माणाधीन होने के कारण चारों तरफ़ कंस्ट्रक्शन का काम जारी था और माँ को समय-असमय अस्पताल जाना पड़ता इसलिए वे इस बात को लेकर ज़्यादा परेशान रहती थीं।

उन्हीं दिनों मुझे कॉमिक्स पढ़ने का भयंकर चस्का लग गया। सब्ज़ी लाने के पैसे में हेर-फेर अब मेरे लिए आम बात थी। मैं स्कूल के बदले घंटों समय किताब की दुकान पर भाड़े पर मिलनेवाली कॉमिक्स पढ़ते हुए बिताने लगा। काम की व्यस्तता और मुझ पर अटूट विश्वास के कारण माँ कभी हिसाब नहीं माँगती। कॉमिक्स पढ़ने के इस नये नशे का इतना असर था कि अक्सर घर से बाहर ही रहने लगा। कई बार सोचता हूँ, कॉमिक्स पढ़ते हुए ही शायद मेरे भीतर लेखन का बिरवा फूटा होगा। इस नशे का असर इतना ज़्यादा हो गया कि चोरी करने लगा, तब मेरी उम्र क्या होगी याद नहीं पर मेरे भीतर पैसे चोरी करने के ऐब ने बुरी तरह जन्म ले लिया और मैं माँ के नैतिक पाठ से पूरी तरह छुपम-छुपाई खेलने लगा।

उधर माँ ने ख़ुद को हमारे साथ यूँ जोड़ लिया था कि पहले तो कभी मानती ही नहीं कि यह ग़लती हम भला कर भी सकते हैं और फिर जब हमारी ग़लती का अहसास हो जाता तो वो ख़ुद से भी विलग हो जाती। रेत की दीवार की तरह भीतर-ही-भीतर धँसती और गुमसुम हो जाती। विश्वास का बाँध टूटता तो वह एक चुप्पा बन जाती, चेहरा ज़र्द और आँखें वीरानी में डबडबा जातीं। हम उन डबडबाई आँखों से ख़ौफ़ खाते, चुप वो होती और साँसें हमारी घुटतीं और थोड़ी देर में ही हम सरेंडर कर जाते कि आगे ऐसा नहीं होगा। उन्हीं की क़सम खाकर कहते अब ग़लती नहीं होगी पर कमबख़्त बचपना फिर वही ग़लतियाँ दोहराता।

इस स्टोरवाले घर में आने से पहले हम एक और जगह रहते थे जिसमें तीन कमरे अगल-बग़ल एक साथ पहली मंज़िल पर थे। जिसके नीचे एम्बुलेंस का गराज हुआ करता था। पहले कमरे में चिन्ता मौसी, दूसरे में ऐंजलीना चौधरी (अंजू मौसी) और तीसरे में हम सब। अंजू मौसी की तीन बेटियाँ, मौसा फ़िलिप्स चौधरी बरियारपुर चर्च के स्कूल में काम करते थे। चिन्ता मौसी का रुझान ड्यूटी से ज़्यादा प्राइवेट पेशेंट को देखने का ही रहता या घर जाकर डिलिवरी का काम करने का इसलिए हम लोगों में से कहीं ज़्यादा पैसा चिन्ता मौसी के पास होता। अंजू मौसी दीदी को बहुत मानतीं और उनकी बेटी लीना, दीदी की सबसे अच्छी दोस्त थी। हम सब बच्चे आपस में घुल-मिलकर बहुत प्यार से रहते।

चिन्ता मौसी के पति का नाम ईश्वर (ईश्वरी महतो) था और ईश्वर एक पढ़े-लिखे बेरोज़गार रहे पर उनका स्वभाव बुद्ध की तरह चिन्ता मुक्त ही रहा। उनका एक शौक़ ऐसा था जो मेरे भाई का भी रहा, रेडियो पर क्रिकेट कमेंट्री पूरे दिन सुनना। चिन्ता मौसी काम करने जातीं तो मौसा ही खाना बनाते। हम लोग भी उनके साथ लगे रहते। मौसा हमेशा अच्छी बात करते, ज्ञानवर्धक कहानियाँ सुनाते। हम दोनों भाई-बहन उनके साथ खेत में धूप सेंकते हुए कहानियाँ सुनते पर मौसा को मौसी से बहुत डर लगता, उकटते समय मौसी किसी भी सीमा को नहीं देखतीं पर मौसा एकदम बुद्ध का मौन लिये कभी कोई प्रतिक्रिया नहीं देते, जैसे कुछ हुआ ही नहीं। उन्हीं दिनों जब क्रिकेट का भूत सब पर सवार था मौसा के ऊपर और ज़्यादा तो वे अपने एक तल्लावाले कमरे से नीचे उतरकर सामने खेत में चेहरे पर गमछा डाले कमेंट्री सुनते रहते और मैं मौक़ा देखकर चुपके से मौसी के किचन में घुस जाता। मौसी अनाज में पैसे छिपाकर रखती थीं। इस बात की भनक कैसे पड़ी नहीं पता पर पैसा कहाँ-कहाँ छुपाती हैं इसका अन्देशा था मुझे। चोर के पास ज्ञान चक्षु भी होता है यह उस समय समझा। मैं मन्द बुद्धि इस काम को करते वक़्त एक शातिर चालाक बालक में तब्दील हो जाता। मैं रोज़ एक से पाँच रुपये में जो सबसे छोटा रुपया हो उसी को हाथ लगाता। जब कमाई तनख़्वाह से बाहर से आ रही हो तो आदमी अक्सर गिनना भूल जाता है। मौसी का भी यही हाल था। मेरी चोरी का यह क्रम अभी लगभग छह महीने ही चला होगा कि अब मेरे लिए यह नई समस्या थी, पैसे रखूँ कहाँ? दीदी से बचना नामुमकिन था तो मैं चुराए हुए पैसे अपने दोस्त अनिल को दे दिया करता।

जिसे इस बात की भनक तक नहीं थी कि पैसे कहाँ से आ रहे हैं। वो बाज़ार में रहता था। पैसा हाथ में आते ही मेरी आदत समोसे और अंडे खाने की ओर बढ़ गई। तीसी के तेल में छना समोसा और कुसिया केराव की घुघनी के साथ परोसे जाने का कोई तोड़ नहीं या फिर मूढ़ी-चना की घुघनी-कचरी के साथ वहीं हाजी मार्केट के सामने और नेशनल अकादमी स्कूल के सामने ठेले पर मिलता। हाजी मार्केट उस समय हम लोगों के सामने मॉलवाला स्टेटस रखता था। वहीं बग़ल में गणेश भैया जिनके ऊपर पत्रकारिता का भूत सवार था, उनकी कॉमिक्स की दुकान भी थी। गणेश भैया मम्मी को अपनी दीदी का दर्जा देते थे और साथ में एक लोकल अख़बार भी चलाते थे। समोसा और कॉमिक्स ऐसा कॉम्बो था जो किसी की भी लाइफ़ बना दे। मेरी इन हरकतों की ख़बर दीदी तक किसी-न-किसी तरीक़े से पहुँच रही थी पर उसे असल मामला समझ में नहीं आ रहा था। इधर मेरी हीरोगिरी अपने ऊपर ख़र्च करने से ज़्यादा अपने दोस्तों के ऊपर डींग हाँकने में बदल गई। मैं नित नई कहानियाँ गढ़ने लगा। अपने मामा-नाना के क़िस्से हाँकने लगा कि वे बहुत बड़े पैसेवाले लोग हैं और जब आते हैं सौ रुपये दे जाते हैं। अनिल को भी ऐसे क़िस्से के कारण ही भनक नहीं लगी कि पैसा आ कहाँ से रहा है।

झूठ कितने दिन लहलहाएगा, एक दिन सच के उगते ही उसे मरुस्थल बन जाना है। रेत-रेत हो जाना है। बेख़ौफ़ होना मूर्खता है और मैं मूर्खता की ओर पींगें बढ़ाता चला जा रहा था। अपनी सीमाओं को भूलकर मैंने अब दस से बीस रुपये तक पर हाथ मारना शुरू कर दिया। उधर चिन्ता मौसी की चिन्ता बढ़ने लगी और इसका कुफल यह हुआ कि मौसा-मौसी में खटपट शुरू हो गई। किसी को मुझ मन्दबुद्धि पर शक ही नहीं हो रहा था। एक दिन दीदी ने ही कपड़े धोते समय मेरी जेब में दस रुपये पा लिये और लगी जासूसी करने। समोसे की बढ़ी खपत, दोस्तों पर किये गए ख़र्च, ख़ुद कॉमिक्स भाड़े पर पढ़ना, दूसरों को पढ़वाने और खिलाने की आदत और फिर प्रश्न-पर-प्रश्न। उसके सामने मैं ज़्यादा देर टिक नहीं पाया और अन्ततः उसकी बातों की पेच में फँसकर हर बार की तरह इस बार भी सब क़बूल कर बैठा। थोड़ी देर तो दीदी ग़ुस्से से लाल-पीली होती रही फिर उसने सिर पर हाथ रखकर क़सम खिलवाई कि दोबारा अब यह पाप नहीं होगा और दीदी की उस क़सम का असर यह हुआ कि मौसी के घर में फिर से शान्ति बहाल हो गई। अच्छी बात यह थी कि दीदी ने माँ से एक भी लफ़्ज़ नहीं बताया पर निगरानी करती रही,

घर के भीतर भी और घर के बाहर भी। यहाँ से मेरे भीतर बदलाव के बीज पड़ने लगे। यह मेरे सुधरने की शुरुआत थी।

नेशनल एकेडेमी में मैं तीसरी से छठी कक्षा तक पढ़ा था। वहाँ के शिक्षकों की एक विकट समस्या यह थी कि दूसरे तल्ले पर कक्षा लगती थी जहाँ पानी की कोई व्यवस्था नहीं थी। हम लड़कों को हाजी मार्केट के चाँपाकल से पानी लाने की ड्यूटी दी जाती। स्कूल से हाजी मार्केट उस उमर के हिसाब से ठीक-ठाक दूर ही समझा जाए। लड़कियों को यह कार्य नहीं दिया जाता था जिसका मतलब यह भी था कि हमें पानी उनके लिए भी लाना पड़ता। सरस्वती पूजा की बात है। बाल्टी-भर पानी भरने के बाद ही मेरे भीतर का अमिताभ इस बार शत्रुघ्न सिन्हा में बदल गया और हम दोस्तों ने मिलकर उस बाल्टी में थूक, नमक और पेशाब मिला दिया। यहाँ यह सच स्वीकारना ज़रूरी है कि इन सबमें मेरी हिमाक़त ज़्यादा थी, बाक़ी दोस्त बस अनुकरण कर रहे थे। पानी अकरणीय कृत के बाद भी लाते हुए छलछला रहा था जिसका अफ़सोस उस दिन बहुत ज़्यादा हो रहा था। टीचर रूम दो तल्ला के सबसे अन्त में था। उस रूम तक पहुँचने से पहले ही लड़कियाँ मिल गईं और पानी पर टूट पड़ीं। पहली घूँट ने ही अपना काम किया और शिकायत अविलम्ब अन्तिम कक्ष की ओर सरक गई। गणेश भैया जिनके यहाँ कॉमिक्स पढ़ता था उनके ही बड़े भाई राजकुमार हमें गणित पढ़ाते थे। उन्होंने हम सबको एक साथ बुलाया। काफ़ी ग्रिलिंग की पर हमारा साथ नहीं तोड़ पाए। किसी का मुँह नहीं खुलवा पाए। हममें से किसी ने कुछ नहीं क़बूला। अन्त में धमकी के साथ हमें छोड़ दिया गया। इस दुस्साहस का परिणाम यह हुआ कि पानी लाने के काम से हमें हमेशा के लिए आज़ादी मिल गई। आज भी अफ़सोस के साथ सोचता हूँ कि अन्त तो ठीक हुआ पर थूक और पेशाब नहीं मिलाना चाहिए था। इस ग़लती का अहसास एक मलाल की तरह अब भी साथ है।

ख़ुशी और सोग बाँटे तो बेहतर, न बाँटे तो बदतर। अस्पताल में उस समय तक दुख-सुख सब में मिल-जुलकर एक संयुक्त परिवार की तरह रहते थे जिसमें साझा करने का रिवाज बचा हुआ था। इसे जल्द ही नज़र लग गई। हम दोनों बहुत ख़ुशनसीब थे कि माँ की ग़ैरमौजूदगी में मौसियों से घिरे रहते। मैं उम्र के हिसाब से मोटा और थोड़ा थुलथुला था। शुरू में जब अस्पताल आधे-अधूरे शुरू हुआ था तब अंजू मौसी, उर्हुल मौसी, कमला मौसी, शान्ति मौसी थीं

फिर चिन्ता मौसी, उर्वशी मौसी, उर्मिला मौसी, मंजू मौसी सब जुड़ते चले गए। कुछ आए कुछ गए पर इनके बीच मैं दुलारा किसी गोपाल नटखट से कम नहीं था। माँ बाहर रहती तो कोई-न-कोई खाना खिला ही देती। किसी के घर कभी भी बेरोक-टोक आ-जा सकते थे। बात 1983 के आसपास की होगी जब एक दिन अचानक मेरा पैर मुड़ना बन्द हो गया और मेरी छाती फूल गई। दर्द हद के पार जा रहा था और मैं ठीक से साँस नहीं ले पा रहा था। अस्पताल में घर होने का यह शायद सबसे बड़ा फ़ायदा सिद्ध हुआ। पता चला मुझे रूमेटाइड अर्थराइटिस यानी गठिया है जिसका दर्द ऐसा लगता जैसे किसी ने पैर के जोड़ों में टाइट स्क्रू लगा दिया हो, पैर हिलाना भी मुश्किल। दर्द में मैं कभी-कभी दीदी का हाथ इतने ज़ोर से पकड़ लेता कि उसके हाथ पर निशान उभर जाते। इतनी सारी समस्याओं के गुलदस्ते में एक और काँटा जिसे न निकाला जाए न सहा जाए। इतनी कम उम्र में यह होना एक झटका था माँ के लिए पर इसका निदान और भी दर्द से भरा था। जब भी दर्द होता दीदी चादर से मेरे पैर को बाँध देती, हवा लगने से दर्द दोगुना हो जाता।

एक बार तो इस बीमारी ने सीधे मेरी छाती पर वार कर दिया और छाती एक पिंजरे की तरह फूलकर गोल हो गई। इससे बचने के लिए मुझे एक ऐसा इंजेक्शन हर पन्द्रह दिन पर लेना होता जिसे लेने से कुछ दिनों तक चला भी नहीं जा सकता, पिछवाड़ा सूज जाता, उस इंजेक्शन का नाम है पेनीडियोर (पेंसिलिन)। इस इलाज के लिए यह दवाई विभिन्न अन्तराल में 22 वर्ष की उम्र तक ली मैंने। अब यह क़िस्सा यहाँ इसलिए बता रहा हूँ क्योंकि महीने में दो बार इंजेक्शन लेने का मतलब है आप चार दिन घर पर ही रहेंगे और अगर निकलेंगे भी तो लँगड़ाते-लँगड़ाते। जैसा मेरा चित्त था मैं घर पर बैठनेवालों में से नहीं था। लँगड़ाते हुए खेल के मैदान की ओर निकल ही जाता। खेल नहीं पाता तो बाहर से ललचाता हुआ देखता रहता, बाक़ी बच्चे थोड़ी हँसी उड़ाते, कहते—लँगड़ा आया-लँगड़ा आया। ऐसे समय दीदी मुझे सँभालती और कई बार ऐसा रोल दे देती जिसमें मुझे बस गिनना होता या बैठकर या लँगड़ाकर अम्पायरिंग करनी होती। दीदी मुझे किसी भी हाल में उपेक्षित व नज़रअन्दाज़ नहीं देख पाती थी। कई बार वह मुझे यूँ ही कहानी सुनाने लगती ताकि मैं मैदान में ही नहीं जा सकूँ। उसका साथ उस दीवार की तरह रहा जिसके सहारे मैं लता की तरह चढ़ता गया और एक दिन जब फूल खिला, वह वहीं थी दीवार की तरह। उसकी ज़िन्दगी दीवार की तरह स्थिर हो गई थी।

आज भी मौसम के बदलाव होते ही मेरे पैर में दर्द उठता है और मैं दर्द को चादर में लपेट लेता हूँ सीधी हवा से बचना उसने ही सिखाया और आज भी उस हर दर्द के साथ याद आती है दिदिया और उसका फूल-सा बचाकर रखना मुझे।

एक गर्मी की छुट्टी में हम सब अंजू मौसी के साथ बरियारपुर गए जहाँ उनके पति फ़िलिप्स चौधरी जो कन्वर्टेड ईसाई थे विजय नगर (बरियारपुर) चर्च के स्कूल में पढ़ाते थे। वहाँ एक छोटे से कमरे में मौसा-मौसी उनके चार बच्चे और हम तीनों सब एक साथ पुआल के बिस्तर पर सोते। उस ज़माने में एक बात पक्की थी कष्ट कभी कष्ट की तरह नहीं लगा। जब तक कोई और इस बात का एहसास न कराए। कभी लगा ही नहीं कि किसी चीज़ की कमी है भी।

ख़ैर! यह हिस्सा सिर्फ़ इस एक बात के लिए लिख रहा हूँ क्योंकि यह अलग अनुभव था। धर्म के प्रलोभन का तरीक़ा अलग है पर ध्येय और तात्पर्य एक ही है। उस छोटे से क़स्बे के स्कूल में मौसा भले ही एक सामान्य शिक्षक थे पर चर्च ने उनको ऐसी सुविधाएँ दे रखी थी जिसे देख भोला मन उस धर्म की ओर आकृष्ट हो जाए। बाँटने को मिल्क पाउडर इफ़रात में था। हम बच्चों को तो लगा जैसे स्वर्ग में आ गए। कभी छुच्छे पाउडर खाते तो कभी पानी में पेस्ट बनाकर रोटी के साथ। इतना मिल्क पाउडर मिला कि हम दोनों भाई-बहन सच में अघा गए। वहाँ की मस्ती, चर्च का सुन्दर माहौल और मनमोहक वातावरण सब अपनी ओर खींच रहा था। हम इस एहसास से भर रहे थे कि हम ईसाई क्यों न बन जाएँ। इस हिस्से को यहाँ दर्ज करने का मक़सद यही है कि मासूम मन कितना नाज़ुक होता है और कौन सा पल नाज़ुक पल बन जाए कि एक दूध का पैकेट आपके धर्म और सोच पर भारी पड़ जाए।

वापस लखीसराय अस्पताल आते हैं। अभी तक स्टाफ़ में कई लोगों का घर बाज़ार में ही था जो कि नये अस्पताल से दो किलोमीटर दूर था और जो मेरे बाल-मन में हमेशा पाँच किलोमीटर सा ही रहा। इस कारण बाक़ी लोगों की ग़ैर-मौजूदगी में अकस्मात सारे डॉक्टर माँ को ही सहायिका के तौर पर बुलाने लगे। चूँकि अस्पताल के कई हिस्सों में अभी भी कंस्ट्रक्शन का काम जारी था और हम दोनों को घुमक्कड़ी की आदत थी माँ को डर लगा रहता, ख़ासकर दीदी का कि उस ओर अकेले न चली जाए। सम्भवत: यौन-शोषण ही उस भय का एक मुख्य कारण रहा हो, जिसकी शिकायत दीदी ने एक-दो बार की भी थी। वो भी एक ऐसे डॉक्टर के विरुद्ध जिन्हें हम नाना कहते थे।

प्रचंड जातीयता, सामन्ती मानसिकता, एम्बुलेंस ड्राइवर के नशे में हमेशा घूरते रहने की आदत के साथ दीदी की सुन्दरता और अनियंत्रित लम्बाई इन सब चिन्ताओं की जड़ माना जा सकता है।

माँ का मन था हम दोनों को कोई ट्यूशन पढ़ा दे, तो पाल मामू जो अस्पताल के छत के एक हिस्से में अपनी दो बेटियों के साथ रहते थे उनके ही साथ माँ हम दोनों को भी पढ़ने को बिठा देती। चूँकि मामू अपनी बेटी को पढ़ाते तो हम लोगों को भी थोड़ा सा पढ़ा ही देते। माँ को थोड़े में सन्तोष नहीं था, इसलिए किसी को भैया तो किसी को चाचा बनाकर घर लाती और हमारी ड्यूटी में लगा देती। हम तो घाघ ठहरे, किसी साधारण शिक्षक के हत्थे कैसे चढ़ते। दीदी को जो भी ट्यूशन पढ़ाने आते उन्हें दीदी किसी-न-किसी कारण से भगा ही देती। कई बार तो मम्मी का तबादला हो जाता तो कभी मम्मी का नाम देकर कह देती कल से आने से मना कर दिया है माँ ने। कइयों को तो यूँ ही झूठ बोलकर भगाया। हर बार पेट में दर्द, नहीं तो आपस में घनघोर लड़ाई और नहीं कुछ तो यही बोल देना की पैसे की बहुत कमी है, माँ आपको कल से आने को मना कर दी है वग़ैरह-वग़ैरह...

इसी बीच भैया का चयन सैनिक स्कूल तिलैया में हो गया। माँ की तनख़्वाह उस समय 260 रुपये के आसपास थी, जबकि सैनिक स्कूल में पहले साल की फ़ीस और दाख़िले की राशि कुल मिलाकर 3600 रुपये थी। माँ के पास पैसा नहीं था, बस कुछ बचे हुए जेवर थे जिसे उन्होंने दीदी की शादी के लिए सँभालकर रखा था। उधर फ़ीस जमा करने की समस्या मुँह बाये खड़ी थी। समाधान के नाम पर निल बटे सन्नाटा! माँ को जब बहुत परेशानी होती तो वह गुलाब छाप मार्का गुल कर लेती, एक-दो बार मैंने भी छुपकर किया तो चक्कर आ गया। ख़ैर! उस समय शाम का वक़्त था और सिर्फ़ एक ही दिन हाथ में बचे थे फ़ीस जमा करने के लिए।

माँ चाँपाकल के पास गुल करते हुए भीतर-ही-भीतर सिसक रही थी। मैं इन सब बातों से बेख़बर खेलकर धूल में सना लौटा और माँ को यूँ देख दीदी से पूछ बैठा कि आख़िर मामला क्या है। उसी समय हसनपुर के एक सज्जन भूमिहार आए जिन्हें पहले कभी नहीं देखा था। उनको अपने बच्चे को इंजेक्शन लगवाना था तो सीधे माँ को ढूँढ़ते हुए घर पर ही आ गए थे। माँ को देखते ही सकपका गए। माँ से उन्होंने कारण पूछा तो माँ ने कुछ नहीं बताया बस मन-ही-मन सिसकती रहीं और पैर पटकती वहीं बाहर नल के पास टहलती रहीं।

तब दीदी ने उन्हें बताया कि भैया के दाख़िले की फ़ीस हमारे पास नहीं है, हमारा सपना अब पूरा नहीं हो सकेगा। माँ को अपनी इस असमर्थता पर कोफ़्त और आत्मग्लानि हो रही है। सज्जन जो कि उसी गाँव से थे जहाँ के लोगों से अब तक समय-समय पर विचित्र परेशानियाँ होती रहीं, विनम्र भाव से कहा कि दीदी आप चिन्ता नहीं कीजिए, पहले साल की फ़ीस मैं दे देता हूँ आप मुझे आराम से अपनी सुविधा अनुसार लौटा देना।

माँ को भरोसा नहीं हो रहा था पर उन सज्जन ने बार-बार कहा आपने मेरी बेटी का इलाज करते समय कभी समय नहीं देखा, हमेशा बढ़कर हाथ बढ़ाया तो आज मैं कैसे पीछे रहूँगा। जबकि माँ को ठीक से कुछ भी याद नहीं था कि कब उनकी बच्ची के लिए माँ ने यूँ बेसमय समय दिया, कब उन्होंने उनकी मदद की थी, शायद यह सब नेकी कर दरिया में डाल वाली बात थी जिस पर माँ ने हमेशा अमल किया था और आज ईश्वर ने किसी को निमित्त बनाकर मदद करने के लिए भेजा था। इस तरह भैया का दाख़िला सैनिक स्कूल में किसी अनजान की मदद से हुआ, पर यही समस्या अगले साल भी आनी थी सो आ गई।

अब दूसरे साल की फ़ीस जमा करने की समस्या मुँह बाये खड़ी थी। उस समय ट्यूशन पढ़ाने लाल बाबू आया करते थे जो किसी प्राइवेट स्कूल में पढ़ाते थे। किसी इलाज के चक्कर में माँ से परिचय हुआ और आदतन माँ ने उन्हें हमें ट्यूशन पढ़ाने के काम पर लगा दिया। जब उन्हें यह बात पता चली तो उन्होंने कहा वे मदद करेंगे। जो भी पैसा घट रहा है वो दे देंगे और किस्त में माँ उन्हें पैसे चुका देगी। थोड़ा सा इंटरेस्ट लगेगा। अन्धा खोजे दो-दो आँख, माँ मान गई और उन्होंने हमारी मदद भी कर दी पर कुछ ही महीने बाद कहने लगे कि उनकी पत्नी ने उनके नाक में दम कर रखा है कह रही है कुछ गिरवी या सिक्योरिटी नहीं लिया। रोज़ ताना देती है। जीना हराम कर दिया है। माँ ने कहा ठीक है उधार के बराबर का मेरा जेवर रख लो सिक्योरिटी के नाम पर जब पैसे अदा कर दूँगी तो वापस कर देना। उलझी बात आसानी से सुलझ गई।

एक दिन माँ ऑपरेशन कैम्प के लिए बड़हिया गई थी तो किस्त का पैसा दीदी को देकर गई। दीदी ने किस्त के पैसे लाल बाबू को देने से पहले उनसे अब तक का हिसाब माँग लिया। अब उनका ग़ुस्सा सातवें आसमान पर चला गया। दीदी ने दृढ़ता से कहा, "मदद अपनी जगह पर आप पैसे की प्राप्ति

और अब तक का हिसाब तो दे ही दीजिए।" सुनते ही लाल बाबू ग़ुस्से से और लाल हो गए, कहने लगे रेखा दीदी (माँ) ने तो कभी एक बार भी हिसाब नहीं माँगा और तुम अभी छठी में आई ही हो और सारा फ़ार्मूला लगा दे रही हो। दीदी की उम्र इतनी कम थी पर वह अपनी बात पर अडिग रही और लाल बाबू से प्राप्ति का पूरा हिसाब लेकर छोड़ा। इस घटना से खार खाए लाल बाबू ने बाद में कुछ ऐसा किया कि हम सबके होश उड़ गए।

कुछ महीनों बाद सारी किस्तें ख़त्म हो गईं तब उन्होंने माँ से विनम्रतापूर्वक कहा कि चेन मिल नहीं रही है दीदी। शायद चोरी हो गई और फिर अगले महीने से पढ़ाना भी बन्द कर दिया। दीदी का ग़ुस्सा सातवें आसमान पर। अब करे भी तो क्या करे। माँ का कहना था जिसकी जैसी करनी वैसी भरनी। हमें सिर्फ़ पढ़ाई पर ध्यान देना चाहिए, ईश्वर अब तक देखा है तो आगे भी सब देख लेगा। मेरी तो उम्र भी क्या ही थी चौथी कक्षा में रहा होऊँगा। बात आती-जाती रह गई।

इस घटना के लगभग तीन साल बाद मेरी किसी बदमाशी के कारण माँ का बुलावा स्कूल से आया। तब तक मैं दुर्गा हाई स्कूल में आ चुका था और शायद छठी कक्षा में मेरा दाख़िला हुआ ही था। मैंने बड़ी मुश्किल से दीदी को पटाया कि माँ सुनेगी तो और पीटेगी। दीदी मेरी ढाल हमेशा से रही और हर बार की तरह इस बार भी स्कूल जाने को सहज तैयार हो गई। प्रधानाध्यापक के सामने पेशी थी तो बहाना बनाया गया माँ ऑपरेशन कैम्प पर गई है, भैया तो बाहर पढ़ते हैं, पिता भी बाहर पोस्टेड हैं इसलिए फ़िलहाल तो ले-देकर दीदी ही है। इसीलिए वही आपसे मिलने आई है। हेडमास्टर साहब सिंह जी सौम्यता भरी दीदी से मिलकर प्रसन्न हुए और कहा कि इसे समझाओ तुम्हारी तरह बने। यह क्लास में फ़र्स्ट आता है पर स्कूल ही नहीं आता। दीदी ने उन्हें पूरा भरोसा दिया कि वह मुझे ज़रूर सही रास्ते पर लाएगी। अभी बातचीत चल ही रही थी कि किसी काम से एक नये शिक्षक ने कमरे में क़दम रखा। हेडमास्टर साहब ने उन्हें कहा कि अभी कल ही तुमने ज्वॉइन किया है, अभी सबसे मिलो। फिर तुम्हारी ज़िम्मेदारी और कक्षा फ़िक्स करेंगे।

इस बातचीत के बीच अचानक दीदी का रौद्र रूप सामने था। वो चिल्ला रही थी कैसे चोर शिक्षक बन जाते हैं। यह वही लाल बाबू थे जो प्राइवेट स्कूल में पढ़ाते थे पर कल ही सरकारी नौकरी ज्वॉइन करने आए थे।

सिंह जी बहुत धैर्य वाले प्राध्यापक थे। उन्होंने पूरी बात दीदी से समझी और लाल बाबू से इसका उत्तर माँगा। उनके पास कोई जवाब नहीं था सिवाय इसके कि जेवर चोरी हो गए। सिंह जी ने पूरे विवेक से काम लिया और कहा यहाँ स्कूल में यह सब बात करना ठीक नहीं है। हम लोग तुम्हारे घर रविवार को बैठेंगे। तब तक रेखा जी भी वापस आ जाएँगी। हम सब निर्धारित दिन और सही समय पर इकट्ठा हो गए। उनकी पत्नी का मुँह फूला हुआ था। सिंह साहब निर्णय कर चुके थे और आते ही उन्होंने कहा अगर जेवर चोरी तुम्हारे घर से हुए हैं तो इसमें इनका क्या क़सूर। इनके पैसे वापस कर दो। जैसे तुमने सूद लिया था वैसे ही सूद समेत तुम भी इनके पैसे वापस करो नहीं तो तुम्हारे तनख़्वाह से किस्त-किस्त में ऑफ़िस इनको पैसे वापस कर देगा। इतना कहना था कि उनकी पत्नी ने चमकते हुए चेन को अलमीरा से निकालकर टेबल पर पटकते हुए रख दिया और शर्मिन्दगी से सिर झुका लिया। लौटते समय दीदी का सिर बहुत ऊँचा था। वह बहुत ख़ुश थी।

एक दिन दीदी ज़िदिया गई। निश्चय कर लिया कि चाँपाकल जो कुछ दिन पहले माँ ने लगवाया था, उसके आसपास की ज़मीन जो कि हमारे घर और ऑपरेशन थियेटर के बीच में पड़ रही थी, उसको उपजाऊ बनाकर सब्ज़ी उगाई जाए। बहन ज़िद्दी हो तो सबक़ भाई को भी मिलता है। हम दोनों लग गए ज़मीन खोदने, पहली कुदाल चलते ही बोतल टूटने की ऐसी आवाज़ आई कि शीशे का टुकड़ा नाचता हुआ मेरे कान के पास से गुज़र गया। पता चला पूरी ज़मीन ही दवाई के काँच और प्लास्टिक से भरी है जिसे उपजाऊ बनाना लगभग नामुमकिन है। मैं आलसी था सो बहाने और कहानियाँ बनाने लगा पर दीदी तो पक्की वाली ज़िद्दी थी सो लगी रही। उसे यूँ मेहनत करते अस्पताल की खिड़की से हसनपुर के एक बुज़ुर्ग रामखेलावन सिंह देख रहे थे और दिदिया की अकेली मेहनत देखकर उनका दिल पसीज गया। उन्होंने बड़े प्यार से कहा, बिटिया छोड़ दो कल एक हाँक ट्रैक्टर चला देंगे मिट्टी ढीली हो जाएगी फिर दो दिन छोड़कर सब कचरा चुन लेना। दीदी ख़ुश हो गई और ऐसा ही हुआ। हालाँकि दो दिन की जगह हमें एक सप्ताह लगा। फिर क्या था पूरे साल टमाटर, धनिया पत्ता, हरी मिर्च, मूली, सीम, भिंडी, कुदरूम इत्यादि मौसम के अनुसार काम की सब्ज़ियाँ और चटनी का जुगाड़ उगने लगा और दीदी की मेहनत अन्ततः सफल हुई।

स्टोरवाले घर की छत के लिए कोई सीढ़ी नहीं थी। ऊपर छत पर हम लोग या तो रात में बिजली चली जाने पर सोने जाते या दिन में गेहूँ सुखाने के लिए। सीढ़ी नहीं होने के कारण हम लोगों को बहुत जुगाड़ लगाना पड़ता। दरवाज़े की चौखट के सहारे से बाथरूम की खिड़की का पल्ला पकड़ते और फिर दरवाज़े के ठीक ऊपर वाले छज्जे पर पहुँचते, वहाँ पहले से ईंटों की छोटी सी मीनार बनाकर रख दी गई थी ताकि उस पर पैर धरकर एक छलाँग में छत तक पहुँचा जा सके। छत की दो घटनाएँ बारहा याद आती हैं। एक बार छोटे मामा-मामी आए हुए थे और जैसा कि सबको पता है बिजली की नौटंकी मेहमान आने पर और ज़्यादा होती है सो हुई। उस रात गर्मी भी अपने चरम पर थी। हम सब बच्चे तो छरहरे से थे तो पैर इधर रखा, उधर रखा और अगले ही पल छत पर पहुँच हल्ला-हुड़दंग मचाना शुरू कर दिया। मामी को कभी इस तरह छलाँगने की आदत नहीं थी। साथ ही उनकी ख़ुद की ऊँचाई का भी उचित साथ नहीं था। चढ़ने के क्रम में मामी बाथरूम के पल्ले से ही झूलती रह गईं और इस अनुभवहीन प्रयास की वजह से कई जगह से उनकी चमड़ी छिल गई पर मामा और भैया दोनों ने ज़िद करके किसी तरह उनको धकेलते हुए चढ़ा ही दिया। उस घटना के बाद मामी कभी छत पर नहीं गईं।

दूसरी घटना तब की है जब बाँस की सीढ़ी ख़रीद ली गई थी और छत पर जाना सुलभ हो गया था। धूप देखकर छत पर गेहूँ सूखने के लिए डाला गया था, पर थोड़ी ही देर में बारिश के संकेत देखते हुए दीदी ने मुझ आलसी को रगेदते हुए कहा, जा जाकर छत से गेहूँ उतार ला। मैं न जाने किस उमंग में था कि एक साँस में छत पर चढ़ गया। गेहूँ को ठीक से चादर में समेटा और बिना कुछ दिमाग़ लगाए नीचे खटिये पर यह सोचकर फेंक दिया कि खटिया बेचारी सब सँभाल लेगी पर अगले ही पल खटिया चारों खाने उलटे चित। खटिया बेचारी पूरी मासूमियत के साथ चारों पाँव उलटकर मेरी ओर देख रही थी। दीदी कभी बिखरे गेहूँ तो कभी टूटी खटिया को देख रही थी। मेरी मन्द बुद्धि ने देखते-ही-देखते माँ का चूना लगा दिया था। मैं डरते हुए नीचे उतरा और अपने दोस्त अनिल के घर भाग गया। ऐसा मैं अक्सर करता था। जब भी ऐसा कोई कांड मुझसे होता तो मैं तब तक घर नहीं लौटता, जब तक माँ का उबलता पारा शान्त नहीं हो जाता। उस घटना तक विलम्बता मेरा अस्त्र रहती। पर वह रात मेरे लिए बड़ी खड़ूस रात थी।

आठ बजे रात को मैं लौटा और देखा माँ मेरे इन्तज़ार में वहीं दरवाज़े पर बैठी थी। आते ही माँ के प्लास्टिकवाले चप्पल ने बेतरतीबी से बात करना शुरू कर दिया। मैं भी अपनी पुरानी फ़िल्मी मुद्रा में आ गया। कभी धर्मेन्द्र तो कभी अमिताभ का एंग्री यंग मैन मेरे भीतर कुलाँचे मार रहा था। ऐसा एंग्रीमैन जो कभी रो नहीं सकता! मेरी नौटंकी को देख माँ ने वहीं पड़े घड़े का ठंडा पानी मुझ पर उड़ेल दिया। रात की ठंड में पानी बर्फ़ीला हो चला था। मैं भीतर रीढ़ की हड्डी तक थर्रा गया। मेरे भीतर अभी भी अमिताभ का ग़ुस्सा ज़िन्दा था। रौद्र रूप लेता हुआ मैं अचानक दौड़ता हुआ घर से निकल भागा। पीछे-पीछे दीदी भागी पर तब तक देर हो चुकी थी। अँधेरा मुझे अपने आगोश में ले चुका था। दीदी ने लौटकर माँ को समझाया कि थोड़ी देर में दिमाग़ ठंडा होते ही लौट आएगा। उधर अँधेरे में सड़कों पर भीगे भटकते हुए मेरे भीतर का अमिताभ, कभी राजेन्द्र कुमार तो कभी मनोज कुमार बन रहा था।

समय बीतते ही थरथरी के साथ भूख ने अपने पाश फैलाने शुरू कर दिये। शाम की धूल भरी आँखों में आँसुओं की किर-किर लिये मैं देर तक अस्पताल की चारदीवारी के चक्कर लगाते हुए लटूमता रहा फिर लगा इन सबके बीच बेहिस क़तरा-क़तरा कहीं भूख से मर ही न जाऊँ। इस बीच भीगी शर्ट बार-बार मुझसे चिपक रही थी और मेरे भूख के एहसास को याद दिला रही थी। जैसे-जैसे भूख की जकड़न बढ़ती गई पैर वैसे-वैसे ही मुझे अस्पताल की ओर खींचते गए। थोड़ी देर में ही मैं वापस अस्पताल के गेट पर खड़ा था। बिजली गुम थी पर मन के भीतर ग़ुस्सा टिमटिमा कर मुझे शैतान बच्चा बनाए हुए था। माँ को और परेशान करने की ज़िद हावी हुई जा रही थी सो मेरे डग घर की ओर नहीं बल्कि अस्पताल के भीतर मेल वार्ड के सामने एक स्टोर को घर बनाए उर्वशी मौसी के घर की ओर बढ़ गए। वहाँ पहुँचते ही मैंने अपना मासूम-सा चेहरा और भी मासूम कर लिया। तब तक मेरे कपड़े हल्के सूख चुके थे। मौसी के घर सब लोग खाने पर बैठे ही थे और मेरा पेट भी जेब की तरह ही ख़ाली था। मौसी ने मुझे देखते ही लाड़ किया और मेरी थाली भी लगा दी जिसे देखते ही मन और भी भुक्खड़ भिखारी में बदल गया। 'अन्धा खोजे दो आँख' और यहाँ तो दिन से भागे भगोड़े के सामने पूरी थाली सज गई थी। मैंने भी ख़ूब छककर बेशर्मों की तरह खाया, बिना यह समझे कि माँ और दीदी का क्या हाल हो रहा होगा। उधर माँ और दीदी मुझे ढूँढ़ने निकल चुकी थीं। चूँकि मैं उर्वशी मौसी के घर पहले कभी ज़्यादा जाता नहीं रहा,

सो माँ का ध्यान इस घर की ओर नहीं जा रहा था। दो घंटे बीत गए और बिजली आ चुकी थी। मैं मौसी को बड़े प्यार से कह रहा था कि आज मैं आप लोगों के पास ही सो जाऊँगा। मौसी भी आश्चर्य में थीं कि आज चीकुआ को हुआ क्या है, पर वो बहुत सीधी थी, सोने के लिए बिस्तर लगाने लगी तभी दीदी की दस्तक हुई। दीदी ठहरी सिपाही सो उसे देखते ही मैं चुपचाप उठा और रोबोट की तरह उसके पीछे हो लिया। लौटते हुए दीदी ने कोई बात नहीं की और माँ मौन की मार के लिए तैयार बैठी थी। अपनी चुप्पी आँख में भरे रात-भर जागती रहीं। उस जाग ने मेरे भीतर उस दिन कुछ तो अलग जगाया। शायद यह घटना मेरे सुधरने के संकेत लेकर आई थी जिसकी चर्चा आज भी दीदी मिलने पर गाहे-बगाहे कर ही देती हैं।

माँ के आने-जाने का समय निश्चित नहीं था, दीदी नौवीं कक्षा में आ चुकी थी और पढ़ने में ठीक-ठाक ही थी। लिखती भी सुन्दर थी न कि मेरी तरह जैसे बगुले के पैर के छाप हो। अब तक बाक़ी स्टाफ़ नये बने क्वार्टर में आ चुके थे लोगों की संख्या भी बढ़ गई थी पर तब तक माँ की आदत पूरे अस्पताल को पड़ चुकी थी जिसका रेंज चाय-नाश्ते से लेकर ऑपरेशन टेबल, दवाई वितरण से लेकर बन्ध्याकरण यानी की नसबन्दी के कैम्प ऑपरेशन तक था। माँ अब अक्सर कैम्प के लिए बाहर जाने लगी थी। उनके हाथ में अद्‌भुत काम की सफ़ाई थी और डॉक्टर ख़ासकर डॉक्टर उर्मिला किसी बात का रिस्क लेना नहीं चाहती थीं। आप समझ सकते हैं संजय गांधी और बन्ध्याकरण की मुहिम का समय अपनी उड़ान पर था हालाँकि उनकी मृत्यु के बाद के समय काल में हम प्रवेश कर चुके हैं पर असर में कोई कमी नहीं रही। माँ का इस मुहिम में जुड़ने का एक अपना स्वार्थ यह भी था कि इसमें अधिक पैसा यात्रा भत्ता के साथ मिलता। इस चक्कर में माँ कोई कैम्प नहीं छोड़ती। भैया सैनिक स्कूल में जा चुके थे, पैसे की ज़रूरत और बढ़ गई थी।

मुद्‌दे की बात यह थी कि उन दिनों अत्यधिक यात्रा और असमय ड्यूटी की थकावट के कारण माँ ने घर आए पेशेंट को इंजेक्शन लगाने से इनकार कर दिया था क्योंकि हर आदमी घर आकर अपनी सुविधा से देर-सवेर इंजेक्शन लगवाना चाहता था। इसमें सवर्ण महिलाएँ सबसे आगे थीं जिन्हें इंजेक्शन के साथ-साथ दो-तीन ख़ाली घर की कुर्सियों पर चाय पर चर्चा (अपने-अपने घरों की) फ्री में मिल जाती, साथ में थोड़ी इज़्ज़त भी जो शायद

उनके अपने घर में नहीं मिलती होगी। वे सामान्यत: अपने घर में बन्द रहती थीं तो माँ के पास चायनीज पंखे की तरह आते ही खुल जातीं। पूरे घर के क़िस्से सुना जातीं जैसे वमन करके शान्ति मिल जाती है वैसा कुछ महसूस करतीं। माँ का यह अचानक लिया निर्णय उन सबको बहुत भारी पड़ रहा था। शुरू में तो हल्ला-हंगामा भी हुआ जैसे माँ उनकी नौकरानी हो और उनके इशारे पर ही काम करना होगा, पर माँ अपने निर्णय पर अडिग रही। हसनपुर गाँव रेत माफिया का गाँव था। वहाँ शत-प्रतिशत भूमिहार रहते जो ख़ुद को राजा से कम नहीं समझते। सामन्तवादी सोच से ग्रसित अपनी धुन में रहते। माँ के इस विरोध भरे स्वर पर अभी कई प्रतिक्रियाएँ आनी थीं पर उनकी अनुपस्थिति का सुपरिणाम यह हुआ कि खेल-खेल में दीदी ने पाल मामू से इंजेक्शन लगाना सीख लिया। अब चोरी-चुपके उनकी अनुपस्थिति में यह इंजेक्शन लगाने का काम दीदी करने लगी। एक दिन बहुत इमरजेंसी में एक महिला आई और दीदी ने उन्हें सूई लगा दी। उनका दर्द कम हो गया। अगले दिन वे दीदी के लिए एक बकरी लेकर आईं तो दीदी ने मना कर दिया और उनसे आग्रह किया कि वे ही पालें और होली में जब हमें लगेगा हम बेचकर पैसा ले लेंगे। अगले साल वह 270 रुपये लेकर आईं और दीदी के हाथ में दिया। जबकि इस बात को हम दोनों भूल चुके थे और इस बीच सूई लगानेवाली बात पर दीदी को माँ से डाँट भी पड़ चुकी थी। दीदी का इंजेक्शन लगाना अब सिर्फ़ कहानी भर रह गया था। तब उस सम्भ्रान्त सच्ची स्त्री ने बहुत दुलार से बताया कि उस बकरी के चार बच्चे हुए जिसे बेचकर तुम्हें यह पैसे दे रही हूँ तो मन का बोझ उतर गया। हम दोनों ने उन्हें चाय-पानी पिलाया और मन-ही-मन प्रणाम किया।

उस पैसे की क़ीमत हम जानते थे फिर उसी पैसे से हम दोनों ने अस्पताल के सामने रहनेवाले मुखिया जी से उनका ट्रैक्टर भाड़े पर लिया। अस्पताल के दाहिने हमारे स्टोरनुमा घर के बग़लवाली ज़मीन जुतवाई ताकि मटर लग सके और हमारा जाड़ा मटर तोड़ने में बीत पाए। माँ को झूठ बोला कि मुखिया जी ख़ाली तेल का पैसा लेंगे, ट्रैक्टर का नहीं तो माँ ने तेल का पैसा भी दे दिया। इसके बाद यह सिलसिला चलता रहा। हम हर साल मटर खाते और उस खेत की मेंड़ पर पढ़ते-पढ़ते सो जाते। मुझे अब भी नहीं लगता है कि रेडियो, मेंड़, धूप और मटर के साथ किताब से मुँह ढाँपकर नींद के स्वाद से बेहतर नींद कभी मिली हो।

इसी घटना से जुड़ी एक मासूम-सी घटना और है। दीदी के सूईवाले एपिसोड में एक दिन सीपीन की माँ जो कभी भूँजा, कभी मूढ़ी और कभी कुछ और दे जाती, कंसारनी उस दिन मुर्ग़ी दे गई और फिर एक मुर्ग़ा ख़रीद लाए हम। कुछ दिन ही बीते होंगे कि मुर्ग़ी ने हमारे बाथरूम में अंडा दिया। वहीं उसी बाथरूम को उसका सोने का घर बनाया गया और हमारा नहाना-धोना तो तब तक नये चाँपाकल पर शिफ़्ट हो गया था। नन्हे अंडे वो भी देसी जो पीले और भूरे के बीच के रंग के, समझिए लगभग चायपत्ती के रंग का। पहला अंडा तो मुर्ग़ी का नहीं नन्ही चिड़िया का लगा, इत्ता छोटा सा। मैंने जब हाथ में लिया तो वह ताज़ा-गरम था। उस अंडे को छूने का एहसास तो कभी भूल ही नहीं सकता। यह पहला अनुभव था जब अभी-अभी दिये अंडे को छू रहा था। बिलकुल नरम और गरम। वो भी तब जब मुर्ग़ी बाहर दाने चुगने गई। दीदी और हम दोनों सुपर एक्साइटेड। अंडा रखते समय ही मुर्ग़ी वापस आ गई और नाराज़ होकर मुझे जो दौड़ाया वो भूल नहीं सकता। उसके बाद जब भी मुझे देखती थोड़ी ग़ुस्सैल नज़रों से देखती। धीरे-धीरे मुर्ग़ी की संख्याओं में वृद्धि होने लगी। माँ को भी एक और बहाना मिल गया सब्ज़ी के पैसों की बचत के लिए अंडों के सारे व्यंजन आसानी से उपलब्ध घर में ही हो जा रहे थे! अब हम नमक-तेल, रोटी की उन्नत जाती पोच और रोटी खाने लगे और मुर्ग़ियों के सौजन्य से दुनिया की सबसे किफ़ायती और पौष्टिक खाना हमारे लिए सहज उपलब्ध हो सका!

एक रात की बात है। अभी मुर्ग़ी के बिना पंखवाले बच्चे की चहक ने घर में ख़ुशियों की खिलखिलाहट भरी ही थी कि बिलार की गुर्राहट सुनाई देने लगी। उन दिनों बिजली का आना-जाना लगा ही रहता और उस रात यूँ रोशनी का अजब खेल शुरू हुआ। लालटेन का तेल ख़त्म होने से पहले हम लौ को धीमा कर देते ताकि ज़्यादा-से-ज़्यादा देर तक लौ टिक सके। धीमी लौ एक कोने से उदासी बिखेर रही थी तो दूसरी ओर बाथरूम से टहलता हुआ बिना पंख का बच्चा भटक रहा था और वहीं बाथरूम की खिड़की पर बिलार की लाल-लाल आँखें मौक़े का इन्तज़ार कर रही थीं। हम लोग दरवाज़े पर बैठे बिजली के आने का इन्तज़ार कर ही रहे थे कि लाल आँखों ने मासूम जुगनुओं को देखा, पल-भर में हवा की फड़फड़ाहट और उसकी आवाज़ एक झटके में उठी और शान्त हो गई। दो आँखों की रोशनी ने आपस में उलझकर थोड़ा सा अँधेरा और फैला दिया। बिजली शायद बारह बजे आई तो दो बच्चे ग़ायब थे,

ख़ून के छींटे बिखरे पड़े थे। घात-प्रतिघात के चक्र में सना हमारा बचपन बढ़ते हुए धीरे-धीरे नये-नये सबक़ सीख रहा था।

मुर्ग़ी पालन का सिलसिला जल्द ही दो कारणों से छूटा। माँ को यह ठीक नहीं लगा कि जिस जीव को हम प्रेम देते हैं, उनके साथ खेलते हैं और पाल रहे होते हैं उसी को एक दिन ख़ुद मारकर खा जाएँ। यह सच है कि उस छोटी उम्र में मैं वह सब काट-छाँट बिना किसी दुख के करता था। मन में एक बार भी यह ख़याल नहीं आता कि यह भी नन्ही जान है। यह सब देख माँ को यह महसूस हुआ कि ऐसा करना हमारे व्यक्तित्व के सही विकास में विकृति लाएगा। मेरे मन पर इसका क्या असर पड़ रहा है इस बात को समझते हुए या हमें बेहतर मनुष्य बनाने के सपनों ने इस मसले को एक साल के भीतर ही ख़त्म कर दिया। एक और कारण ऐसा करने के पीछे यह भी रहा कि हम जिस बाथरूम को मुर्ग़ियों का घर बना बैठे थे उसकी खिड़की किसी ने तोड़ दी और माँ जिस रात ड्यूटी पर जाती तो एक या दो मुर्ग़ी कम हो जाती। शक बग़ल में माँ की सहकर्मी के पति जिन्हें हम मौसा का सम्बोधन देते उन पर भी था। वे बेरोज़गार थे और उनके साथ एम्बुलेंस के ड्राइवर पर भी शक की सूई घूम रही थी। इस सिलसिले ने भी माँ को ऐसा निर्णय लेने के लिए बाध्य किया कि जितनी जल्दी हो इस बला से मुक्ति मिले।

भद्दे विचारों का कड़वा धुआँ चारों ओर ऐसा फैला था कि भविष्य की रोशनी तारीख़ के गलियारों में गुम होती दिखती। कभी मन कहता चाय की दुकान खोलनी है तो कभी स्टेशन पर बूट पॉलिश करनी है। स्थिति ऐसी थी कि मन के साँचे में ढले सपने भी अपने हिसाब से आते पर माँ ने सपनों की राह को हमेशा हमारी ओर मोड़ा और उसे दिखाने में कोई कसर नहीं छोड़ी। हमेशा इतना भरोसा हम पर रखा कि उस भरोसे के उजाले में भविष्य के जुगनू सामने दिखते और हमारी राह में बहुत ज़्यादा भटकाव नहीं आने देते। जीवन में इतनी विडम्बनाओं के बावजूद एक चीज़ हमेशा साथ रहती वो था आत्मविश्वास। दुख हमेशा आनन्द को निगलने की जुगत में रहता है और हम सुख-दुख के बीच आँख मिचौली खेलते रहते हैं। जीवन का स्वाद इन दोनों से बारी-बारी से गुज़रने में है और सब कुछ सहते हुए विपद-दुख के साथ विपर्यय की लहरों को एक साथ पाटना माँ से बेहतर कौन जान सकता है। वंचना, अपमान और हताशा के बीच भी अपनी इयत्ता, अपना स्वाभिमान बचाए रखना माँ ने ही सिखाया।

पढ़ने में दीदी अच्छी और मेहनती थी। मैं पढ़ने में बहुत कम समय उन दिनों लगाता पर क्लास में हम टॉप थ्री में ही रहते, भले क्लास जाते या नहीं जाते। दीदी क्लास कभी मिस नहीं करती। हम लोग ग़रीबी में जी रहे थे पर दीदी के पास कपड़े भले कम हों पर वो उन्हें ख़ुद बिलकुल साफ़ रखती थी, इस्तरी की हुई, माड़ लगाया हुआ और क्रीज़ मारा हुआ बिलकुल कड़क। माँ का ध्यान हमारी पढ़ाई की ओर हमेशा रहता। आठवीं के बाद मुझमें शारीरिक और मानसिक बदलाव तेज़ी से आ रहे थे। अब मुझे माँ की समस्या और उनकी चिन्ता के साथ उनके सपनों का भी पता था। अब मेरा समय किऊल नदी में कम बल्कि स्कूल और घर में दिन-रात पढ़ाई में लगना शुरू हो चुका था। कुछ महीने बीते और मैं अपने ही क्लास के बच्चों को ट्यूशन दे रहा था और अपना ख़र्च भी निकाल रहा था।

एक बार तो ऐसा हुआ कि पतंग बाज़ार से 25 पैसे में लाकर 50 पैसे में बेचने लगा। उसके बाद कुछ भी सोचता तो घूमकर यहीं पर लौट आता कि माँ पर पैसे का भार कैसे घटाया जाए। एक बार की बात याद है। दीदी के स्कूल से सभी लड़कियाँ 'सन्तोषी माँ' फ़िल्म देखने जा रही थीं पर माँ ने पैसे नहीं दिये या दीदी को ख़ुद लगा कि पैसे कैसे माँगे जाएँ। उसने मुझे यह बात बताई और अगले दिन मैंने उसे पैसे दे दिये पर जब उसने यह पूछा कि पैसे कहाँ से आए तो मैं ठीक से बता नहीं सका। उसे लगा मैंने फिर कहीं से चोरी की है। जबकि मैंने यह काम छठी कक्षा के बाद ही छोड़ दिया था यह बात वह जानती थी पर फिर भी उसने ऐसा सोचा, तो मैं रो पड़ा और फिर रोते हुए उसे बताया कि तड़के सुबह ही ट्रक पर सीमेंट के बोरे की लोडिंग और फिर ख़ाली सीमेंट के बोरे को झाड़कर सीमेंट बेचने से मिले पैसे हैं ये। पहले पूरा गला सीमेंट से चोक हो गया था और फिर अब गला चोक हो रहा था अबाध रुलाई से। इतना सुनना था कि दिदिया भी बकार फाड़कर रोने लगी और फिर रोते-रोते हम दोनों ख़ुशी के आँसू से छलछला गए। यह पल हम दोनों के सबसे ख़ूबसूरत पलों में से एक है। आज भी जब हम मिलते हैं तो याद करते ही वो बहुत भावुक हो जाती है और अपने बच्चों को यही कहानी बार-बार सुनाती रहती है और बच्चे अब उसके कहानी सुनने से पहले ही अपने स्वर में उसे ही सुनाने लगते हैं और वो फिर एक साथ रोने और हँसने के मिश्रित भाव में खो जाती है।

हमारा यह सकारात्मक बदलाव अस्पताल के कुछ एक वर्ग को चुभने लगा था। जैसा कि मैं पहले भी कह चुका हूँ दीदी समय से बहुत आगे थी।

नौवीं क्लास तक उसने राजदूत चलाना सीख लिया था। पिता के पास राजदूत था और वे अब उस मनहूस गाँव से सस्पेंड होकर घर पर ही रहते थे। उनके मन का ख़याल करते हुए माँ ने बचत का पैसा टीवी ख़रीदने में लगा दिया ताकि उनका दिमाग़ लगा रहे। ब्लैक एंड वाइट छोटा सा टीवी जिसका एंटिना हमारी छत के चाँपाकलवाले पाइप पर टिका था और मेरा काम उस एंटिना को बार-बार घुमाकर एडजस्ट करने में लगा रहना था। बावेला तब मचा जब दूरदर्शन ने रामायण और फिर महाभारत दिखाने की शुरुआत की। घर में मानो भीड़-ही-भीड़। गाँव के लोग भी पूरे हक़ से घर में घुस जाते, टीवी देखने जैसे यह उनका ही घर हो। पिता थोड़े रिजर्व टाइप थे वो यह सब बिलकुल पसन्द नहीं करते। इसी भीड़ में एक वकील साहब भी थे जो समय से पहले ही आ जाते। लगभग क्विंटल बाबा। वकील साहब आते तो चाय-पानी तो पूछना ही पड़ता। हालाँकि वे कभी हमारे किसी काम नहीं आए। हम सोचते बाभन है और वकील भी तो सरवा टीवी ख़रीदता क्यों नहीं? अब बच्चे हैं तो कुछ तो शैतानी करेंगे ही। वकील साहब के आते ही उनको लकड़ी की कुर्सी दी जाती पर आजिज़ होकर हमने एक दिन लोहे के पतले सरिये से बनी कुर्सी दे दी जो सीमेंट की चिकनी फ़र्श पर फिसलती थी तो नतीजा यह हुआ कि बैठते समय कुर्सी ख़ुद ही फिसलकर पीछे हो गई और वकील साहब का ड्रम जैसा शरीर ज़मीन पर लुढ़क गया। ऐसा होना था कि सारे बच्चे उनकी उलझी हुई धोती और सिर नीचे पैर ऊपर वाली स्थिति देखकर खिलखिलाकर हँसने लगे और उनको यह लगा कि घोर बेइज़्ज़ती हो गई। आश्चर्य था कि डॉक्टर जो कभी नहीं हँसते, वो भी यह सब देख कोने में बैठे मुस्करा रहे थे।

धर्मपाल पासवान का अहम रोल रहा है उस समय। उन्हें हम मौसा कहते थे और वो हमारे हर सुख-दुख में शामिल रहे। धर्मपाल मौसा यारबाश और अपने ही ढब के आदमी थे, उनकी कहानी भी अजीब है। शान्ति मौसी जो माँ के साथ सहायिका के रूप में काम करती थीं, नौकरी से पहले सिकन्दराबाद के सयानी बेलछी गाँव में रहती थीं। एक विधवा अपनी दो बच्चियों के साथ किसी तरह गुज़र-बसर कर रही थी। उनके ही एक रिश्तेदार रामेश्वर पासवान ने उनको नौकरी दिलवाने के बहाने अपने घर में रख लिया। धर्मपाल मौसा शान्ति मौसी से मिलने के पहले वो सारे काम करते थे जो एक दलित बाहुबली करता होगा। मौसी की नौकरी महिला कार्य सेविका के रूप में सिकन्दराबाद अस्पताल में लगी और वहीं मौसा से मुलाक़ात हुई।

एक बाहुबली (धर्मपाल पासवान) दूसरे बाहुबली (रामेश्वर पासवान, जिसका दख़ल राजनीति में भी था) में आपसी भिड़न्त हुई पर कमज़ोर पलड़ा होते हुए भी प्रेम जीत गया और मौसी को लेकर मौसा बिना शादी के खगड़िया आ गए। नये जीवन की शुरुआत की, मौसी की क़सम की लाज रखी। बन्दूक़ साथ तो रखी पर कभी हाथ नहीं लगाया। हालाँकि यह बदलाव इतना आसान भी नहीं था। उस इनसान को बदलने में वक़्त और मशक़्क़त दोनों लगी। लखीसराय आने तक मौसी सिर्फ़ हस्ताक्षर करती थीं, तनख़्वाह मौसा ही उठाते थे। धीरे-धीरे हम सबकी संगत में उनकी सोच में काफ़ी बदलाव आया और वे काफ़ी हद तक सामान्य इनसान बन गए। यहाँ इनसान शब्द का प्रयोग जान-बूझकर किया गया है क्योंकि उनका इतिहास सच में भयावह था। एक अपराधी के विषय में हमारी जो भी धारणाएँ होती हैं वह सब उन्होंने किया था पर हम सबके सामने प्रेम के आगे नतमस्तक होने का यह बेहतरीन उदाहरण था। अवर्ण होकर भी वे हम सबके लिए हमेशा खड़े रहे और यदि ऐसा नहीं होता तो हमारे परिवार का उस माहौल में जीना मुश्किल हो जाता। वो खाने-पीने के शौक़ीन थे सो गोरी और चुस्ता भी मटन का हिस्सा है अगर उनके घर न गए होते तो जान नहीं पाते, बेइन्तहा मिर्च खाना भी वहीं से सीखा। राजदूत चलाना दीदी ने पहले पापा से फिर धर्मपाल मौसा से सीखा। शान्ति मौसी हम दोनों को बहुत लाड़-प्यार करती थीं। वो जब अस्पताल आतीं तो अपनी दोनों बेटियाँ लाडो और पिंकी को हमारे घर ही छोड़ देतीं। लाडो तो कई दिन हमारे घर पर रुक भी जाती और घर का लगभग हिस्सा-सी बन गई थी। वह दीदी और मेरे लिए एक खिलौना जैसी थी।

हसनपुर गाँव के बग़ल में एक दलित गाँव (जयनगर) बस गया था और दोनों गाँव के बीच लाल पहाड़ी है। धर्मपाल मौसा उसी दलित गाँव में रहते थे और दलित होने के साथ अब भी दबंग ही थे। एक अकेले दबंग जिनसे हसनपुर के भूमिहार भी डरते थे। उस समय का आपको अगर ध्यान हो तो भूमिहार और दलितों के बीच का शीतयुद्ध गृहयुद्ध में बदल गया था और प्रकाश सिंह का उदय खुटहा के गाँव से हुआ था जहाँ दलितों ने भूमिहारों का जीना हराम कर दिया था।

प्रकाश सिंह की अपनी कहानी है जिसका धागा हमारे अस्पताल से जुड़ता है। बहरहाल बिहार की पृष्ठभूमि का जातीय समीकरण बदल रहा था और इस बदलते समीकरण में अस्पताल की पॉलिटिक्स भी अपनी करवट ले रही थी।

अस्पताल में कुर्मी क्लर्क की तूती बोलती थी। डॉक्टर में भी भूमिहार और कुर्मी परन्तु स्टाफ़ में ज़्यादातर निचली जाति के। खाना बनानेवाले पंडित मदन कान्त झा पर उनके हेल्पर जमना महतो। एकदम गाय आदमी। अस्पताल जैसे समाज के जातीय समीकरण का प्रतिबिम्ब था। काम में पूरी फाँकी, फ़र्ज़ी एटेंडेंस और घर बैठे तनख़्वाह मिलने का कल्चर अब पूरी तरह व्याप्त हो चुका था।

इस बिगड़े और सामन्ती माहौल में दीदी अकेली लड़की थी जो पैंट-शर्ट पहनती थी, बुलेट राजदूत चलाती थी और ज़रूरत पड़ने पर लड़कों की घिनौनी फ़ब्तियों पर तमाचे भी जड़ देती थी। अत: यह कहना और भी उपयुक्त होगा कि इर्द-गिर्द मँडराते गिद्ध घायल थे और मौक़े की तलाश में थे। हमसे एक ग़लती हुई नहीं कि सब-के-सब एकजुट। कुछ ही समय में एक मौक़ा ऐसा आया जहाँ सभी गिद्ध एकजुट हो गए हमारे विरुद्ध।

हुआ यूँ कि मुखिया जी, जिनको गाँव जमा नहीं या गाँव को वो नहीं जमे पता नहीं, पर अस्पताल के सामने घर बनाकर जम गए थे। उनकी एक दुकान थी जिसमें पेड़ा, नमकीन और चाय मिलता था। कमाई का उनका यह एक और ज़रिया था। उनके यहाँ आने का एक असर यह हुआ कि उनके गोतिया जन जब भी उनसे मिलने आते तो अपनी गाय-भैंस लेते आते और अस्पताल के इस बड़े मैदान में खुल्ला चरने को छोड़ देते। धीरे-धीरे यह चलन में बदल गया। इफ़रात में इतनी हरी घास यूँ कहीं उपलब्ध भी नहीं थी। कभी-कभी तो गाय अस्पताल (वार्ड) के भीतर भी टहल आती और हाँकने में हम सब बच्चे लग जाते। प्राय: हरी-हरी घास जिसे गाय पूरे आनन्द से चरती रहती और हम बच्चे उसकी पीठ पर ख़ूब सवारी करते। कई बार किताब भैंस की पीठ पर लेटकर पढ़ते। उस समय हम सबका बिजली का टेम्परेरी कनेक्शन था हुकवाला जिसकी अर्थिंग उस लोहे के पाइप से जुड़ी थी जिसे ज़मीन में गाड़कर इस काम के लिए बनाया गया था। एक दिन एक गाय चरते-चरते घर के पास आ गई और घास चबाते-चबाते उस अर्थिंगवाले तार को भी चबा गई, करंट लग गया और गाय सीधे स्वर्ग सिधार गई। यही वह मौक़ा था जो हमारे सारे प्रतिद्वन्द्वियों को इकट्ठा करने का केन्द्र बिन्दु बना।

अस्पताल के सवर्ण डॉक्टर हों या हसनपुर का पूरा गोतिया परिवार सब एकजुट हो गए। उनके गाँववाले तो ऐसी-ऐसी गालियाँ निकालने लगे जिसका ज़िक्र यहाँ किया भी नहीं जा सकता। हर्ज़ाना से लेकर सूद समेत वसूली,

जानवर की हत्या का आरोप और कोर्ट की धमकी तक। हमें भी समझ नहीं आ रहा था क्या कहें, क्या करें कैसे इनको झेलें। थोड़ी देर को लगा हम सच में गुनहगार हैं। माँ तो बैंक बैलेंस चेक करने लगी, सोचने लगी, पैसे नहीं हुए तो क्या और कैसे झेलेंगे इन्हें। मुखिया जी के एक चचेरे भाई थे युगल मौसा एक नेकदिल इनसान जिनकी पत्नी माँ की मित्र बन गई थी। उन्होंने बीच-बचाव की पूरी कोशिश भी की पर उनको भी बेकार की बातें सुननी पड़ीं। दीदी माँ के साथ उनका सामना कर रही थी पर उसी समय कहाँ से अपनी राजदूत पर धर्मपाल मौसा फड़फड़ाते हुए आ गए और उन्होंने जो दलील दिया उससे सब-के-सब एक साथ चित हो गए। उनका यही कहना था कि गाय को अस्पताल में आने का परमिट किसने दिया। क्या यह वेटनरी अस्पताल है? यहाँ गाय को अपने स्वार्थ से चरने के लिए छोड़ने के विरुद्ध प्रशासन ने कोई क़दम पहले क्यों नहीं उठाया? गाय क्या इंजेक्शन लेने रेखा दीदी के घर आई थी? अभी तो उलटा केस इन लोगों पर ट्रेस्पासिंग का क्यों नहीं किया जाए। सारी दलीलें बिलकुल धर्मेन्द्र के अन्दाज़ में मौसा दे रहे थे और भीड़ धीरे-धीरे भागते बादल की तरह छँट रही थी, खिसकती जा रही थी। उस दिन उनके प्रति हमारा आदर और प्रेम दोगुना हो गया। इसकी अलग से सज़ा यह मिली कि अब मौसा भी लगभग रोज़ाना चाय पीने घर आने लगे।

कभी-कभी माँ जब लम्बी यात्रा यानी किसी कैम्प में या किसी और कारण से बाहर जाती तो हम दोनों की चाँदी हो जाती। एक ऐसा ही वाकया है जब एक दुर्घटना स्थल के कैम्प से दो-तीन दिन तक माँ घर नहीं लौटी। वहीं दुर्घटना स्थल पर कैम्प में सेवा देती रही और इधर हम लोग नये-नये खाने बनाने के प्रयोग करते रहे। वैसे तो हम दोनों को पन्ता भात खाना बहुत पसन्द था पर अक्सर रात का बासी भात ढेर सारे प्याज़ और हरी मिर्च में भूनकर बनाते, जिसके सामने आज का फ्राइड राइस फेल है। इसी दरमियान आटे का हलवा बनाना सीखा और इसी के साथ पँजीरी बनाना भी। चूड़ा को मोटे कटे प्याज़ और दालमोठ के साथ बनाने का मेरा अपना तरीक़ा है जो उन्हीं दिनों ईज़ाद हुआ जो इंस्टेंट मील के मामले में मैगी को भी मात देता है। आज भी मेरी बेटियाँ मेरे हाथ का वही चूड़ा अधकच्चा आधे प्याज़ में आधा भूनकर और उसके ऊपर दालमोठ को छिड़ककर ख़ूब चाव से खाती हैं।

कभी-कभी दीदी तरकारी बनाती तो मेरी ड्यूटी उसे चलाने की होती जिसे अक्सर मेरे हाथों जलना लिखा होता और मेरा उसके हाथों कूटना। इसी कड़ी से जुड़ी एक घटना याद है जब मैं जलते-जलते बचा। उस समय का स्टोव पेट्रोमैक्स के स्टाइल का था जिसमें दस-बारह बत्तियाँ थीं जिसे बत्तीवाला स्टोव बोलते थे। एक बार उसमें खाना चढ़ाया, सम्भवत: दाल का पानी खौलकर स्टोव पर ही उफनकर गिर पड़ा। देखा स्टोव बुझ गया, ठीक से देखा तो तेल ख़त्म हो चुका था। अनाड़ी माफ़िक़ बचकानी हरकत इसके ऊपर यह कर बैठा कि दीदी को बिना बताए पाँच लीटरवाले कनस्तर से सीधे तेल डालने लगा। कीप छोटी और धार बड़ी, तेल का गिरना स्वाभाविक था। तेल ज़मीन पर फैल गया। यह उन दिनों की बात है जब मेरी बुद्धि मन्द ही थी और मैं सच में जमना महतो का दूसरा रूप था। अगर मैंने तीली जला दी होती तो कुछ नहीं बचता, मैं भी नहीं, क्योंकि हमारा घर एक स्टोर में साड़ियों के पार्टीशन से बना तीन हिस्से में बँटा हुआ था। एक में किचन दूसरे हमारा सोने का और तीसरे में कॉमन रूम पढ़ने और बैठने का। सब एक पल में भस्म हो जाता। भगवान का शुक्र है कि दीदी को किरासन तेल की गन्ध आ गई और वह दौड़ती हुई आई और मुझसे माचिस छीनती चली गई। मुझे कोई इल्म नहीं था कि वह तीली स्टोव नहीं मुझे भस्म करनेवाली थी। उसके बाद तो कितना डाँटा उसने मुझे कि सुनाई देना ही बन्द हो गया। अच्छी बात यह हुई कि माँ के लौटने पर उसने कुछ भी नहीं कहा वरना माँ तो ठंडे पानी से नहलाकर बाहर भीगा खड़ा करके छोड़ देती। ऐसा कई बार हुआ जब मेरी मासूम बेवक़ूफ़ियों का पता माँ को नहीं चल पाया, हर बार दीदी ने बचा लिया।

बचपन की वो डरी हुई आँखें उमड़ते हवा के भयावह प्रभाव में भी उम्मीद देखतीं, अपलक ढूँढ़तीं उम्मीद के बादल, जो उष्ण मौसम के इन्तज़ार में रहते ताकि भीगने और उन्मुक्त उड़ने की उम्मीद बची रहे। बादल और पानी का गर्मी से यह नाता दुख और सुख ने चुपके से सीखा है। इस तरह ये हमारी ज़िन्दगी में एक-दूसरे को ठेलते हुए आते-जाते रहते हैं। अनिद्रा की महामारी से बचने के तरक़ीब ढूँढ़ता बचपन अक्सर दीदी की उँगली पकड़े निश्चिन्त सोया मिलता। उसे यह कहाँ पता था कि नींद सिर्फ़ कोशिकाओं का बचाव नहीं करती बल्कि स्मृतियों का घेरा भी बनाती है। अनिद्रा इसके ठीक विपरीत विस्मृतियों का घेरा भी बनाती है और दोनों घेरे आपस में जंग करते हैं और मन इस जंग का उचाट घाव चाटता रहता है, जिसे ठीक होने के लिए प्रेम

और स्नेह का मलहम चाहिए होता है। प्रेम और नींद का रिश्ता ठीक वैसे ही है जैसे रात और दिन का, एक-दूसरे के पूरक, एक-दूसरे को स्थान देते हुए सन्तुलन की राह बुनते हुए। दीदी मेरे लिए सन्तुलन का वह डंडा ही थी जिसे पकड़े मुझे समय की इस असन्तुलित रस्सी से गुज़रना था।

कुछ बातें जो मुझे याद हैं वो ये कि गाँव के लोग या अस्पताल के लोगों में से कुछ लोग सिर्फ़ हमारे घर इसलिए आते थे कि उनके बारे में कुछ मसालेदार बातें बाज़ार में हो सकें। इसे आप एक भद्दी लोकप्रियता की चाह कह सकते हैं। जिस पितृसत्ता और महान पुरुषत्व की बात हम आज कविताओं में या संवाद में करते हैं उसका बीभत्स रूप उस अस्पताल के चारों ओर था। उन पुरुषों को बस मसाला लगाकर यह बताने में मज़ा आता था कि वे आज कहाँ से आ रहे हैं। चाय पीना, बैठना, हमारा समय बर्बाद करना और इस बात को समाज में यूँ प्रस्तुत करना कि कोई क़िला फतह करके आ रहे हैं। माँ सबको साथ लेकर चलती थी और हमारा ध्यान सिर्फ़ पढ़ाई में लगाने को कहती। वहाँ उस कुव्यवस्था में एक अद्भुत सन्तुलन बनाए रखना और प्रबन्धन करना एक कुशल कला माँ से सीखनेवाली बात थी।

इस क्षेत्र में लड़कों का अपहरण कर शादी करना भी आम बात थी। मुखिया जी के गोतिया और मेरे गुरु रामानन्द सिंह ने हसनपुर गाँव छोड़कर सड़क पर अपना घर बनाया। मुझे नि:शुल्क ट्यूशन पढ़ाया। मेरे आत्मबल को बनाए-बचाए रखा। उन्हीं का बेटा लभानन्द जो मेरा अभिन्न मित्र और सहपाठी था उसका अपहरण हुआ और उसकी ज़बरदस्ती शादी कर दी गई। एक राष्ट्रीय स्तर के खिलाड़ी की ज़िन्दगी में भूचाल आ गया। उसके बाद वह सपरिवार लखीसराय छोड़कर राँची आ गया। स्पोर्ट्स का दीवाना अब कोचिंग सेंटर चलाता है और मेरे गुरु जिन्होंने मुझे कच्ची उम्र में ही किताब के मायने समझाए वे भी अपने प्यारे शहर लखीसराय में अपना सब कुछ छोड़कर राँची में अपने बेटे का हाथ बँटाने आ गए। दूसरी तरफ़ मेरा एक और सहपाठी है जिसके साथ हम उठते-बैठते थे, देखते-ही-देखते अपहरण और लूट के जुर्म में जेल चला गया। यह बात भी सदा समझ के परे ही रही कि जो हमारे साथ पोखर में छलाँग लगा रहा है वह जुर्म की दुनिया में कब कूद गया पता ही नहीं चला। बहुत दिनों बाद उसका केस रफ़ा-दफ़ा हुआ। अब भी सोचता हूँ, किस माहौल से माँ ने बचाकर यहाँ तक पहुँचाया और कैसे इस माहौल से दीदी ने अपने-आपको बचाया।

वापस अपनी कहानी पर आते हैं!

दीदी की बोर्ड की परीक्षा थी और सेंटर माध्यमिक विद्यालय पुरानी बाज़ार में था। वहाँ यादव जी नाम के एक शिक्षक माँ के परिचित थे तो हम लोगों का डेरा वहीं जमाया गया। उनका डेरा बिलकुल स्कूल के घेरे के बाहर सामने था वहाँ से कौन किसको कितना चोरी करवा रहा है सब दिखता था। लोग कितनी आसानी से ईंटों के गैप को पकड़कर छिपकली की तरह दीवारों पर रेंग रहे थे। जिसको कुछ नहीं आता है वह गाइड के पन्ने भेज रहा था, मॉडल आंसर भेज रहा था। एक-दो बार मेरा मन भी किया कि मैं भी उसी भीड़ का हिस्सा बनूँ, तो मैं भी कुछ वैसे पन्ने पता नहीं कितने सही कितने ग़लत लेकर दीवार पर चढ़ गया। डरते-डरते उन दीवारों के कोनों को पकड़ता और चढ़ता जब पहली मंज़िल जिसमें दीदी बैठी थी उस खिड़की पर पहुँचा तो दीदी का चेहरा गर्मी में पसीने से लथपथ दिखा उसका सारा ध्यान लिखने में लगा हुआ था। उसकी क़लम तीव्र गति से ध्यानमग्न चली जा रही थी। मैंने बहुत इशारे किये पर वह देखती ही नहीं थी तब तक एसडीएम के आने की ख़बर से चारों ओर तहलक़ा मच गया।

नीचे शोर और ऊपर लटका मैं, मैंने पूरी ताक़त से पर्ची दीदी की ओर फ़ेंक दी पर निशाना एकदम ग़लत, काग़ज़ का वह गोला दीदी की दोस्त पुष्पा के सिर पर लगा और तब तक इनविज़िलेटर उसकी ओर दौड़ती हुई आई, शायद एसडीएम के आने का असर भीतर तक फैल चुका था। पुष्पा की क्लास चल रही थी और उनकी उँगली मेरी ओर प्रश्नों की झड़ी लगाती उठ रही थी तब तक एडीएम का क़ाफ़िला कॉलेज के बहुत नज़दीक आ चुका था। मेरे पास कोई विकल्प नहीं था। पैर ठीक से ईंटों के ख़ाली हिस्से पर बैठ नहीं पा रहे थे। सायरन की आवाज़ और नज़दीक आती जा रही थी। मैंने हड़बड़ाहट में ऊपर से ही छलाँग लगा दी। पैर में चोट उस वजह से आई या नीचे गिरते ही सिपाही के डंडे के कारण याद नहीं, पर मैं लँगड़ाते हुए भी बहुत तेज़ी से भागता हुआ यादव साहब के गेट के अन्दर घुस आया। भागते हुए चोट का या उसके दर्द का कोई पता नहीं था पर जब थोड़ी देर बाद साँस आई तो देखा आठ-दस लड़कों को पुलिस जीप में ठूँसते हुए, पीटते हुए ले जा रही है। उनके हाथों में मोटा रस्सा बँधा है। कुछ लोगों को पकड़कर वहीं धूप में खड़ा किया गया है। शुरू में तो पता नहीं चला पर बाद में देखा तो मेरी पिंडलियों में अब तक अच्छी-ख़ासी सूजन हो चुकी थी।

आज सोचता हूँ तो सिहर जाता हूँ कि अगर पकड़ा जाता तो आज जिस जगह हूँ वहाँ कभी नहीं होता। नौकरी के पहले पुलिस रिकॉर्ड देखे जाते हैं

और उन दिनों हमें नीचा दिखानेवालों की कोई कमी नहीं थी। हम अनजाने कितनी बेवक़ूफ़ियाँ कर जाते हैं। दीदी ने भी आकर मेरी क्लास ली ख़ूब डाँटा कि क्यों मैं ग़लत कामों में पड़ा और उसे यह बिलकुल पसन्द नहीं कि चीटिंग से वह उत्तीर्ण हो। यह कहानी यहीं ख़त्म नहीं होती, परीक्षा के दूसरे दिन हम लोग बैठे थे तो पता चला कि एसडीएम फिर आनेवाले हैं राउंड पर, पर उनके बदले कोई पुलिस इंस्पेक्टर आया और सीधे दीदी के पास ही गया और उसके आंसर सीट पर रेड हैंडेड विथ चीटिंग लिख दिया। दीदी को कुछ समझ नहीं आया यह क्या हुआ पर सच यही था कि उस दिन वह अकेली उस पूरे स्कूल में यूँ पकड़ी गई थी। हम सबके मन में एक ही सवाल उठ रहा था कि अघटित आशंका कहीं सच में घटित न हो जाए। उस दिन कोई सुनने को तैयार नहीं था बस सबकी सहानुभूति हमारे साथ थी पर उस सहानुभूति का क्या अचार पारते। हम लोग सबसे मिले पर पुलिसवाले ने वहाँ के प्रिंसिपल को साफ़ कह दिया था ज़्यादा हल्ला कीजिएगा तो दस और को सस्पेंड करेंगे।

यह घटना हमारी ज़िन्दगी का ऐसा दर्द है जिसकी टीस कभी ख़त्म नहीं हो सकती। यह जब भी उठती है इसकी तीव्रता बिना धार के छुरे से हलाल किये जाने जैसी होती है।

इस घटना के पीछे की राजनीति कभी समझ नहीं आई पर बिना ग़लती के दीदी का एक साल ख़राब हो गया और उससे ज़्यादा उसका ख़ुद पर भरोसा का स्वाहा होना। अस्पताल के भीतर की राजनीति बहुत ज़हरीली थी। वहाँ इस बुरे समय में कोई लड़की ग़रीबी में भी पूरी स्वतंत्रता और स्वायत्तता से जी रही हो यह कई लोगों को बर्दाश्त नहीं था। बाद में एक दिन उसी पुलिसवाले की बच्ची बीमार पड़ी और रात को दस बजे जब अस्पताल में देखनेवाला कोई नहीं मिला तो हर बार की तरह जमना महतो उनको माँ के पास ही लेकर आए। माँ का तुरन्त अस्पताल जाकर डॉक्टर को बुलाना और उनके इलाज का सारा इन्तज़ाम सही से करवाना, बेटी को स्नेह के साथ घर का चादर देना, यह सब देखकर वह दूसरे रोज़ बिफरकर रो पड़ा। उसने स्वीकार किया कि उससे ग़लती हो गई। जातिवाद के किस विषदन्त ने उसे डसा और किस बहकावे में उसने यह किया और हसनपुर के किन लोगों ने उसका ब्रेन वाश किया, अस्पताल के कौन से लोग उनसे मिले थे यह सब उसने बताया पर अब मुझे भी याद नहीं, न ही याद करना चाहता हूँ वह सब कि असल माज़रा क्या था।

याद है तो माँ का उसे माफ़ कर देना और उसकी बच्ची की सेवा करना और उसके कृतज्ञ नयन जो बार-बार माँ से माफ़ी माँग रहे थे।

दीदी का इतना असर है मेरी स्मृतियों की दुनिया में कि मेरी बड़ी बेटी मन्नत की शक्ल बहुत हद तक हम पर नहीं दीदी पर ही गई है। उसी की तरह लम्बी, बाल लच्छोंवाले और उसी की तरह हँसोड़। जब उसका मूड ठीक रहता है तो वह दीदी की तरह ही दुनिया की बेहतरीन क़िस्सागो बन जाती है। लोग दीदी को माधुरी दीक्षित कहते पर मुझे पता था कि अब वह एक शान्त-गम्भीर ज़ख़्मी झील वाली माधुरी थी। एक साल बर्बाद होने के बाद उसकी दुनिया बदल गई। उसका मन भी उचट गया। अगले साल बेमन से बोर्ड दिया पर और आगे की पढ़ाई लखीसराय के लोकल कॉलेज में ही हुई। इस बीच एकतरफ़ा प्रेम करने वालों ने उसका जीवन और दुशवार कर दिया। पत्र-पर-पत्र। एक बन्दा तो घर तक चला आया। तब तक मैं पटना जा चुका था और वह बेचारी घर पर अकेली थी। समस्या घनी थी और विकल्प के नाम पर सिर्फ़ लोगों की झूठी मुस्कराहट। ऐसी स्थिति में भी माँ हार माननेवाली नहीं थी और न ही दीदी। माँ ने अन्तिम विकल्प समझ दीदी को पटना मेडिकल की तैयारी करने कोचिंग के लिए भेजा। उस समय मेरा दाख़िला भी पटना साइंस कॉलेज में हो गया था। यहाँ आकर उसमें थोड़ा बदलाव आया। वह फिर से मन से पढ़ाई करने लगी थी। पहली कोशिश में सेलेक्ट नहीं हुई और उसके आगे की परिस्थिति कुछ ऐसी बनी जिसका मुझे आज तक सबसे ज़्यादा अफ़सोस है। मैं कुछ नहीं कर सका पर एक चमकने वाला सितारा एक बुझी हुई बत्ती में बदल गया। दीदी की शादी जल्दी-जल्दी में हो गई या जल्दीबाज़ी में कर दी गई हालाँकि अभी उसे और पढ़ना था। उस वक़्त सही और ग़लत समझने-बूझने की उम्र (21 वर्ष) तो नहीं थी उसकी। पैसा नहीं होना कितनी बड़ी सज़ा है। जीजाजी ने बिना दहेज के शादी की और माँ शायद पहली बार इस परिस्थिति में कमज़ोर हुई होगी। शायद इस डर ने कि बिना पैसे के शादी कैसे होगी? माँ जैसे मज़बूत व्यक्तित्व को कमज़ोर कर गया होगा। दीदी शादी के कुछ साल तक एक पारिवारिक बहू की तरह रही पर कुछ साल बाद ही अपना पार्लर खोला और आज जीजाजी के साथ हाथ और कन्धा मिलाकर सहयोग दे रही है।

मेरी ज़िदगी की यह ख़लिश एक शूल बनकर हमेशा मेरे साथ रहेगी कि मैं कुछ नहीं कर पाया जिसने मेरे लिए हमेशा ढाल का काम किया उसके लिए मैं कुछ नहीं कर पाया...

इस कविता में आज वाली दीदी है यानी मेरे बच्चों की बुआ।
मेरी बड़ी बहन (दिदिया)

वो लम्हे जो ताख़ पे रख आया था
जिन पे ख़ुद साँकल मैंने ही चढ़ाया था
उन्हीं लम्हों को सँजोती रही मेरी बहन
उन्हें गौहर-सी पिरोती रही मेरी बहन

सारी जुगत मेरी सारी अय्यारियाँ
सारी ग़लतियाँ मेरी सारी बदमाशियाँ
अपने ज़ेहन में क्रमबद्ध सजाती
मेरे बच्चों को बड़े चाव से फिर वो सुनाती

बातें जो मेरे बच्चे मुझसे सीधे नहीं कह पाते
जो गिरहें मुझसे बरबस नहीं खुल पाते

उन गाँठों को आसानी से सुलझाती मेरी बहन
उन सवालों का जवाब बन जाती मेरी बहन

मेरे बचपन के वृत्तान्त पर मोहर लगाती
पुराने ज़ख़्म पर मरहम लगाती
मुझे प्यार से आसू बुलाती
बिना कहे सब बात समझ जाती मेरी बहन

जब भी मिलती, सारे बिसरे गीत गुनगुनाती
वो सारे दर्द जो हम मिल-बाँट खाए थे
मेरे सिर के सारे इल्ज़ाम जो उसने उठाए थे
मेरी ग़लती पे जब मार माँ ने उसे लगाए थे

मैं छोटा था तो मेरी ढाल बन जाती थी
बचे पैसे से वो मेरी हर उम्मीद सजाती थी
मेरे हर नाज़ और सारे नख़रे उठाती थी
मैं ज़िद्दी था मुझे थोड़ा और ज़िद्दी बनाती थी

वो प्यारे दिन
वो सच्चे पल और वही बचपन
सब लौट आता है
तुम जब घर पे आती हो
सब बीते लम्हे उड़ के वापस
मेरे कन्धे पर बैठ जाते हैं
मैं फिर से वही ज़िद करता हूँ
और तुम झट से सब मान जाती हो

दिदिया तुम अब भी मुझको
वैसे ही भाती हो
बालों में तेल मलती हो
और वैसे ही कस के हिलाती हो

पैरों में जमे दर्द पर
अपना पुराना जादू चलाती हो

पिघल बच्चा बन जाता हूँ
तुम जब भी गले लगाती हो।

बैरन डाकिया

एक ज़िन्दगी की तमाम कुरूपताएँ
गोया तुम्हारी समूची जीवनी
और तुम पूरे लौट आते हो
और बचाव का कोई रास्ता नहीं सूझता
किसी घिरे हुए जानवर की तरह

—विष्णु खरे

स्मरण और विस्मरण के हिंडोले में डोलती हुई कुछ फुहारें चेहरे को भिगो जाती हैं और संस्मरण का हिस्सा बन जाती हैं। कुछ स्मृतियाँ ठंडी फुहार होती हैं तो कुछ गरम लावा। इनसे गुज़रते हुए गरम नमकीन मोती टपकते हैं और पीछे नमी का एहसास छोड़ जाते हैं। सुसुम बूँदों को बटोरना जमी स्मृतियों को पिघलाना है, जिन्हें समेटते हुए यादें भी बिलबिला उठती हैं। जमी हुई स्मृतियाँ खुरंड की तरह होती हैं, जरा सा छीलो तो पुराना घाव अपने नयेपन के साथ सिर निकाले मिलता है। एक ऐसा ही खुरंड मेरी ज़िन्दगी में भी है जो हमेशा हरा होने की याद-सा साथ रहता है...

पिछले दिनों, वर्ष 1998 में आई फ़िल्म 'दुश्मन' की अचानक ही याद आ गई। इस फ़िल्म का एक गाना मुझे बहुत अधिक पसन्द है—'प्यार को हो जाने दो...'। दोनों जुड़वाँ बहनों की भूमिका में काजोल का ज़बरदस्त अभिनय तो है ही, लेकिन सबसे ज़्यादा चमत्कृत किया था डाकिया की भूमिका में आशुतोष राणा की बेहद डरा देने वाली अदाकारी ने, उनकी आँखों ने। डाकिये के किरदार में आशुतोष राणा ने जिस तरह बदलते भाव के साथ चमकती आँखों, भाव-भंगिमाएँ और अपनी वज़नदार शातिर पने भरी आवाज़ का इस्तेमाल किया है उसकी बराबरी का दूसरा उदाहरण खोजना मुश्किल है।

फ़िल्म हो या कहानी अथवा फिर कोई कविता, इससे गुज़रते हुए स्वाभाविक तौर पर आप अपने-आपको उसमें ढूँढ़ने लगते हैं। कनेक्ट इस्टैब्लिश करने लगते हैं और इसी के साथ आपकी स्मृतियों की शान्त सतह पर हलचल होने लगती है। खट्टी-मीठी स्मृतियाँ अवचेतन में निवास करती हैं। स्मृतियाँ गहरी नींद की तरह सुप्त रहती हैं और इसी नींद से उनींदी के सफ़र में कभी किसी रोज़ समय की सूई विपरीत दिशा के साथ घूमते हुए हमें उस अवस्था में ले जाती है जहाँ तितलियों और गिलहरियोंवाली ज़िन्दगी चेतन में चलचित्र की तरह मन पर छाने लगती है। भले हम उड़ने और कूदने में कितनी ही बार गिरे हों लेकिन यादों के सबसे ज़्यादा अज़ीज़ वही पल होते हैं। गमलों के दस बजिया फूल हों या खुले लहलहाते खेतों में कालीनों-सी बिछी पीली सरसों के दृश्य और इन पलों के बीच में बलखाता बचपन। कौन भूल सकता है उस ख़ूबसूरत समय को जब उसी खेतों की मेंड़ पर खुले आकाश और खिली धूप में किताब सीने पर टिकाए और मुँह पर गमछा डाले घंटों पड़े रहते थे। बमफुटका चुनकर खाते और हेलीकॉप्टरवाली तितली की पूँछ में धागा बाँधकर उड़ती हुई तितली को बार-बार नीचे खींचते रहते। वैसे वातावरण में सपनों की उड़ान देखने का अपना ही आनन्द था।

बचपन अपनी नादानियों के साथ लुका-छिपी खेलते हुए बढ़ता गया। उन लुका-छिपी वाले पलों में कई पल ऐसे हैं जिन्हें याद करते ही शब्द किलकारी भरने लगते हैं और घटनाएँ मीठी मनौती की तरह याद आती चली जाती हैं लेकिन कुछ पल ऐसे भी होते हैं जो आत्मा पर सीधे अपने पंजे गाड़ देते हैं। उनकी खरोंचें नासूर बन जाती हैं। वे पल कभी ठीक नहीं होने वाले ज़ख़्म की तरह त्वचा पर हमेशा टिके रहते हैं। कई बार हम उनकी टीस से बेख़बर हो जाते हैं,

वह हमारी संवेदना के सामने से हटी रहती है, मानो त्वचा का कोई बेजान हिस्सा हो, जो अब भी हमारी देह से चिपकी है! लेकिन उसका मृत त्वचा बन चिपक जाते हैं। स्पर्श करते ही आप उस पुरानी दुनिया में लौट जाते हैं और अपने-आपको वापस अँधेरी गुफा के सामने खड़े पाते हैं।

बात उस समय की है जब लखीसराय में शहर से दूर सरकारी अस्पताल के ठीक पीछे एक छोटे से हिस्से में हम रहते थे। 80 के दशक में बिजली, पूर्णिमा और अमावस्या की तरह अपनी मियाद पर ही आती और जाती थी। लालटेन और पेट्रोमैक्स का ज़माना था। हमारा घर अस्पताल के बिलकुल पीछे और उससे सटा था, इस कारण रोगियों के कराहने और चीख़ने की आवाज़ें, कुत्तों के भौंकने से ज़्यादा तेज़ और तीव्र होती। किताबों का उपयोग पढ़ने से ज़्यादा कान बन्द करने में आता था। डिलिवरी रूम भी बग़ल में ही था, जहाँ से प्रसव-पीड़ा और दर्दनाक चीख़ों से इतर जिजीविषा की किलकारियों भी सुनाई पड़ती जो उन उदास समय के ख़ालीपन को भरने के लिए ख़ुशियों के मुस्कान भरे पल लेकर आती। अब तक हम लोग अव्यवस्था में भी व्यवस्था के साथ सुन्दर सामंजस्य लिये ज़िन्दगी काटने को अभ्यस्त हो चुके थे।

चौथी या पाँचवीं कक्षा में रहे होंगे। हमारा परिवार चूँकि अपने मूल संयुक्त परिवार से अलग, अकेला रहता आया था इसलिए कोई चिट्ठी-पत्री, सन्देह-समाचार अपना कोई नातेदार-रिश्तेदार हमारी सुध लेने हमारे घर नहीं आती थी पर डाकिया चाचा अस्पताल और कचहरी में डाक बाँटने के बाद हमारे घर पानी पीने ज़रूर आते थे। चाय, बिस्किट और पानी पूरे अस्पताल में सबसे आसानी से हमारे घर में ही सार्वजनिक तौर पर उपलब्ध रहता था। चूँकि अस्पताल शहर से दो-तीन किलोमीटर दूर था तो हर कोई जो साइकिल से अस्पताल आता, पसीने से लथपथ ही होता। डाकिया चाचा भी उन्हीं में से एक थे। गहरे साँवले, बाल न के बराबर, चश्मा गांधीवाला, साथ में खादी का थैला। जब भी आते पानी पीते और फिर साइकिल पर बिठाकर मुझे अस्पताल का एक पूरा चक्कर घुमा देते, साथ ही अच्छी कहानियाँ भी सुनाते बिलकुल छोटी-छोटी पर अच्छे इनसान बनने की सीख देनेवाली। उनका व्यक्तित्व इतना सहज और भरोसा दिलाने वाला था कि उम्र का अन्तर मिट जाता। गम्भीर बातों को भी इतनी सहजता से समझाते कि क्लिष्टता परे रह जाती और सन्देश सीधे दिल तक पहुँच जाता। सच में हम दोनों के बहुत अज़ीज़ थे डाकिया चाचा।

उन्हीं दिनों एक अंगूर बेचनेवाला भी आता, दिन-भर अस्पताल के सामने टोकरी में अंगूर बेचता और ढलती दोपहरी में हमारी तरफ़ से गुज़रता, हमारे चाँपाकल पर पानी पीता और मेरी आँखों में अपनी जलती हुई आँखें डाल देता और इसी के साथ हाथ में दो दाने अंगूर के भी। पता नहीं उस ग़रीब अंगूरवाले को मुझसे सहानुभूति थी या हमसे अमीर होने का गुमान। शुरुआत में मुझे उससे दो दाने अंगूर लेना अच्छा नहीं लगता, लगता जैसे उसकी आँखों से गरम शीशा पिघल दो कंचों की शक्ल लिये अंगूर बन मेरी हथेली में उतर आया है। ग़रीबी और स्वाभिमान रोज़ आपस में लड़ते पर धीरे-धीरे मेरी आँखों का पानी सूख गया और मैं आराम से उसके दिये अंगूर के दो दाने को भी बड़े चाव से खाने लगा।

शायद हृदय में पानी भी पत्थर बनने के सफ़र में था। यही अंगूर डॉक्टर सिंह के छोटे बेटे के पास खोमचा-भर रहते और झूले पर बैठकर जब वह खाता तो हम दूर से उसे देख जलते रहते। कालान्तर में धीरे-धीरे हमें इस अंगूर ने या यूँ कहें कि पाने की चाह ने कुछ हटकर करने के लिए हमेशा प्रेरित रखा। मैंने मान लिया था कि दूसरे के अंगूर खट्टे और ख़ुद के कमाए अंगूर मीठे होते हैं। इसलिए मैं पढ़ता गया। ख़ैर! बाल-मन इतना ही कोमल होता है कि मामूली-सी बात भी मन में कहीं ठहर जाती है और जीने का मक़सद बन जाती है।

एक दोपहर की बात है, रोज़ की तरह डाकिया चाचा आए, उनके हाथ में दुष्यन्त कुमार की कविताओं का संकलन था। उन्होंने मुझे बड़े प्यार से देखा और किताब दे दी। बिलकुल साफ़ और दृढ़-गम्भीर स्वर में उन्होंने कहा, इसे पढ़ना, क्रान्ति लानी है बेटा और सच्ची आज़ादी अभी बहुत दूर है। मैं उनकी शक्ल में राष्ट्रपिता गांधी को देख रहा था। उन्हें याद करते हुए विनोबा भावे और महात्मा का मिश्रित चेहरा कई दिन तक मेरे सामने घूमता रहा। उन्होंने यह भी कहा कि मेरे कार्यकाल का आज अन्तिम दिन है और कल से कोई और शख़्स आएगा मेरे बदले पत्र बाँटने। माँ ने उन्हें मिठाई और पानी के साथ उस दिन चाय भी पिलाई।

उस दिन वे जब तक हमारे रहे उनकी आँखें भीगी-भीगी रहीं। स्नेहाशीष देकर हम दोनों के माथे को उन्होंने चूमा और फिर जो गए तो कभी नहीं लौटे। उनकी मीठी यादें मुझे लगन के साथ और ज़्यादा पढ़ने को प्रोत्साहित करती रहीं।

इस घटना के कुछ दिन बीत गए। सब हमारे घर के बाहर रखे मटके का पानी पीने आते पर कोई डाकिया नज़र नहीं आता। धीरे-धीरे मेरी स्मृति में इन्तज़ार की रबर चलती रही और डाकिये की छवि मेरे ज़ेहन से धूमिल हो ही रही थी कि एक दिन अचानक एक प्रौढ़ डाकिये ने घर के दरवाज़े पर दस्तक दी। पतले-दुबले और साँवले-से। इस बार चश्मा ग़ायब था और बाल घने और पीछे से मिथुन कट थे। उनके हाथ में हमारे लिए एक पत्र भी था। मुझसे उन्होंने कहा, तुम्हारे भाई के नाम का पत्र है। भैया बाहर आए तो पत्र लेकर ख़ुशी से झूमने उठे। दरअसल सैनिक स्कूल तिलैया के लिए उनका चयन हो गया था और यह उनके दाख़िले का आमंत्रण-पत्र था।

हम सब ख़ुशी से नाच उठे, यह सिर्फ़ भैया नहीं हम सबके सपने के सच होनेवाला पल था। माँ के सिखाए अनुसार हमने नये डाकिये को भी पानी-बिस्कुट दिया और चाय पिलाई। उन्होंने ख़ुशख़बरी के बदले बख़्शीस और मिठाई माँगी जो हमारे बस में उस समय नहीं था, तो स्पेशल चाय से काम चलाना पड़ा। उस पत्र ने हमारे बड़े भाई को हमसे दूर सैनिक स्कूल तिलैया पहुँचा दिया।

अब दोपहर में मैं और दीदी दोनों अकेले घर पर रहते। माँ देर शाम काम से लौटती। पिता ज़िन्दगी में अनुपस्थित हो चुके थे।

समय के साथ नये डाकिया भी हमारे घर नियमित आने लगे। उनसे भी हम सबकी घनिष्ठता वैसी ही बढ़ने लगी जैसी पुराने डाकिया चाचा के साथ थी। सब कुछ पहले की तरह ही सामान्य होने लगा। फिर से मैं डाकिया चाचा की साइकिल पर सवारी करता, वो मुझे एक पूरा चक्कर घुमाते और फिर मैं वापस घर लौटकर पढ़ने लगता। बदला था तो गप करने का तरीक़ा, क़िस्से-कहानी का विषय। इन नये विषयों के साथ कुछ दिनों बाद डाकिया चाचा चॉकलेट भी लाने लगे, दीदी नहीं लेती पर मैं आराम से ले लेता। उसके हिस्से का भी। दीदी डाँटती पर मैं थेथर हो चुका था। चॉकलेट अंगूर से मीठे लगने लगे थे।

एक दिन की घटना है। दोपहर ढलान पर थी। सूरज पीला से नारंगी हो चला था और मैं अस्पताल के ठीक सामने दोस्तों के संग खेल रहा था। अचानक नज़र पड़ी, मेरे सामने डाकिया चाचा मुस्कराते हुए खड़े हैं। साइकिल उन्होंने वहीं अस्पताल के सामने ही खड़ी की और मुस्कराते हुए इशारा किया कि मैं उनके साथ अस्पताल के अन्दर चलूँ।

उन्होंने सीढ़ी के पहले रुककर कहा ज़रा थैला पकड़ना, मैं ऊपर पहली मंज़िल पर ख़त देकर आता हूँ और डाकिया चाचा धड़धड़ाते हुए ऊपर चले गए। मैं चिट्ठियों का थैला सँभाले वहीं उनका इन्तज़ार करने लगा।

शनिवार का दिन था और लगभग छुट्टी जैसा माहौल भी। ऐसे समय में अस्पताल, अस्पताल नहीं श्मशान लगता था। अगर बिजली नहीं हो तो भीतरी गैलरी में दिन में ही घुप अँधेरा-सा छा जाता था। ऊपर से जब डाकिया चाचा वापस लौटे तब मैंने चिट्ठियों से भरा थैला अपनी गोद में लिया हुआ था। आते ही डाकिया चाचा ने मुझे गोद में थैला के साथ उठा लिया। वे बड़े प्यार से बातें करने लगे। उन्होंने परियों की कहानी सुनानी शुरू की जिसमें छोटे राजकुमार ने राजा के सवाल करने पर उनको नमक जितना अहम बताया था, सो पिता की तुलना नमक से करने का दंड उसको मिल रहा था। अचानक कहानी के स्वर को धीमा करते हुए थैले को एक तरफ़ से दूसरी तरफ़ करते हुए कहा कि मेरे साइड पॉकेट में चॉकलेट है निकाल लो। मैंने आराम से एक चॉकलेट निकाल लिया। फिर उन्होंने पूछा, और चाहिए और मेरे जवाब का इन्तज़ार किये बिना बोले, अरे जितने चाहिए ले लो सब तुम्हारे लिए ही है। इतना सुनते ही मैंने अपनी पूरी मुट्ठी चॉकलेट से भर ली।

मेरी ख़ुशी का ठिकाना नहीं था। दोनों हाथ चॉकलेट से भरे थे और मैं ख़ुशियों के अपने ख़याली संसार में अपने आसपास से बेख़बर कुलांचे भी रहा था कि अचानक उन्होंने मुझे बहुत कसकर बाँहों में भर लिया और बेतहाशा चूमने लगे। पल में इनसान का चोला ज़मीन पर पड़ा हुआ था और मेरा सामना एक हैवान से हो रहा था। मुझे अचानक हुए इस आक्रमण का कोई अन्देशा नहीं था। मैंने जैसे ही चिल्लाने की कोशिश की, उस दरिन्दे ने अपना हाथ मेरे मुँह पर इतनी तेज़ी से रखा कि मेरी साँसें एकबारगी उखड़ने लगीं। आँखों के आगे घना अँधेरा छाने लगा, कुछ भी सोचने-समझने की शक्ति ख़त्म-सी होने लगी, मैं किसी गहरे कुएँ में गिरता जा रहा था, मैं लगभग बेहोशी की हालत में था।

यह सब अप्रत्याशित तेज़ी से घट रहा था। मुझे कुछ भी समझ में नहीं आ रहा था। मैं बिलकुल असहाय-सा महसूस कर रहा था कि अचानक एक दिव्य शक्ति के संचार ने कुछ करिश्मा किया और मुझे लगा कि हिस लौट रही है। मैंने उसके हाथ पर अपने नन्हे लेकिन नुक़ीले दाँत गड़ा दिये।

उसके हाथ से ख़ून का फ़व्वारा फूट पड़ा और दूसरे पल ही मैं उसके काले गिरफ़्त से बाहर आ चुका था। मेरे पाँव थरथरा रहे थे। अँधेरे में जो हल्की-सी रोशनी दिख रही थी उस ओर गिरते-पड़ते मैं भागता चला गया।

अँधेरे की गिरफ़्त से बाहर बेशुमार रोशनी थी। अँधेरा पीछे छूट चुका था और डाकिया बैरन वापस जा रहा था...

रात को जीत तो पाता नहीं लेकिन ये चराग़
कम-से-कम रात का नुक़सान बहुत करता है

—इरफ़ान सिद्दीक़ी

अस्पताल : स्नेह, ममता और प्रेम

अतीत-वर्तमान भविष्य के अहसास से अपरिचित
कभी-कभी तुम्हें ख़ुद को और अपने आसपास को
पहचानने में देर लगती है

—विष्णु खरे

नींद में बच्चा बन गया हूँ या यूँ कहें कि नींद आपको बच्चा बना देती है। इसी नींद में किसी रोज़ एक सपने ने मुझमें हकलाकट पैदा कर दी, हकलाकट के साथ देखता हूँ सपने के उस स्याह रात में एक पत्ता सड़क पार करने की कोशिश में फुदक रहा है। उसकी उस फुदक में मासूमियत-सी छलाँग थी। अगले ही पल जब स्मृति की दूरबीन का लेंस बदला तो दिखा वह पत्ता नहीं एक मासूम बच्चा निकला जो राख के ढेर पर चढ़कर चाँद को ताके जा रहा है।

उस दिन जब जागा तो ऑफ़िस में प्रेजेंटेशन ठीक से नहीं दे पाया। हर बार एक आँख सामने आ जाती पूरी चतुराई और क्रूरता लिये और मैं अपने में

ही सिमट जाता, कछुए की तरह मुंडी गोत लेता। शायद नहीं देखना चाहता हूँ अब इस उम्र में फिर से वही सब, पर मन कहाँ मानता है, बस एक छपाक की दूरी है यादों की। उस दिन सपने में उसी आँख को देखा जो बचपन से मेरे पीछे पड़ी है जो मुझे हर हाल में परास्त करना चाहती है। जो मेरे साथ नज़रों की भाषा में युद्ध करना चाहती है, जबकि मेरी और उसकी उम्र में पैंतीस साल का फ़ासला है पर हमेशा इस नज़र से मुझे बचाती है एक और जोड़ी प्यारी आँखें और हर बार उसके वार के आगे अपने आँचल की ढाल बिछा देती।

उर्मिला मौसी कहता था उन्हें। किसी रोज़ बिना बताए आ गई थीं हमारी ज़िन्दगी में, पोस्टिंग ऑर्डर हाथ में लहराते हुए सीधे माँ के पास। माँ का वैसा सीधा परिचय भी नहीं था उनसे पर उनका परिचय दो लोगों से था एक सहायिका आशा मौसी और दूसरी माँ की दोस्त और समकक्ष ऐंजलीना चौधरी। फिर भी उर्मिला मौसी को हमारे घर ही आना था, क्योंकि ज़िन्दगी में कुछ ऐसा घटना लिखा था जिसे लिखा जाना और भी मुश्किल है और पूरा-का-पूरा लिख भी नहीं पाऊँ शायद। वे अनुभव मेरी अब तक की बनी इमारत की नींव-सी है जिनसे आज भी सम्बल मिलता है।

अपने सीधे-सादे स्वभाव की मारी माँ मौसी की समस्या को समझते हुए एकदम आराम से मान भी गई। ग़रीबी में दिल बड़ा और पॉकेट छोटी उस पर बाँहें फैली हुई। माँ हमेशा यूँ ही रहीं। जाने कितने लोगों ने धोखा दिया पर भरोसा करना नहीं छोड़ा, माँ हमेशा ऐसी ही रही। ख़ैर, हम बात कर रहे हैं उर्मिला मौसी के आने और आकर हमारे घर में बस जाने की। खाना-पीना-सोना सब हमारे साथ। उर्मिला मौसी माँ के क़द की ही गोरी दूध-सी, बाल सीधे मुलायम रेशे जैसे, न मोटी न पतली थोड़ी गदराई-सी, आँखों में ढेर सारी चंचलता, बोलती कम मुस्कराती ज़्यादा। उनके पूरे व्यक्तित्व को समेटकर एक नाम दूँ तो कहूँगा स्नेह की जीती-जागती मूर्ति।

उर्मिला मौसी का घर लखीसराय से 25 किलोमीटर दूर सूर्यगढ़ा प्रखंड के किरणपुर गाँव में था। वहाँ उनकी अपनी ही दुनिया थी। गाँववालों को देखना, इलाज करना और जमकर पैसे कमाना। उनके तीन बेटे पप्पू, पिंटू और टिंकू गाँव में ही रहते हैं। एक बेटी है प्रतिभा जिनकी शादी हो चुकी है। पिंटू और टिंकू पढ़ाई कर रहे हैं। ख़ैर! इनके बारे में जैसे-जैसे स्मृतियों के गोते लगेंगे बताता रहूँगा पर अभी केन्द्र में उर्मिला मौसी हैं। मौसी के पति अब इस दुनिया में नहीं हैं।

अगर ठीक से याद करने की कोशिश करूँ तो याद आता है मौसी और उनके पति दोनों किरणपुर हेल्थ यूनिट में नौकरी करते थे। समय का बवंडर घर की नींव हिला देता है। एक दिन ऐसा ही हुआ, बस की छत पर बैठकर मुंगेर जा रहे थे पता नहीं कैसे पेड़ की डाली से सिर टकराया और घटनास्थल पर ही उनकी मृत्यु हो गई। मौसी अकेली पड़ गईं। अकेली औरत का यूँ सुन्दर होना वरदान का अभिशाप में बदल जाना है। नज़रों का यूँ बदलना और साथ ही एक ऐसी घटना का घटित होना मौसी को वहाँ के बेहद सज्जन और फ़रिश्ता तुल्य ज़मींदार के क़रीब ले आया जिन्हें इलाक़े के लोग-बाग कमली बाबू कहते थे।

दर्द से दर्द मिल जाए तो मलहम बनता है। यहाँ मामला दर्द से दर्द के मिलने का था। पति की मृत्यु के बाद घर और हेल्थ यूनिट दोनों को एक साथ सँभालना उनके लिए मुश्किल हो रहा था। हेल्थ यूनिट में उचित स्टोर नहीं होने के कारण जो दवाइयाँ गाँव में हेल्थ वर्कर के साथ बाँटनी होती थी उन्हें थोक में इशू कर देते थे, जिन्हें मौसी अपने घर में रखतीं ताकि बाँटने में सबको सुविधा हो। उन्हीं दवाइयों में फोलिक एसिड नाम का टैबलेट भी था जो कि शुगर कोटेड होता है और गर्भवती महिला को दिया जाता है। मौसी का एक छोटा बेटा था। वे घर से बाहर रहतीं तो उनका छोटा बेटा छुपकर फोलिक एसिड के टैबलेट लेमनचूस समझकर खा लेता। धीरे-धीरे उन लेमनचूसों की संख्या का उसे पता नहीं चला। मौसी हेल्थ यूनिट से लौटीं तो उसने पेट दर्द की शिकायत की। कभी-कभी यूँ होता है कि सब कुछ स्वयं ग़लत होता चला जाता है। हम भला करना चाहते हैं पर बुरा होता चला जाता है। पेट दर्द की शिकायत सुनी तो मौसी ने अनजाने में उस नन्ही जान को पानी पिला दिया। गोलियाँ पानी में और फूल गईं और उसे साँस लेने में तकलीफ़ होने लगी थोड़ी देर बाद ही उसने ढेर सारी उल्टियाँ एक साथ की और उल्टी के साथ ढेर सारे फूले हुए गिलगिले टैबलेट बाहर आ गए। उल्टियों के साथ साँस ने असमय देह त्याग दिया।

अभी पति के जाने का दुख कम भी नहीं हुआ था कि बच्चा नहीं रहा। ईश्वर क्या चाह रहा था यह मौसी की समझ से परे था। दुख कत्थे-सा गाढ़ा होता जा रहा था। तरल दुख जब जमने लगता है तब नासूर उभरता है। ऐसी स्थिति में कुछ समझ नहीं आता लगता है कोई इस दर्द की बाढ़ में बस थाम ले। समाज में बुरी दृष्टि रखनेवाले लोगों की कोई कमी नहीं थी।

लोग सहानुभूति के स्पर्श के बहाने वासना का दंश लिये मौसी के आसपास घूम रहे थे। मगर कमली बाबू इन सबसे हटकर थे। उनकी सान्त्वना और स्नेह की पुरवाई ने कुम्हलाए फूल को खिला दिया और धीरे-धीरे मौसी के पूरे घर को उन्होंने अपना लिया। अब यह परिवार कमली बाबू के परिवार का ही फैलाव था। पूरा परिवार उनके प्रोटेक्शन में रहने लगा। ज़मींदार कमली बाबू और मौसी में इतना प्रेम रहा होगा कि उन्होंने गाँव का एक घर मौसी के नाम कर दिया। वहाँ इतने खेत हैं कि किसी को भी खाने की चिन्ता नहीं है। मझला बेटा पिंटू खेत देखता है और मन से अभी भी ज़मींदार है। मौसी की प्राथमिकता ज़्यादा-से-ज़्यादा समय किरणपुर में बिताने की है ताकि गाँव पर ज़मींदार की छाँव में उनकी पकड़ वैसी ही बनी रहे।

मौसी के व्यक्तित्व को समझ पाना बहुत मुश्किल है। वह इस हालत में भी ग़रीबों की मदद इलाज के बहाने करतीं। इधर माँ भी ज़रूरत से ज़्यादा मदद में यक़ीन करती है और जिस किसी पर माँ का दिल आ जाता है उसके लिए तो किसी हद तक जा सकती है। इस समय माँ का दिल उर्मिला मौसी के हाथों में है। उर्मिला मौसी गाँव से जब भी आती हैं। फल-अनाज साथ लाती हैं। बहुत मीठी बातें करती हैं। सच कहूँ तो मौसी मनमोहिनी हैं। जब मिलती हैं तो हर बार मेरे बाल बिखरा देतीं। कसकर गले लगातीं। सबसे पहले उन्होंने मेरे मन को ही मोह लिया या ऐसा मुझे लगने लगा। माँ से ज़्यादा मैं उनके आगे-पीछे डोलने लगा। अस्पताल भी उनके साथ ही चला जाता। रहे-रहे मुझे वो मीठी पप्पी के साथ दो-पाँच रुपये भी देतीं, जिसका पता माँ को नहीं चलता। मैं मुखिया जी की दुकान से स्वादिष्ट पेड़े लेता हूँ जो मुझे उस उम्र में बहुत ज़्यादा पसन्द हैं। साथ में कभी-कभी खटखटिया डंडा बिस्कुट को चाय में डुबोकर पी लेता हूँ। इन फुटकरों के आने से ग़रीबी में थोड़ी शान की अनुभूति मिल रही है। मुझे सब कुछ बहुत अच्छा लग रहा है। मेरा खाना, पीना और सोना भी अब मौसी के साथ ही हो रहा है। हालाँकि वह सप्ताह में दो या तीन दिन ही आतीं, अस्पताल में काम करतीं और फिर आठ-दस दिन के लिए अपने गाँव भाग जातीं। डॉक्टर आर.सी. सिंह कमली बाबू के रिश्तेदार हैं। हमारे यहाँ टिकने का मशवरा भी शायद इसी रिश्ते की देन हो। अब मौसी का गाँव से आना-जाना और भी सुचारु रूप से चलता है जिसमें डॉक्टर सिंह की रज़ामन्दी ज़रूर शामिल होगी।

बाल में तेल-चम्पी की कला, बिला नागा पैरों के तलवों में तेल लगाते हुए सारे दर्द खींच लेने की कला, बिना बताए कसकर भींच लेने की कला। मुझे लगता मौसी में कुछ तो जादू है कि उनकी बात में सब यूँ ही घुल जाते हैं, पिघल जाते हैं। मुझे हर पल लगता वो सबसे ज़्यादा मुझे ही मानती हैं दीदी से भी ज़्यादा और मुझे यह भी लगने लगा है कि शायद अपने बच्चों से भी ज़्यादा। मेरी तपती हुई दुनिया में वह एक छाँव की तरह हैं जहाँ आगोश की पनाह में मैं मिची-मिची-सी आँखें लिये घुस जाता हूँ और फिर समय की चुभती कीलों पर स्नेह की मोटी चादर बिछा पाता हूँ। जब भी उन्हें देख लेता तो बहाल हो जाता, जब कहानियाँ सुनाती तब निहाल हो जाता और ऐसा करते हुए जब वो मुझे भींच लेतीं तो मैं थोड़ा सा ख़याल हो जाता और कब सो जाता इसका पता ही नहीं चलता।

माँ को यह सब शायद पसन्द है और शायद नहीं भी पर इन सब बातों से इतर माँ को मेरी ख़ुशी पसन्द है इसलिए सब कुछ सुचारु रूप से चल रहा है। अब यह लगभग तय है कि उर्मिला मौसी के हिस्से का काम भी उनकी ग़ैर मंज़ूर अनुपस्थिति में भी माँ ही कर लेगी और पूरा सिस्टम भी इस बात का पूरी तरह अभ्यस्त हो चुका है। बस मैं अपनी शिकायत का पोटला उनके सामने रखता हूँ कि तुम्हें मुझसे कोई प्यार नहीं, सब नाटक है तुम मुझे छोड़कर घर भागती रहती हो अपने बच्चे के पास। मैं नादानियों से भरे इन्तज़ार से भरी शिकायतों की पोटली खोल देता हूँ और ऐसा करते हुए रो देता हूँ और हर बार वो मुलायम बाँहें मुझे भींच लेती हैं और नन्हे सुसुम बोसों में ही मैं पिघल जाता हूँ, मान जाता हूँ। फिर हर बार सोचता हूँ कि इस बार आएँगी तो किसी क़ीमत पर नहीं मानूँगा, पर शायद वो जादू जानती हैं इसलिए तो एक बार भी मैं ख़ुद के किये वादे पर अमल नहीं कर पाता। बस लम्स की एक छुअन, मेरे सारे इरादे बुहार देती है। मेरी आदत में पूरी तरह अब वह शामिल हैं और वो मनाने के सारे औज़ार लिये घूमती हैं।

एक दिन दीदी मौसी से बिलकुल मासूमियत भरे लहज़े में पूछ बैठती है कि कमली बाबू इतने काले हैं और आप इतनी गोरी तो कैसे आपने उनसे प्रेम किया? मौसी बड़े सहज भाव से कहती हैं कि प्रेम में शक्ल-सूरत से ज़्यादा सीरत का प्रभाव पड़ता है। उनकी सीरत-सा कोई दूसरा नहीं। मौसी कहानी सुनाने की एक्सपर्ट थीं, रात बालों में उँगलियाँ फेरते-फेरते रोज़ नई कहानी सुनातीं, उन उँगलियों के पोरों से नींद का रस टपकता है और ऐसे में नींद कब आ जाती पता नहीं चलता।

कई बार पिंटू और टिंकू बारी-बारी हमारे घर आते रहते हैं और हमारे घर में ही रुकते हैं। टिंकू सीधा है और मुझसे दोस्ती करने में सफल हो गया है। कुछ दिनों के बाद पिंटू से भी दोस्ती हो गई है। दीदी अभी इन दोनों को समझने की कोशिश कर रही है। कुछ ही दिनों में वे वापस चले जाते हैं अपने गाँव और अगली बार मुझे भी अपने गाँव ले जाते हैं। दीदी जाने से मना कर देती है पर मैं सच में मन्द बुद्धि हूँ, एक बार में ही बिना दीदी के भी उनके साथ हो लेता हूँ। गाँव में उनके पास छोटे नवाबवाली सुविधाएँ हैं। पप्पू भैया को इन सब चोचलों से कोई मतलब नहीं। कुछ हद तक चिढ़ते हैं, शायद कमली बाबू और मौसी के साथ से भी। वहाँ का पूरा सिस्टम पिंटू भैया चलाता है। सारे नौकर-चाकर उसी की ग़ुलामी करते हैं। घर बड़ा है और चारों ओर फलों की क्यारियाँ हैं। अनार और अमरूद उस बागान में आराम से उपलब्ध हैं। खेत जाता हूँ तो पिंटू भैया फ़िल्मी अन्दाज़ में कहते; यहाँ से जहाँ तक जो भी दिख रहा है, सब हमारा है।

प्रेम इनसान से कुछ भी करवा सकता है। यह उस वक़्त तक पता नहीं था और आगे किस तरह के प्रेम से सामना होनेवाला है इसका भी कोई अन्दाज़ा नहीं था। उस गाँव से लौटता हूँ तो थोड़ी देर के लिए लगता है मौसी तो सबसे ज़्यादा मुझे मानती हैं तो इसका मतलब है इस सब ज़मीन-जायदाद में मेरा भी हिस्सा है। बेवक़ूफ़ियों में भी कितनी ख़ुशी होती है पर यह नहीं पता कि इन ख़ुशी के गुब्बारों को फोड़ने के लिए घास का एक तिनका ही काफ़ी होता है। इन्हीं बेवक़ूफ़ियों में साल और अस्पताल, दोनों का माहौल बदल गया।

अब एक नये क्लर्क की पोस्टिंग हुई है शकुनि बाबू की। साँवले, मझोले क़द के, बाल बेहद कम, सिर का चाँद आगे से दिखता, दो-चार बचे दाहिनी ओर के बाल लम्बे करके बाईं ओर तक ले जाते। बड़ी आँखें पर इन आँखों के बारे में अभी ठीक से कह नहीं पा रहा हूँ क्योंकि इनका रंग बदलता रहता कभी घड़ियाली, कभी प्रेम में डूबी, कभी क्रूर, कभी एक प्रेमी-सा चंचल तो कभी पूरी तरह कामुक। वे अभी अपने गाँव से रोज़ आते-जाते हैं पर हर दिन अपनी पकड़ अस्पताल के चरमराए सिस्टम पर बढ़ाते चले जा रहे हैं। कहने को तो हम सब उन्हें मामू कहते हैं पर वे शकुनि से कम नहीं हैं। उनका काम सबकी तनख़्वाह बनाना है, मतलब उपस्थिति और अनुपस्थिति का ब्योरा रखना है। कुल मिलाकर इसका मतलब यह है कि अव्यवस्था की व्यवस्था को अपनी तरह से कंट्रोल करने की कुंजी उनके पास है।

उन दिनों अस्पताल का अजीब सिस्टम था। कर्मचारियों के साथ-साथ डॉक्टर भी प्राइवेट सेवा में ज़्यादा ध्यान रखते और उसके एवज़ में किरानी बाबू का विशेष ख़याल रखा जाता, क्योंकि सबको पता है कि वह हल्ला गाड़ी भी है। शकुनि मामू किरानी कम वकील ज़्यादा हैं। क़ानून की सारी कुलबुलाहट दिमाग़ में उलटे पाँव चलती रहती है और उसी क़ानून के पेच से वे सबका दिमाग़ कसते रहते हैं। उन्हें साइकोलॉजिकल गेम पसन्द है, जैसे किसी के दिमाग़ से उलझना। हमने उनका पुकारू नाम 'धतूरी' रख दिया है। आश्चर्य की बात है कि अब अस्पताल के ज़्यादातर लोग उनकी चापलूसी में लग गए हैं। माँ फाँकी नहीं, डबल ड्यूटी पर भरोसा करती है। स्वाभिमान उसकी सबसे बड़े शक्ति है। हमेशा से काम के बल पर सिस्टम के केन्द्र में रहकर पूरे अस्पताल के फ़लक पर एक ध्रुव तारे की तरह चमकती रही है। इस काले समय में सब अँधेरे में अपना उल्लू सीधा करने पर भरोसा रखते हैं। किसी को चमकता सितारा पसन्द नहीं और साथ में नहीं पसन्द माँ के ये दो बच्चे जो विषम परिस्थितियों में भी ठीक-ठाक तरीक़े से पढ़-लिख रहे हैं।

कमली बाबू अब इस दुनिया में नहीं हैं और उनके रिश्तेदार डॉक्टर आर.सी. सिंह का भी तबादला हो चुका है। उर्मिला मौसी के लिए उनका तुरुप का पत्ता ग़ायब हो चुका है। मौसी अपनी भागनेवाली आदत से अब भी परेशान हैं और इस बात को नया किरानी अच्छी तरह समझ चुका है। वो यह भी समझ चुका है कि रानी की जान किस तोते में है।

दीदी अब क़द की ऊँचाई और दिमाग़ दोनों से बड़ी हो रही है। जब भी शकुनि मामू चाय पीने घर आता है, एक तनातनी उन दोनों के बीच का संवाद सूत्र बन जाती है। वो हमारे भविष्य पर सवाल और चिन्ता ज़्यादा दिखाने लगा है। झूठी फूल कढ़ी सान्त्वना की चादर मीठी ज़ुबान में ओढ़ाने की कोशिश करता है जिसे दीदी की हाज़िरजवाबी उघाड़ देती है लेकिन ऐसा करते-करते वही चादर मौसी के बदन पर आ गिरती है। मौसी को वह झूठी चादर बहुत सुकूनदेह लगती है। उसकी नरमी में मौसी की गाँव भागने की आज़ादी की गर्मी भी छुपी है, जिसे तरल करने के लिए उनके और शकुनि मामू के बीच मधुर संवाद की शुरुआत होने लगती है।

इधर कुछ दिनों से शकुनि मामू पके हुए षड्यंत्रकारी की तरह द्विअर्थी संवाद करने लगे हैं जो दीदी को ठीक से समझ में आता है। लेकिन मौसी की नज़र उन अर्थों को नहीं पकड़ती और धीरे-धीरे मौसी प्रेम में अन्धी होने लगती हैं।

वह प्रेम में अन्धी हो रही होती हैं या सुविधाओं की रेशमी डोर में जकड़ी चली जा रही हैं पता नहीं। मौसी के बड़े बेटे की मौसी से उतनी नहीं बनती जिसके पीछे कमली बाबू से इनका लगाव रहा हो, शायद यह विलगाव उनके पिता और भाई के मृत्यु के तदुपरान्त ही शुरू हुआ हो। इस रिश्ते की ऐंठन को सीधा करने के लिए मौसी उनकी नौकरी की चिन्ता में परेशान घूमती हैं जो अनुकम्पा के अनुसार अब तक हो जानी चाहिए थी पर सिस्टम के पेच ने इसे उलझाए रखा है। किरानी बाबू को इस बात की भनक पड़ चुकी है और अब इस अनुकम्पा की प्राप्ति की कार्यवाही को आगे बढ़ाने के लिए दोनों भागलपुर का चक्कर साथ लगाते हैं। साथ-साथ यात्रा के कारण या एक साथ ठहरने के कारण दोनों की नज़दीकियाँ बेइन्तहा बढ़ती जा रही हैं। नज़दीकियाँ यूँ बढ़ रही हैं कि दुनिया, समाज किसी की उन्हें परवाह नहीं और एक मैं हूँ जिसे इतना भरोसा है कि मौसी की प्राथमिकता में मैं सबसे ऊपर हूँ।

कुछ ही दिन बीते होंगे कि पता चला, अस्पताल की छत पर ऑफ़िस के पीछे वाले ओसारे के खम्भों को घेरते हुए ईंट की कच्ची दीवार खींची जा रही है। कच्ची दीवार पर पक्के पलस्तर हैं उनके रिश्तों की तरह और ऐसा सब कुछ घटते हुए भी मौसी मुझे पूरी तरह समझाए चली जा रही हैं कि तुम्हें छोड़कर मैं कहीं नहीं जाऊँगी पगले। मैं अब भी उनके साथ ही सोता हूँ। सोते हुए जब बहुत हौले-हौले बाल पर हाथ फेरतीं तो साथ में बेहद कोमल अपनापे भरी थपकियाँ देतीं तब ऐसी ठंडी हवा चलती कि मेरा मन धूप का दीया जलाने को करता। इसी दिवास्वप्न में मैं, मेरा बाल-मन उनके ऑपरेशन के दाग़वाले पेट पर अपनी उँगली फेरते हुए, उन लकीरों को गिनते हुए कब सो जाता पता ही नहीं चलता।

रेशमी लिहाफ़ जैसी नरमी है मौसी के आलिंगन में और मैं उस आलिंगन को पाते ही ख़रगोश बन जाता हूँ। मौसी मुझे देखते ही ढेर सारा प्यार उड़ेलतीं, बलायें लेने लगतीं और हाथ में चवन्नी थमा देतीं। लेकिन अब मुझे लगने लगा है कि मौसी मुझे चेहरे से जानती हैं और मैं उन्हें उनकी मुस्कराहट के बदलते रंग से।

जैसे-जैसे छतवाली दीवार बन रही है मुझे लग रहा है कि मैं मौसी के गुदगुदे लकीरोंवाले पेट पर नहीं बल्कि गरम रेत में हाथ दे रहा हूँ। मेरी पकड़ से स्पर्श की गर्मी भी भाग रही है और इस घबराहट में मैं मौसी को बहुत तेज़ से जकड़ता हूँ। ऐसा करते हुए मुझे उनकी एक-एक साँस सुनाई पड़ रही है।

मैं जितनी तेज़ी से जकड़ता हूँ वह उतना ही मुस्कराती हैं। मुस्कराते-मुस्कराते थोड़ी थपकी देती हैं, कहती हैं, पगले! मैं तुम्हें छोड़कर कहीं नहीं जाऊँगी। इतना सुनते ही मेरी सारी बेचैनियाँ चैन की साँस लेतीं और मैं नींद की गिरफ़्त में गुम हो जाता।

महीना नहीं बीता कि मामू अस्पताल के पहले माले पर अपने ऑफ़िस के पीछे बने अपने नये कमरे में शिफ़्ट हो चुके हैं। उनकी पत्नी के साथ दो बेटी और दो बेटे हैं। सबको गाँव में छोड़कर मामू अकेले अस्पताल की छत पर डेरा बसा चुके हैं। वहीं छत पर पाल मामू का परिवार पहले से रहता आया है और उनकी दोनों बेटियाँ अब जामताड़ा चली गई हैं।

ऑफ़िस के समय के बाद वहाँ छत पर पूरा का पूरा एकान्त हँसता है। मामू के शकुनि दिमाग़ में अब क्या चल रहा है किसी को पता नहीं। मौसी अब भी हमारे साथ हैं। दिन की ड्यूटी के बाद कभी-कभी आराम करने के लिए वही कमरा इस्तेमाल करती हैं। इस कमरे में कोई बाथरूम नहीं है। बग़ल में सिर्फ़ ऑफ़िस का छोटा-सा कॉमन शौचालय है जिसमें नहाया नहीं जा सकता। मौसी अब ज़्यादा समय छत पर बिता रही हैं पर रात का खाना अभी भी हमारे साथ घर पर ही खाती हैं। अभी सिर्फ़ दिन का खाना उस नये घर में शकुनि मामू के साथ बनाती-खाती हैं।

ज़िदियाना मेरी आदत में शुमार है। पागलपंथी के नये-नये नुस्ख़े और शैतानियाँ मेरे दिमाग़ में आती रहतीं। वही पागल मन उनको कँटीले पाश से बचाने के उपाय सोचता रहता। अभी तक मेरा भरोसा टूटा नहीं है कि चाहे जो हो, मौसी मेरे पास ही रहेंगी क्योंकि वो मुझको ही सबसे ज़्यादा प्यार करती हैं। सारे समय यही धुन सिर पर सवार है।

एक रात सोने से पहले कहती हैं कि कल से मैं वहीं रहूँगी और मैं अचानक ग़ुस्से में माँ के पास चला जाता हूँ। मौसी बहुत मनाती हैं। मुझे मनाने के लिए भावनात्मक चुग्गा फेंकते हुए कहती हैं, एक टाइम यहाँ एक टाइम वहाँ। मैं अब भी नाराज़ हूँ मुझे पूरा-का-पूरा चाहिए, आधा कुछ नहीं। मेरा मुँह भी पूरा फूला हुआ है और हाथों से मैंने चेहरे को ढक लिया, रो रहा हूँ और मुझे रोते देख मौसी जाने की बात तत्काल ख़ारिज कर देती हैं। मैं उनसे ज़ोर से लिपट जाता हूँ। हाथ फिर वहीं सिजेरियनवाली दाग़ की लकीरों पर रेंग रहे हैं। मुझे अपनी जीत पर क्षण-भर के लिए घमंड हो आया है।

अलस्सुबह उठता हूँ तो मौसी नज़र नहीं आतीं। चारों तरफ़ नज़र दौड़ाता हूँ पर वो नहीं मिलतीं। मुझे समझ में आ जाता है कि वो कहाँ होंगी। मैं अस्पताल की छत पर भागता हूँ। छत सुनसान है। उस नये बनाए गए घर की ओर बढ़ता हूँ। भीतर से मान-मनौवल की आवाज़ आ रही है। उलटे पैर भागकर अपने बिस्तर पर आ जाता हूँ। झूठ-मूठ सोने का दिखावा कर रहा हूँ और ऐसा करते हुए एक घंटा बीत गया किसी के हाथ सिर पर फिरते ही मैं दूसरी ओर पलट जाता हूँ। बिसूरनेवाला ही था कि उनको देखते ही सब बिसर जाता हूँ। बिसूरना रोने की मीठी याद होती है। मैं उस याद में पलकें खोलता हूँ तो आँखें भर आती हैं पर थोड़ी देर में ही सामान्य होकर उठता हूँ। मौसी से बिलकुल सामान्य होकर बात करता हूँ। वह कहती हैं गाँव जा रहे हैं। मैं उन्हें जाते हुए देखता हूँ जैसे शाम सूरज को डूबते हुए देखता है। तीन दिन बाद सूरज फिर उगता है पर मेरे घर नहीं सीधे छत पर। मौसी ढेर सारा सामान लेकर आई हैं। बर्तन-बासन सब। एक पूरी गृहस्थी का साजो-सामान। मैं मिलने नहीं जाता वह रात के नौ बजे मिलने आई हैं कहती हैं "सुलाकर जाऊँगी।" मैं कुछ देर में नाटक करते हुए आँखें बन्द कर लेता हूँ और उन्हें जाने देता हूँ और तब तक तकिया पूरा भीग गया है, हिचकी दबाई हुई है। मौसी के जाते ही बड़ी ज़ोर की हिचकी उठती है, याद करनेवाली नहीं, रोनेवाली हिचकी!

बेचैनी का भी कभी-कभी अपना सम्मोहन होता है। सड़क पर छलाँग मारने के पहले वाले मेढक की दृष्टि-सा ताक रहा होता पर रास्ता सूझ ही जाए यह हर बार आसान नहीं होता। इसी ऊहापोह में स्कूल गया तो किऊल नदी की तरफ़ भाग लिया। वहीं बालू में पानी खोदता रहा फिर कुछ घंटों बाद घर लौटते हुए पोखर में कूद गया, घंटों तैरता रहा। मुझे उलटे मुँह पानी में तिरना सुकून देता है तो यूँ ही स्थिर मन से अस्थिर पड़ा रहा। वहाँ से निकला तो जो पानीफल तोड़ा उसे अरहर के खेत में खाया और खाकर वहीं लेट गया। उस पल नदी में डूबता हुआ भीगा क्लान्त सूरज को देखा तो लगा जैसे वह अपने अन्तिम क्षण में डबडबाती आँखों में डूबती हुई लौ का दृश्य बनकर डूब रहा हो। वह मेरा ही प्रतिबिम्ब तो नहीं!

सूरज ढल गया है और मैं अब भी अकेला अरहर की बाड़ी में पड़ा हूँ। सड़क से दूर समानान्तर पगडंडियाँ हैं जिससे होकर घर लौटना है। वहीं रास्ते में नीरा के बदले ताड़ी पी लेता हूँ। ये कौन सी स्थिति है कि अच्छा और बुरा दोनों एक साथ लग रहा है। लौटते हुए देर हो गई और घर में घुसते ही बिना

कुछ पूछे माँ की प्लास्टिक चप्पल की तड़ाक बारिश। रोया बिलकुल नहीं। पीठ पर चप्पल हूबहू अपनी छाप छोड़ गया है। बिस्तर में बिना आवाज़ घुस गया हूँ। रोने की आवाज़ बहुत दूर से आ रही है शायद मैं ही ख़ुद को रोते हुए देख रहा हूँ। ऐसी स्थिति में ख़ुद को देखने का अपना अलग आनन्द है जिसे बहुत शिद्दत से महसूस कर रहा हूँ। इस बीच दीदी चुपचाप कोई क्रीम लगा रही है और मम्मी चुपचाप सिसकी ले रही है। सब कुछ एक फ़िल्म की तरह गुज़र रहा है।

कुछ देर में मौसी और माँ में कुछ अनबन की आवाज़ आई। माँ कह रही है जब निभाना नहीं था तो इतना सिर क्यों चढ़ाया। जो तुम कर रही हो वो कौन सा ठीक है! सब कुछ ताख़ पर रखकर, सारे रिश्ते ख़ाक कर रही हो। देखना एक दिन सब राख हो जाएगा। मेरे आसू (मेरा पुकारू नाम) को कुछ हुआ तो तुम ही ज़िम्मेदार होंगी। मौसी कोई जवाब नहीं दे रही थीं बस रो रही हैं जैसे प्रेम पश्चात्ताप में हो। वो नम आँखें लिये चुपचाप चली गई। माँ मुझे सुलाने आई पर मैं अब भी चुप हूँ पर माँ ने जब चिपकाया तो हिचक-हिचककर टूट पड़ा और छाती से लगे-लगे सुबुक-सुबुक सो गया। माँ शायद मुझे चिपकाए रो रही थी। (आज सोचता हूँ तब लगता है बच्चों की नींद से बढ़कर माँ के लिए क्या ही उपलब्धि होगी, जिस तरह की आसक्ति मौसी की तरफ़ थी, लगभग एक पागलपन, यह माँ को कितना छलनी करता होगा पर माँ के ममत्व का दायरा इतना बड़ा है कि अपनी पीड़ा को उसने कभी मुझे महसूस होने तक नहीं दिया।)

अलस्सुबह नींद टूटी और मैं फिर छत की ओर भागा। इस बार कुछ देर उस दरवाज़े पर ही बैठा रहा। मेरे अन्दर जैसे 'खुल जा सिमसिम' गूँज रहा हो, लगा वे दोनों न जाने कौन सी नदी में उतर-उभर रहे हैं कि लहरों के टकराने की आवाज़ें मुझ तक आ रही हैं। ये लहरें मेरे बर्दाश्त की बाँध को तोड़ देना चाहती हैं। एक शून्य की तरह चारों ओर सब कुछ रुक गया हो जैसे! दिमाग़ की भी घड़ी बन्द हो गई। सूरज पूरब से उगने की कोशिश में था और इसी बीच कुछ ऐसी और भी आवाज़ें आईं जिसने मेरी नसों में बहते ख़ून को और तेज़ कर दिया। धड़कन फ़ास्ट फ़ॉरवर्ड और पैर ज़मीन से चिपकने लगे। मुझे शायद पसीना आ रहा था कि तभी सूरज मेरे मुँह पर तेज़ी से चमका और लगा जैसे मेरी चोरी सूरज ने पकड़ ली। घबराकर अपने कानों पर हाथ रखा और आँख बन्द किये ही दौड़ गया। सीढ़ी पर लुढ़कने का डर तक नहीं,

धड़कन और लहर दोनों की चाल एकमय। अब मैं अपने भीतर की ईंट को खिसकते हुए देख रहा हूँ। भीतर डाँवाँडोल पत्तों की खड़खड़ाहट हो रही है और अपने ही भीतर रिरियाता हुआ मैं उसे सुनने की भरपूर कोशिश में ख़ुद किसी सुरंग में लुढ़कता जा रहा हूँ। मेरी नसों में अवसाद टहल रहा है जो मेरी हृदय गति को धीमा किये दे रहा है। न जाने क्यों उस दिन मैं धार-धार रोया और पहली बार लगा मैं क्या सच में बड़ा हो रहा हूँ!

यह उनकी मोह का चक्रजाल था कि मैं ऊपर-नीचे करता रहता। सीढ़ियों पर बैठा रहता समझने के लिए कि यह मसला क्या है पर मेरी उम्र ने मेरी सोच की पहुँच को और बौना बना दिया था। आसक्ति की यह गिरह सुलझ ही नहीं रही थी। यह आशनाई का एक नया ही रूप था जहाँ भावुकता की शै विपरीत दिशाओं में बह रही थी और अस्पताल कितनी आसानी से सब बर्दाश्त कर रहा था।

1986-87 का समय है और यह सब कुछ नया होकर भी किसी को नया नहीं लग रहा, हाँ चारों ओर बुदबुदाहट हो रही है। इन बुदबुदाहटों में एक बुलबुला फूटा कि मौसी खुली छत पर नहाती हैं। चूँकि ऑफ़िस में शौचालय है पर स्नानघर नहीं है इसलिए सुबह-सुबह खुले छत पर ही नहाती हैं। मेरे अन्दर कई लावे फूट रहे हैं। सोचता हूँ कोई इनके साथ रहने पर बात नहीं कर रहा और कमबख़्त मौसी के नहाने पर मसाला बना रहे हैं।

इन सब बातों से इतर शकुनि मामू के वर्चस्व की भूमिका में कोई कमी नहीं आ रही। एक अजीब सन्तुलन अस्पताल के पूरे सामाजिक परिवेश में स्थापित हो चुका है जिसका अन्दाज़ा हममें से किसी को नहीं है। शकुनि मामू का पूरा परिवार बीच-बीच में उनसे मिलने अस्पताल आता है और साथ ही मौसी का भी और सबके बीच एक अबोला सामंजस्य है, जैसे कोई करार, कोई आपसी सन्धि हो। किसी को किसी से कोई ख़ास शिकायत नहीं।

मामू के जादू का इस मामले में तारीफ़ करनी होगी। अस्सी के दशक में समय से आगे यह सब बिलकुल सन्तुलित तरीक़े से घटित हो रहा था और हमारे परिवार या एक-दो और परिवार को छोड़कर सब इस नई व्यवस्था से ख़ुश थे। इस बीच एक शाम शकुनि मामू और उर्मिला मौसी घर पर साथ-साथ चाय पीने आए। उन्होंने बताया कि पप्पू (बड़े बेटे) की नौकरी लग गई है और मामू ने बहुत मदद की, नहीं तो यह सम्भव नहीं था। मामू के चेहरे पर हमेशा एक रुआब तीखेपन के साथ तैरता रहता।

मुझे लगा जैसे चाय पीते-पीते उनकी आँखें मुझे घूर रही हैं। मेरे भीतर एक और खिलौना टूट गया, लगा उनकी बेगानी नज़र जैसे एक पल को मुझे चीथ डालेगी। उस घूरने में प्रतिस्पर्धा की चमक थी या शायद मेरा भ्रम हो पर उस दिन के बाद मुझे लगा हम सदा के प्रतिद्वन्द्वी हैं।

मौसी शायद अकेले में उनसे समय माँगती हों मुझसे मिलने का, मुझे मनाने का और वो इस बात से कुपित होते हों। यह सब सिर्फ़ मेरा अन्दाज़ा है पर उनकी हरकतें मेरे अन्दाज़े पर मुहर लगा रही थीं। अब धीरे-धीरे लगभग सारे डॉक्टर मामू के क़ब्ज़े में आ गए थे। सबकी एक ही कमज़ोरी थी रह-रहकर ग़ायब होने की और इसके बावजूद तनख़्वाह बनाने और पाने की। माँ की ड्यूटी अब ऑपरेशन थियेटर से बदलकर दवाई वितरण में लगा दी गई। कारण किसी को पता नहीं पर यह माँ की सरासर बेइज़्ज़ती ही थी। इसके साथ-साथ ऑपरेशन में जब भी ज़रूरत होती माँ को बुला भी लिया जाता। मतलब काम भी माँ को ही करना है और बेइज़्ज़ती भी माँ की ही होनी है। इसके बावजूद इमरजेंसी केस होने पर माँ मना नहीं कर पाती। दोनों ड्राइवर भी मामू के चमचे बने हुए थे। तेल का हिसाब-किताब शायद दारू में बदल गया हो। हम जब भी खेलकर लौट रहे होते वे दोनों अस्पताल के गेट के पास ताश खेलते दिख जाते। उधर से गुज़रते हुए हमारी (ख़ासकर दीदी की) पीठ पर चार आँखें उग आतीं और उसे बहुत विचलित कर जातीं। अब दीदी शाम से पहले ही घर आ जाती है।

एक दिन माँ को ऑपरेशन में जाना पड़ा और मैं बाज़ार में दोस्तों के पास ही रुक गया था दीदी घर पर अकेली थी। उसने खिड़की से दो साये बहुत देर तक मँडराते हुए देखे और वह बहादुर लड़की चुपचाप दुबकी रही। मैं लौटा तो वह दरवाज़ा ही न खोले, बहुत चिल्लाने पर उसकी तन्द्रा टूटी और जैसे मैं घर में घुसा तब वो मुझसे लिपटकर बेज़ार रोने लगी। हमें सब समझ में आ रहा था सामने से कौन और पीछे से कौन वार कर रहा है। यह हमारे पूरे परिवार के लिए बहुत ही मुश्किल समय था।

इस घटना के एक-दो दिन के ही अन्तराल पर हमारा बिजली का कनेक्शन जो कि एक हुक बनाकर मेन सप्लाई के तार से जुड़ा हुआ था बार-बार हटा दिया जा रहा था। कभी अकेले कभी दीदी के साथ अस्पताल की छत पर हुक ठीक करने जाना पड़ता। एक दिन मैं सो चुका था और बिजली फिर से सिर्फ़ हमारे घर की ही गुम हुई। माँ कैम्प से वापस नहीं लौटी थी। दीदी गिराए गए तार के हुक को फिर से हुक लगाने ख़ुद अकेली चली गई।

हमारे घर के सामने से एक छोटा सा गेट ऑपरेशन थियेटर के सामने वाली सीढ़ी से सीधे ऊपर छत को जाने के लिए बना था। दीदी को अन्देशा था कि यह किसी की कारस्तानी हो सकती है इसलिए किचन से चाक़ू साथ लेकर गई, जिसे उसने अपने हाथों से चिपकाकर छिपाकर रखा था। जब वह बिजली ठीक करके सीढ़ी से उतर रही थी तभी नीचे से तीन-चार लोग तेज़ी से ऊपर चढ़ने लगे। अब क्या होनेवाला है इसका अन्दाज़ा दीदी को हो गया था। इस डरावने एहसास के आते ही वह चाक़ू लहराते हुए चीख़ती हुई उन सबके बीच से ऐसे बिजली की तरह निकली कि क्षण-भर में उपजी आक्रामकता को वे समझ ही नहीं सके। शायद ऐसी प्रतिक्रिया के लिए वे लोग बिलकुल तैयार नहीं थे। सीढ़ी के पास हमेशा अँधेरा रहता है पर साहस की बिजली ऐसी चमकी कि वे तिलमिलाकर रह गए। सारा क़िस्सा सुनने के बाद अगली सुबह माँ ने डॉक्टर सिन्हा को एक दरख़्वास्त सौंपी कि उन्हें अपनी बेटी को ऑपरेशन कैम्प में साथ ले जाने की स्वीकृति दी जाए और अच्छी बात यह हुई कि ऐसा ही हुआ।

दीदी अब कैम्प में माँ के साथ जाती और मैं किऊल नदी। माँ को भी सब समझ आ रहा था कि अच्छी-ख़ासी ज़िन्दगी नरक हो गई है। एक मछली ने पूरे तालाब के सुन्दर वातावरण को बदल दिया था। इससे निबटने के लिए माँ ने निर्णय लिया, उर्मिला मौसी से खुलकर बात करने की। मौसी ने अगले दिन बताया कि मैं जितना तुम्हारे घर रहूँगी या आती-जाती रहूँगी, उतना ही तुम्हारे घर को परेशान करना चलता रहेगा। मेरा न आना इस सन्धि की अबोल शर्त है। मेरी आँखें लाल हो रही थीं पर माँ की हिदायत थी हम सब चुपचाप सहेंगे और पढ़ेंगे। हमारे ध्यान को भटकाने के सारे प्रयास निष्फल करेंगे!

जब भी मौसी आना चाहतीं या शुरुआत करतीं सब बदमाशियाँ फिर से शुरू हो जातीं और यूँ धीरे-धीरे हम मौसी से दूर बहुत दूर होते चले गए।

दीदी के साथ जो बोर्ड की परीक्षा में हुआ इसका एक छोर शायद इसी अस्पताल में रहा हो ऐसा मैं अब भी सोचता हूँ और इसी के साथ मुर्ग़ियों की चोरी का भी शायद। ऐसे वातावरण से बचाने के लिए और पढ़ाई पर पूरी तरह ध्यान देने के लिए माँ ने पहले हमें मुंगेर भेजा, बाद में कॉलेज और कोचिंग के लिए दीदी के साथ पटना गया। जल्द ही बारहवीं के साथ-साथ मेरा चुनाव यूपीएससी (SCRA) में हो गया और माँ को दीदी की शादी जल्द करनी पड़ी और शायद इस ग़लती के पीछे भी वही भयावह डर रहा होगा पता नहीं।

मैं ट्रेनिंग (प्रोबेशन) में था कि अचानक पता चला कि मौसी को कैंसर हो गया और वो अब किसी और दुनिया में हैं। सब कुछ इतनी जल्दी। उन्हें याद करते हुए क्षण में बच्चा बन जाता हूँ। अनायास ऑपरेशन वाली धारियाँ ढूँढ़ने लगता हूँ। स्नेह, ममता और प्रेम के उस सम्मिश्रण का रंग जीते-जी अब छूटना मुश्किल है पर साथ ही याद आती हैं वे आँखें जो मेरी प्रतिद्वन्द्वी हुआ करती थीं, जो मुझे यूँ घूरती थीं कि भीतर तक सिहर जाता था मैं।

इसी जीवन ने सिखाया कि सच में प्रेम के कितने रंग हैं। विडम्बनाओं से भरी इन यादों से गुज़रते हुए निदा फ़ाज़ली की एक और बात याद आ गई **"ख़ून और गुलाब का रंग एक-सा क्यों है"...**

कसैला पानीफल

अपने पल्ले कुछ नहीं बचता
बचती है, बे-नाम सी उलझन
बचता है, साँसों का ईंधन

—जावेद अख़्तर

वर्जनाएँ बेलौस होती हैं और स्मृतियाँ कभी जल जैसी तरल तो कभी वाष्प की तरह सुसुम और कभी बर्फ़ की तरह ठंडी। स्मृतियों के तार में कितने ही काँटे होते हैं जिनमें अनगिनत लम्हे फँसे-फँसे फड़फड़ाते रहते हैं। संघर्ष की यंत्रणा को याद करते हुए मन के भीतर दर्द और तीखा हो जाता है। ऐसी यादों के समय दृश्य बार-बार फॉरवर्ड-रिवर्स होने लगते हैं और बहुत तेज़ी से भीतर कहीं भँवर-सी उमेठ उठती है और वमन की तरह कुछ पंक्तियाँ काग़ज़ पर पसर जाती हैं तब जाकर चित्त को थोड़ा सा आराम, थोड़ा सा सुकून मिलता है। यात्रा की ऐसी मुक्ति के लिए ही संस्मरण लिखे जाते हैं।

आज तीस साल बाद उसी गली-मोहल्ले में लौटा हूँ। तब का गाँव जो अब शहर बन गया है और जहाँ घने मुश्किलों के बादलों में भी मासूमियत भरी ताबानी की फुहारें दिखती थीं। जहाँ बचपन के जोश ने कभी मायूसी को दामन नहीं पकड़ने दिया। जहाँ ज़िन्दगी, हालाँकि लड़खड़ाई पर उसने रोज़ दो क़दम चलना भी सिखाया।

उस सड़क की पगडंडियों पर टहल रहा हूँ जिसे कभी साइकिल से अनगिनत बार नापा था और जिसके टायरों के दाग़ों में कितने ही अफ़सानों की छाप गुम हैं। सड़क के समानान्तर खिंची रेखा जैसी नहर जो कभी नदी-सी रवानगी भरती बहती थी, आज कहीं छुपती जा रही है। खुली नहर पर सीमेंट की चादर डाल दी गई है और उस पर मकानों ने सिर यूँ उठा लिये हैं कि घर के सामने सीमेंट की चादर की ओट से कहीं-कहीं नहर का निचला खुरदरा हिस्सा झाँक रहा होता है जहाँ कभी दलदली मिट्टी में 'गरय' मछलियाँ छुपी रहती थीं। वो झाँकता हिस्सा ऐसे ताकता है जैसे फटी हुई शॉल की छेद से अम्माँ के खुरदरे हाथ ताकते थे। नहर की बाँहें भी कुछ यूँ ही टकटकी लगाए ताके जा रही हैं, बेबस-लाचार। उस सीमेंट की मोटी चादर पर खड़ी मोटरसाइकिल पुरानी ज़ंगाई साइकिल पर अपनी कुटिल मुस्कान डालती कह रही है, किसने कहा था सब ठीक हो जाएगा, किसने कहा था हमेशा अन्त में सचाई की जीत होती है! क्या वो अन्त सच में अनन्त है जिसके कालान्त का अनुभाष किसी को भी नहीं।

ख़ैर, दर्शन की दुनिया से बाहर यथार्थ की दुनिया में वापस आता हूँ और देखता हूँ कि मैं नहर के बीचोबीच खड़ा हूँ, पानी का कहीं अता-पता नहीं है। मेरे हर एक क़दम पर एक अजीब चरमराहट की आवाज़ आ रही है। वो सूखी पपड़ियों की आवाज़ें हैं, मानो पानी की धार इस नहर से सदियों पिंड छुड़ाए हुए है। सूखी मिट्टी की पपड़ियाँ उठाता हूँ महसूस करता हूँ, मिट्टी ने अपना स्वभाव मनुष्य की तरह अब तक नहीं बदला है। सोंधी ख़ुशबू आज भी आ रही है। थोड़ी देर तक पैरों तले पपड़ियों की चरमराहट से निकलती आवाज़ में एक धुन सुनाई पड़ती है जो मुझे अपने बचपन की ओर खींचती है। उस डूबे हुए माहौल में मैं ख़ूब खिलखिलाकर उछलता-कूदता रहा हूँ जिसकी याद मेरे भीतर पुलक यूँ बढ़ाती है मानो किसी के घर में देहान्तोपरान्त भोज में खौलते तेल में तली पूड़ियों को देख बालक उछल-कूद कर रहा हो। तभी अचानक एक कौवे पर पड़ी मेरी दृष्टि कौतूहलता को थोड़ा और उकसाती है

और मैं नृत्य भाव से निकल उस कौवे के पास जाता हूँ। मुझे देख कौवा अपनी चोंच नहर की सतही दरार में बार-बार जल्दी-जल्दी डालने लगता है। उसकी ये जल्दबाज़ी मुझे उसकी ओर खींचती है, मैं उसके नज़दीक जाता हूँ तो पाता हूँ सारा नज़ारा बहुत मार्मिक दृश्य में तब्दील हो गया है। सतही दरारें बेहद सँकरी और गहरी हैं। पपड़ियों के नीचे दरारें फाँक की तरह पाटी हुई हैं। इन दरारों में मछलियों के अवशेष सूखे काँटों की हड्डियों की शक्ल में बदल गए हैं और ऐसा प्रतीत हो रहा है जैसे आधी दफ़नाई हुई लाशें सिर्फ़ आँखें फाड़े ऊपर आपकी ओर निरीह ताके जा रही हैं। विडम्बना है कि कौवे की चोंच अब उन अवशेषों तक भी नहीं पहुँच पा रही।

सोचता हूँ क्या गुज़री होगी उन मछलियों पर जब पानी की धार धीरे-धीरे अवरुद्ध हुई होगी फिर पानी की सतह रोज़ अपना स्तर थोड़ा कम कर लेती होगी, रोज़ दिल दहलता होगा, रोज़ आस बनती और फिर टूटती होगी। इसी नहर में मछलियों की तरह मैं भी कभी तैरता था। सब एक साथ कूदते थे, पूरा झुंड, सारे दोस्त जिन्हें तैरते हुए समय बीतने का अहसास तक नहीं रहता था। स्कूल की छुट्टी और फिर बस्ता पीठ पर लिये हम सब दोस्त एक झुंड की तरह दौड़ते नहर की ओर। बस्ता हवा में लहराता और हम नंगे मेढक की तरह छपाक-छपाक कूद जाते। वो एक रोमांच की कूद होती थी जहाँ जात-पाँत की दीवारें पानी में काग़ज़ की तरह गलकर बह जातीं। नहर में देर तक तैरते हुए याद ही नहीं रहता कि कितनी दूर चले आए हैं और फिर वापसी बहाव में तैरना जीवन के कठिनतम संघर्ष से कहीं कम नहीं था पर बचपन की उमंग लिये सब मिलकर यात्रा पूरी कर ही लेते। तैरते समय आसपास जलमग्न अजीब-अजीब चीज़ें हाथ में आतीं और हम उन्हें सहजता से साफ़ करते रहते और एक-दूसरे पर मस्ती में फेंकते जल क्रीड़ा करते रहते। तैरते हुए कई बार ऐसा भी होता कि साथ-साथ टट्टी का लोंदा भी तैरता आ जाता और हम बिना हिचक उसे पंजे के बहाव से दूसरी दिशा में ठेल देते। ऐसे दृश्य उस समय हमारे लिए सामान्य-सी बात थी।

कभी-कभी नहरों के बहाव को रास्ते या पगडंडियाँ काटतीं, तब रास्ते के नीचे से पानी का बहाव सीमेंट की गोलाकार बड़ी पाइप से जोड़कर निकाला जाता ताकि जल प्रवाह की निरन्तरता बरकरार रह सके। इस सीमेंट पाइप के जोड़ के कारण दोनों ओर की गहराई और सतही स्तर का फ़र्क़ हो जाता जिस वजह से पानी एक भाग से दूसरे भाग में गिरता हुआ प्रतीत होता। मछलियों के लिए यह दृश्य भ्रम उत्पन्न करता और मछलियाँ निम्न स्तर से

उच्च स्तर की ओर स्वत: छलाँग लगाने लगतीं। हम बच्चे अपने छाते को उलटकर उसी जगह लटका देते, मछलियाँ जब उछलतीं तो छाते की गहराई में गिरतीं और हम सबकी पिकनिक की पूरी व्यवस्था हो जाती।

नहर से लगे कई पोखर भी थे और स्कूल के बिलकुल पास तो पोखरों का पूरा कुनबा था। हर पोखर के बीचोबीच एक बाँस गड़ा हुआ होता जो दरअसल सबसे ज़्यादा गहराई वाली जगह की पहचान कराता। हम सभी दोस्त एक-दूसरे से बाज़ी लगाते कि कौन उस बाँस के जड़वाली सतह की मिट्टी लेकर सबसे पहले आएगा। ग़ौरतलब है कि लौटते वक़्त आपके एक हाथ में मिट्टी होती, जिसे सिर पर मिट्टी का ढूह या लोंदा बनाकर बिना सिर डुबाए तैरना होता। बाल-मन में प्रतिस्पर्धा का भाव किसी जंग लड़ने से कम नहीं होता है। उन दिनों ज़िन्दगी इन्हीं बहावों में एक मधुर गीत बनकर बहती रहती थी।

एकरसता किसी को नहीं भाती इसलिए ज़िन्दगी ख़ुद ही अपने सुर बदलती रहती है। अनचाही समस्याएँ भी चुपके से आती-जाती रहती हैं और वही आपके संस्मरण का हिस्सा बनती रहती है। घर से स्कूल की दूरी लगभग दो किलोमीटर की थी जिसे मैं अपने कुछ ख़ास दोस्तों के साथ पैदल रोज़ पूरी करता था। मुख्य सड़क को छोड़ उसके समानान्तर खेतों की पगडंडियों पर हम दौड़ते-भागते स्कूल जाते। गेहूँ, धान, मटर, चना, अरहर, पोखर, आम के बागान, इमली की डाल यह रोज़ का नज़ारा था जिसके साथ अलग-अलग स्मृतियाँ लिपटी हुई हैं। मीठे गेहूँ की बालियाँ खाने में हम सभी को मज़ा आता, हरा चना उखाड़ने में, लाही से सने मटर की लताओं से बाली तोड़ समय से पहले अनपके नन्हे मीठे दाने और उसके छिलके की परत को उतार गुदगुदा रसभरा छिलका खाने में जो आनन्द था वह और कहाँ सम्भव। वो भी क्या दिन थे यायावरी के, जब चिन्ता क्या होती है, पैसा क्या होता है, रुतबा किसको कहते हैं, कुछ भी पता नहीं था। आम की अमौरियाँ और इमली की डल्लियाँ सब-के-सब निशानेबाज़ी की शिक्षा बिना फ़ीस के देती थीं। वे सबसे सन्तुष्टि भरे दिन थे। कभी-कभी उन पगडंडियों की मेंड़ों पर स्कूल जाने की ज़िद दम तोड़ देती और वक़्त अपनी पकड़ ढीली कर देता। धूप जाने क्यों हमेशा मुलायम लगती। पगडंडियाँ फूल के बिस्तर बिछातीं। घास की दोस्ती इतनी प्यारी क्यों लगती है शायद इसलिए कि दूब मिट्टी के सबसे नज़दीक रहती है। आज के परिप्रेक्ष्य में कोई सोच भी नहीं सकता कि इन ऊटपटाँग-सी हरकतों में भी इतनी आत्मीय सन्तुष्टि भरी हो सकती है।

मुझे काटे हुए गेहूँ या धान के जड़ों पर चलना बहुत पसन्द था। इस अजीब आदत में हमने कटे हुए अरहर के धड़ पर चलना शुरू कर दिया। ये बहुत ख़तरनाक खेल था क्योंकि कटा हुआ धड़ जो जड़ से जुड़ा हुआ होता है बहुत नुकीला भी होता है उसे एक तरफ़ से धकेलते हुए तोड़ते चलना आसान काम नहीं होता है और इस खेल में सावधानी हटी दुर्घटना घटी वाली बात है।

मैंने पगडंडियाँ और रास्ते इतने साध लिये थे कि आँखें मूँदे भी स्कूल का रास्ता तय कर सकता था। इसी ज़रूरत से ज़्यादा आत्मबल के साथ कॉमिक्स पढ़ते हुए गेहूँ की कटी धड़ों पर कूदते हुए स्कूल जाना रोज़ की आदत बन गई थी। मुझे जड़ों से लगे धड़ों को कुचलने में शैतानी से भरा आत्मीय आनन्द मिलता था। एक सैडिस्टिक प्लेज़र! आनन्द की शक्ल का बदलना बदमाशियों के नशे में नहीं दिख रहा था और इसी नशे में गेहूँ, धान की जड़ें कब अरहर के कटे धड़ में बदल गईं पता ही नहीं चला और अब उसके कटे हुए ठूँठ तने को पैर से तोड़ना एक स्लो मोशन का सुकून देता। तना जड़ से जुड़ा लगभग पाँच-छह इंच का होता जिस हिस्से से अरहर की झाड़ को काट लिया जाता और फली को तोड़ने के बाद वो जलावन के काम आता, बचा ठूँठ सबका सरदर्द और हमारे लिए मज़ा। उस समय जूते नहीं थे, चप्पल ही थी बाटा की और वह चप्पल भी कितने काम की चीज़ थी। इमली, आम या जामुन तोड़ना हो तो हवाई चप्पल हवाई जहाज़ बन जाता, कभी पेड़ के फल तोड़ता कभी चप्पल ख़ुद ही पेड़ पर लटक जाता। ऊँचाई को देख क़ुव्वत जुटी तो चढ़कर चप्पल उतार लाता नहीं तो एक पैर से लहराते ख़ाली पैर के साथ घर वापसी होती। माँ देखती तो दूसरी अकेली चप्पल अपनी छाप गाल और पीठ पर छोड़ती। थोड़ी देर की अकड़ जैसे दर्द हुआ ही नहीं और फिर दिदिया की पनाह पूरी एक्टिंग के साथ। दीदी सहलाती कभी हर मर्ज़ की दवा बोरोलिन लगा देती, एक्स्ट्रा नाटक पर सरसों तेल में लहसुन डालकर पैर मालिश। बाल-मन मासूम ख़रगोश की कुलाँचें घर के भीतर मन में और बाहर सच में सशरीर लेता फिरता और फिर लौटकर उसी चप्पल से उन नुकीली ठूँठों को कुचलने का आनन्द लेने लगता जैसे भीतर का ग़ुस्सा उन अकेलों पर निकाल रहा हो।

इसी क्रम में एक दिन स्कूल जाते हुए अरहर के खेत में कॉमिक्स पढ़ने के लिए रुक गया। दोस्त कुछ देर तो इन्तज़ार करते रहे फिर स्कूल की देरी हो जाने के डर से आगे बढ़ गए। पुरानी आदत के चक्कर में इन हरकतों से

अभ्यस्त मैं अरहर के कटे खेतों में चला जा रहा था। इधर मैं उन ठूँठों को पूरे स्टाइल से कुचलते हुए आगे बढ़ रहा था। एक हाथ में चाचा चौधरी और साबू की हरकतों को पढ़ता हुआ, एक-एक करके कच्च-कच्च टूटने और कुचलने की आवाज़ में पूरी तरह आनन्दित मैं कि अचानक एक ठूँठ तने ने बग़ावत कर दी और चप्पल को फाड़ता हुआ तलवे के आगेवाले हिस्से में घुसता चला गया। मैंने जब नज़र नीची की तो होश उड़ गए। कॉमिक्स हवा में और मैं वहीं ज़मीन पर धँस गया। अब स्थिति ऐसी थी कि हिल भी नहीं पा रहा था। फाँस ऐसी फँसी थी कि निकालते न बने, पैर लगभग लॉक हो गया कमबख़्त उस ठूँठ की बदमाशी में। मेरी सारी हीरोगिरी काफ़ूर। सच है कि विद्रोह पर आ जाए तो एक अकेला ही काफ़ी है, बड़ी-से-बड़ी ताक़त को ध्वस्त करने के लिए। उस एकान्त में सच में मैं नि:सहाय महसूस कर रहा था। कहीं कोई नहीं दिख रहा था और मेरा पैर इस ठूँठ से उलझा पड़ा था कि पीछे से दीदी और उसकी सहेलियों के आने की आवाज़ सुनाई पड़ी। डूबते को तिनके की जगह पूरी नाव मिल गई। उसे भी समझ नहीं आया पर दीदी ने बहुत करीने से मिट्टी को पहले हटाया और फिर जड़वाले हिस्से को निकालकर नीचे से तोड़ दिया। अब फाँस मेरे तलवे से लटका हुआ था आर-पार। खेत से सड़क पर कैसे एक पैर पर आया, यह मुझे भी नहीं पता। ग़नीमत थी सड़क पर पहुँचते ही रिक्शा मिल गया, अस्पताल पहुँचते ही सबसे पहले दर्शन माँ के ही होने थे सो हो गए। मेरा पैर ख़ून से सना था और चप्पल व लकड़ी का टुकड़ा अभी भी एक साथ ही नथा था। ग़ुस्से में माँ की त्योरी चढ़ी हुई थी और देखते-ही-देखते माँ ने तीन-चार बेहतरीन आवाज़वाले झन्नाटेदार तमाचे जड़ दिये, फिर पाल मामू के साथ ऑपरेशन थियेटर में एक झटके में खींचकर पूरा सूखा तना बाहर निकाल दिया जिसके साथ मेरी अनन्त वाली चीख़ भी उसी पल निकली।

माँ ऑपरेशन थियेटर में ज़ख़्म की साफ़-सफ़ाई करने लगीं। एक तरफ़ सफ़ाई चिकित्सा चल रही थी दूसरी तरफ़ स्पर्श चिकित्सा के साथ माँ की आँखों से अविरल धारा फूट रही थी। मेरे दर्द भी उन्हीं आँसुओं में बह गए और उस बहती धारा में मैं अपने सारे दर्द भूल गया। ऑपरेशन कब ख़त्म हुआ पता ही नहीं चला। यह प्यार कोई बंगाली डिश की तरह होता है जिसमें मीठा और झाँस एक साथ परोसा जाता है। इतने के बाद भी आज सोचता हूँ कि उस फ़ाक़े में भी ज़िन्दगी कितनी ख़ूबसूरत थी।

माँ को समझना कितना मुश्किल होता है। प्रकृति की सबसे जटिलतम चीज़ें प्रत्यक्ष में कितनी सरल प्रतीत होती हैं। जब लता मंगेशकर गाती हैं तो गायन कितना सरल प्रतीत होता है जब सचिन बैटिंग करता है तो बैटिंग कितनी सरल लगती है। माँ भी प्रत्यक्ष में उतनी सरल लगती है जबकि नेपथ्य में वो घर, अस्पताल, पिता, सारे रिश्ते और साथ में सारी दुनिया की उलाहनें, मेरे लिए कहे कुवचन सब एक साथ सँभालती है। दुर्गा के दस हाथ, रावण के दस सिर सर्वविदित हैं पर माँ इन सबकी तुलना में किसी से कम नहीं। उनके अनगिनत पक्ष प्रत्यक्ष नहीं होते बस समय-समय पर महसूस होते हैं। दुख के घूँट पीते हुए भी सूखे ठूँठ पर कल्ले फूटने जैसे सुख में बदल देने का जादू है माँ के पास!

हम लोगों के स्कूल का सफ़र सुचारु रूप से चल रहा था। हम सबकी नज़र हमेशा पोखर पर रहती। दिखता कैसे पनकौवे कमल के ऊपर विचरण करते हैं और कैसे उनका शिकार बहेलिये करते हैं। यह किसी जाल से कम नहीं जिसमें अन्तत: बस फँसना लिखा है। सारे पोखर में या तो कमल ने अपने शैवालों के पंख बिछाए थे या पानीफल के जिसे हम लोग सिंघाड़ा कहते हैं। पोखर में उसकी पूरी चादर बिछी हुई दिखाई देती। शहर के नज़दीक वाले पोखर पर सिंघाड़ों का फैलाव था और दूर वाले पोखर पर कमलिनी पाँव पसारे थी। जिसमें कमलिनी भरी होती वहाँ कोई रखवाला या चौकीदार नहीं होता। हम कमलनाल की जड़ें और कमलगट्टे उखाड़ते उसके मीठे स्वादिष्ट दाने निकालकर फोड़कर खाते। समस्या तो पानी फल यानी सिंघाड़ा के साथ थी जहाँ हर समय की निग़हबानी रहती कोई-न-कोई चौकीदार घात लगाए छुपकर देखता रहता। हम सबके लिए यह छुपम-छुपाई अद्वितीय प्रतिस्पर्धा से कम नहीं था। सिंघाड़े की चोरी करना एक लक्ष्य से कम नहीं होता। हम सबमें सबसे शातिर दिमाग़ पप्पू का था जो अपने शरीर पर ढेरों तेल मलकर बिना कपड़ों के सिंघाड़े की चोरी करने जाता और हर बार सफल होकर लौटता। कई बार उसे पकड़ने की कोशिश की गई पर वो हाथ में आते-आते बच जाता। उसकी चिकनी त्वचा जिस पर ख़ूब सारा तेल मला होने से चौकीदार के हाथ फिसल जाते। एक शाम हमारी मंडली उसका इन्तज़ार कर रही थी कि वो पानीफल लेकर आएगा और हम सब ख़ूब मज़े करेंगे पर वो नहीं आया। सूरज डूबने लगा और हम दोहरे अँधेरे में डूबने लगे। धीरे-धीरे शाम भी ढल गई तब मारे चिन्ता के पूरा-का-पूरा झुंड उसे ढूँढ़ने निकला।

पोखर-दर-पोखर आवाज़ लगाई गई तब एक पोखर के चौकीदार ने इशारे से हमें बताया कि उसे सज़ा के तौर पर ताड़ के पेड़ पर बाँध दिया गया है। उसकी चोरी पकड़ी गई है। हम लोगों ने फिर बहुत मान-मनौवल करके उसे उतरवाया। उसके दोनों पैर अकड़ गए थे और वह अगले दस दिन तक ठीक से चल नहीं पा रहा था। हम लोगों में एकता और जोश लाजवाब थी और इस स्थिति में भी हम सब हार नहीं माननेवाले थे। अगले ही दिन योजना बनी कि रात को हम फिर से पोखर पर आक्रमण करेंगे और ऐसा ही हुआ, हम लोग सफल भी हुए। रात को दो घड़ों को उलटकर दोनों ओर बाँस से बाँधा गया जो डूबने से बचने का सबसे सहज तरीक़ा है और यह एक नाव की तरह नायाब जुगाड़ भी था। तीसरा घड़ा सीधा बाँधा गया ताकि सिंघाड़े को तोड़कर उसमें डाला जाए। हममें से तीन लोग पोखर में उतरे। उस दिन हमारे लिए उमंग और आनन्द की कोई सीमा नहीं थी। खुला आसमान, चाँदनी रात, कमल की पंखुड़ियाँ और अपने बनाए जुगाड़ को पकड़कर जलक्रीड़ा करना यह रात ज़िन्दगी की सबसे ख़ूबसूरत रातों में से एक थी। उमंग, बाल-मन और इच्छाशक्ति में मौसम का दुष्प्रभाव भी हार मान लेता है और यूँ इतनी रात में घंटों पानी के अन्दर रहने पर भी हम लोग स्वस्थ रहते हालाँकि हल्की छींक का प्रकोप तो रहता ही रहता। उस दिन भी घड़ा-भर सिंघाड़े तोड़े गए और निकलते ही सबको ख़ूब छींक आने लगी। हम सब एक-दूसरे को छींकते हुए भी विजयी मुस्कान से देख रहे थे।

कोई भी नहीं था पर फिर भी हमें डर लग रहा था। चने के खेत में बैठ चार बजे सुबह तक जमकर सिंघाड़ा खाया गया जिसके पॉकेट और बनियान में जितना समा सकता था, रखा गया, जिसका बनियान फटा हुआ था उसने उसे पूरी तरह फाड़ दिया ताकि सिंघाड़ा बाँधा जा सके। सवेरे पहर हम सभी अपने-अपने घर के बिस्तर पर थे अपना-अपना हिस्सा छुपाए। एक ठोस सबूत हमारी रात की कारस्तानी का ये भी था कि स्कूल की छुट्टी नहीं होते हुए भी कोई स्कूल नहीं गया। पोखर के मालिक की बड़ी-बड़ी मूँछें थीं और वो आगबबूला गालियों की बौछार दिये चारों ओर बस घूमे जा रहा था। खेत में पड़े छिलके पिछली रात हुई चोरी के सबूत थे पर यह हमने की है, इस बात का सबूत उसके पास नहीं था। वो भी उस्तादों का उस्ताद था। उसने भी हमें रँगे हाथ पकड़ने की ठान ली। योजना अनुसार पन्द्रह दिन तक हममें से कोई भी पोखर की ओर झाँकने तक नहीं गया। अब हम बच्चों और मूँछवाले पोखर के मालिक के बीच उपजी मौन चुनौती ने प्रतिस्पर्धा का रंग बदल लिया था।

बचपना बहुत देर किसी भी डोर से बँधा नहीं रह सकता। सबके मन में कुलबुलाहट बुलबुले की तरह उबल रही थी पर शैतानियों-बदमाशियों की पहल कौन करे? हिम्मत, जोश और डर के बीच अन्दरूनी प्रतिस्पर्धा चल रही थी। एक दिन जब हम लोग स्कूल से घर लौटे तो पप्पू नहीं दिख रहा था। उस रात लगभग आठ बजे उसकी माँ बहुत घबराई हुई हमारे घर आई। आते ही माँ से लिपटकर रोने लगी। वह माँ की घनिष्ठ सहेली थी। आज वह बहुत ज़्यादा डरी हुई थी। पता चला पप्पू अभी तक घर नहीं लौटा है। हम सबने तुरन्त उन्हें ढाढ़स बँधाया कि नाइट शो देखने गया होगा अमिताभ की फ़िल्म शहंशाह आई है चूँकि पप्पू सिनेमा देखने का बहुत शौक़ीन था इसलिए यह बात थोड़ी राहत-सी लगी सबको। पर माँ का मन ऐसी दिलासा से कहाँ मानता है। वो बार-बार कहती रही मेरा मन नहीं मानता, मेरी बाईं आँख फड़क रही है। उनकी बिगड़ती हालत को देख मेरी माँ ने तुरन्त हमें आदेश दिया कि जाकर सिनेमाहॉल में देखकर आओ या बाक़ी लोगों से भी पूछो। सारे दोस्त एक जगह जमा हुए पर सब-के-सब न जाने क्यों बहुत बुरा सोच रहे थे। सब-के-सब शायद पहली बार एक जैसा सोच रहे थे। बिगड़ी हुई परिस्थिति में मिलकर निर्णय लिया गया कि हम पोखर की ओर पहले जाकर देखते हैं। पता नहीं क्यों ऐसी परिस्थिति या ऐसी रात में ही अमावस्या का होना ज़रूरी होता है। हम सबके हाथ में टॉर्च थी पर उस गहन अन्धकार में टॉर्च की रोशनी बहुत थोड़ी दूर जाकर पसर जाती थी। मन में चोर होने के कारण हममें से कोई अपने परिवार वालों को साथ पोखर की ओर चलने के लिए कह भी नहीं सकता था। अपनी ग़लती ख़ुद कौन क़बूल करता। सात-आठ टॉर्च के साथ हम सब पोखर की ओर कूच कर गए। रात में हाथ को हाथ न दिखे उस पर कमबख़्त अजीब-सी आवाज़ें। घास-फूस से टकराती मिली-जुली अपनी आहटें और टिड्डों की आवाज़ें साँप के अगल-बग़ल से गुज़रने का अहसास करा जाती थीं। हम सबके दिमाग़ में यही चल रहा था कि ज़रूर उसी काले मूँछवाले पोखर के मालिक ने उसके साथ कुछ किया है इसलिए हम सभी सीधे उसी पोखर पर पहुँचे।

हम सबके लिए वह बड़ी भारी गझिन काली रात थी। समय मद्धिम से भी मद्धिम गति से चल रहा था मानो टिक-टिक की आवाज़ भी स्लो मोशन में आ रही हो। आज न कमल की ख़ूबसूरती किसी को नज़र आ रही थी और न ही ठंडी बयार में उन्मुक्त दौड़ने का मन कर रहा था। ज़िन्दगी की एकरसता में अचानक आए इस बौराए तूफ़ान का किसी को इल्म तक नहीं था।

इस विषम परिस्थिति का भी सबसे सुन्दर पहलू था उस तूफ़ान का मिलकर सामना करना। पोखर पर पहुँचने के बाद भी कुछ नहीं दिख रहा था। ऊपर से पानी पर धुन्ध अलग से छाई हुई थी। हम पोखर के दो चक्कर लगा चुके थे, बहुत आवाज़ें भी दी पर सारी सदाएँ मानो निर्वात में गुम हो जा रही थीं। हमारी सब चतुराइयाँ बोंदाई-सी बेसुध पड़ी थीं और डर का साया चारों ओर नृत्य कर रहा था। हताश होकर अन्तत: हम लोग वहीं बग़ल में चने के खेत में पसर गए।

अभी कुछ पल ही बीते होंगे कि मुझे लगा मेरे हाथ के नीचे कुछ तो है जो अलग है। उसे अँधेरे में उठाया तो वो पप्पू की शर्ट थी, वहीं उसकी हाफ़ पैंट भी पड़ी थी। अब हमारी व्याकुलता की सीमा नहीं रही। अब धड़कन घड़ी की टिक-टिक की तरह धड़कने लगी। उतनी ठंड में पसीने की बौछार मेरे चेहरे को सराबोर कर गई। रीढ़ की हड्डी में अनजाने डर की दस्तक की सिहरन ऊपर-नीचे कर रही थी पर दिमाग़ उतनी ही तेज़ गति से चल रहा था। मन ने दिल से कहा हिम्मत नहीं हारनी है और न जाने कहाँ से अद्वितीय नेतृत्व का गुण ख़ुद में महसूस किया और कमांडर की तरह ज़ोर से हृदयविदारक स्वर में चिल्लाकर निर्देश दिया, "चलो एक बार फिर ढूँढ़ते हैं।" इस बार हमारी नज़र पोखर के चारों ओर से हटकर सिर्फ़ पानी की सतह पर केन्द्रित थी। ठंडी हवा साँय-साँय चल रही थी और हमारी एकाग्रता को भंग करने की कोशिश भी कर रही थी। पानी अमावस्या की रात में और काला हो जाता है, आज ऊपर से थोड़ा ज़हरीला भी लगा, पूरा पोखर मानो अजगर बन मेरे दोस्त को निगल गया हो।

हम सबकी नज़रों की रेखाएँ पूरी तरह स्कैनिंग के मोड में थीं और जल सतह के हरेक क्षेत्र को बेधती जा रही थीं कि अचानक मेरी नज़र पोखर के बीचोबीच में बँधे बाँस के खम्भे पर गई। उसके इर्द-गिर्द कुछ हल्का सा हिलता हुआ दिख रहा था। बहुत ग़ौर से देखा तो सिंघाड़ेवाली उलटे घड़े की नाव थी जिसे बाँस में बाँध दिया गया था। एक अजीब से उद्वेग ने मुझसे कहा चलो वहाँ तैरकर देखते हैं। मैं और मेरे कुशल तैराक मित्र सत्येन्द्र दोनों ने एक-दूसरे की नज़रों में देखा और एक साथ छलाँग लगा दी। लगभग एक साँस में द्रुत गति से पागलों की तरह तैरते हुए हम पोखर के बीचोबीच पहुँच गए। वहाँ जाकर जो नज़ारा देखा तो हमारी साँसें अटक गईं। वक़्त जैसे बर्फ़ की तरह जम गया और हमारा शरीर भी उस समय के साथ जम गया।

उस काले ज़हरीले पोखर के पानी के मध्य क्रूरता का बहुत विकराल रूप दिखा। पप्पू का मुँह गमछे से बँधा हुआ था। दोनों उलटे घड़े के बीच जहाँ सीधा घड़ा सिंघाड़ा रखने के लिए बाँधा गया था वहाँ उसे बाँधकर बीच पानी में छोड़ दिया गया था। वो बेसुध पड़ा था। शरीर पानी के भीतर बुरी तरह से अकड़ गया था। घंटों रोए आँसुओं की मोटी लकीरें सूखकर चेहरे पर बीते हुए दर्द और ख़ौफ़ की बड़ी मार्मिक तसवीर बयाँ कर रही थीं, लग रहा था किसी पेड़ के तने को जंगली पंजों से नोचा-खरोंचा गया हो।

हम दोनों ने मिलकर उसे पोखर से उसी घड़े की नाव के सहारे निकाला जिससे उसे बाँधा गया था। बाहर निकालते ही उसकी धड़कन का जायज़ा लिया तो लगा लड़खड़ाकर चल तो रही है। उस लड़खड़ाती धड़कनों ने हम सबमें ग़ज़ब की स्फूर्ति पैदा की और हम सब उसके शरीर को एक साथ तेज़ी से मिलकर मलने लगे। लगभग तीन से चार मिनट रगड़ते-रगड़ते पैदा हुई गरमाहट से उसके शरीर ने हलचल ली जैसे हम सबकी अटकी साँस ने एक अन्तराल के बाद साँस लेना याद किया हो...

तभी अचानक स्मृति की हिलोर उठी और अछार पानी-सा दर्द अन्तस भिगो गया और अचानक मेरे पैरों के नीचे पड़ी पपड़ियों में कच-कच की आवाज़ हुई और मैं अपनी स्मृतियों के पोखर से अपना सिर बाहर निकाल ज़ोर-ज़ोर से साँसें लेने लगा। अजीब विडम्बनापूर्ण नज़ारा था। बिना पानी के नहर में मैं खड़ा स्मृतियों के जलसमूह से निकलने की कोशिश कर रहा था।

मेरे रोने का जिसमें क़िस्सा है
उम्र का बेहतरीन हिस्सा है

—जोश मलीहाबादी

स्मृति के रंग में होली

सफ़र में ऐसे कई मरहले भी आते हैं
हर एक मोड़ पे कुछ लोग छूट जाते हैं

—आबिद अदीब

उम्र की सीढ़ियाँ चढ़ते-चढ़ते, वक़्त के हाथों से न जाने कितने लम्हे चुपके से उड़ जाते हैं और इसका इल्म भी नहीं होता। बची-खुची स्मृतियाँ गुज़रते लम्हों के साथ उभरती हैं और अतीत की ओर वृत्तियों का एक कोलाज बनाती चली जाती हैं। यह कोलाज रह-रहकर स्मृति में कौंधते हुए अतीत की दस्तक दे जाता है और यही दस्तक अलग अनुभूति या यूँ कहें परिकल्पनाओं में बदल उभरता और डूबता रहता है, रह-रहकर कुछ-कुछ गढ़ता रहता है।

मन एक अजायबघर है जहाँ स्मृतियाँ अलग-अलग रूप में पनाह लेती हैं और रात्रि के एकान्त में अर्द्ध-चैतन्य से बाहर निकलकर चेतना के मनोभाव पर नृत्य करने लगती हैं और कभी-कभी सुबह के सपनों में ढल जाती है।

कुछ स्मृतियाँ सदैव चुप स्थिर रहती हैं पर कहीं भी, कभी भी असमय टीस देकर ज़ेहन में कौंध जाती हैं और फिर अन्ततः संस्मरण का हिस्सा बन जाती हैं। चूँकि बचपन की स्मृतियों में सबसे ज़्यादा रंग समाहित रहते हैं इसलिए लखीसराय से ही मेरी स्मृतियों के अधिकतर तार जुड़े हैं। ये तार बार-बार झंकृत होकर फुहार की शक्ल में स्मृति पटल को अनवरत सींचते रहते हैं। इन्हीं स्मृतियों में उगे फूल सबसे ख़ुशबूदार और ख़ूबसूरत होते हैं।

उन दिनों एक झूम थी मन के भीतर जिसमें हम डोलते रहते। मेरे भीतर कभी एकान्त का प्रेम उमड़ता, कभी किसी के साथ का। एकान्त से प्रेम करते हुए उसका अनुवाद भीतर गुनता, एकान्त मनमोहक लगता जैसे लालटेन के सामने अपनी शक्ल उतारकर रख देना और अपने ही चेहरे पर उभरती बूँदों के खेल महसूस करते हुए देखना और अगले ही पल में क्रिकेट दल का मुखिया बन जाना। भीतर होशपन और अनाड़ीपन दोनों ने बराबर की जगह बनाई हुई थी।

कम्पार्टमेंट में यूँ जीना अब भी आदत है मेरी और ऐसा करते हुए जीवन के इन ढर्रों में घालमेल न हो पाए यही प्रार्थना करता रहता हूँ। एक डर-सा बना रहता है मेरे भीतर कि वे दो-चार चेहरे ग़लती से आपस में एक-दूसरे को पहचान न लें!

कुछ लोग बेहद क़रीब होते हैं जिन्हें दोस्त कहा जाता है, जो आपको और आपके हर रूप को बख़ूबी जानते और पहचानते हैं और उसी बहुरूप में आपको स्वीकार भी करते हैं। तो आइए इसी में से एक रूप का संस्मरण आपसे साझा करता हूँ।

जीवन के हर पड़ाव पर दोस्तों की महफ़िल सजती रही है, लेकिन बचपन की दोस्ती इतनी ख़ास और ख़ालिस होती है कि कभी-कभी तो ख़ून के रिश्तों पर भी भारी पड़ जाती है। बचपन का साझापन छोटी-छोटी ख़्वाहिशों को दबाव मुक्त रखता है, लेकिन उम्र के साथ सपनों का भार बढ़ता जाता है। बचपन में ज़रूरत या अभाव का बोध सपनीले साझेपन में बँट जाता है। ख़ासकर जब जेब चिन्दी-चिन्दी फटी हो तो दोस्ती का परवान और सिर चढ़कर उफान भरता है। हमारे पास भी दोस्तों की एक टोली हुआ करती थी और उस टोली का सिरमौर रहा मैं। कोमल मन के तालीपीटकों के बीच घिरा मैं जिसे चुना नहीं गया बल्कि अपनाया गया था।

प्रशान्त मेरे सारे दोस्तों से बिलकुल हटकर था। सातवीं और आठवीं कक्षा में हम ज़िन्दगी की सबसे लम्बी उड़ान की बातें करते और उस उड़ान

में भी हम पायलट और सह-पायलट जैसे होते। हम उड़ते हुए सपने एक साथ, एक जैसे ही देखते। पढ़ाई-लिखाई से लेकर धमाचौकड़ी तक में हम साथ ही रहते। वह हमारी कॉलोनी के अन्तिम छोर पर रहता था जहाँ पर कॉलोनी को पानी सप्लाई करनेवाला बोरिंग पम्प लगा हुआ था। बोरिंग की सप्लाई पाइप का एक सिरा वहीं उसके घर के पास ही खुला हुआ था, जिससे पानी की मोटी-तीव्र मोटी धार बहती थी। पास में ही सीमेंट का एक हौज़ भी बना हुआ था। हम दोनों स्कूल से लौटकर अक्सर उसी चहबच्चे में नहाते। नहाने का वह अवर्णनीय सुख बचपन का हासिल रहा और उस चहबच्चे में उछलते-कूदते रहने जैसा सुख किसी वाटर पार्क या स्विमिंग पूल में कभी नहीं मिला।

धीरे-धीरे इस संग-साथ के कारण मित्रता, घनिष्ठता में बदलती चली गई। इस दोस्ती में दुनिया को जीतने के सपने और एक-दूसरे के प्रति आँख मूँदकर विश्वास करने की निश्छलता थी। मैं माँ से ज़िद करके उसकी पसन्द का टिफ़िन बनवाता और वो भी मेरा यूँ ही ख़याल रखता। हम दिन-रात की परवाह किये बग़ैर घंटों मेंड़ पर या छत से आसमान ताकते हुए बिता देते। एक पागलपन था इस दोस्ती में जो हमें हर पल साथ जोड़े हुए रखता। मानो एक पतंग में दो थपके की डोर लगी हो। हम हमेशा साथ उड़ना चाहते थे, साथ में आसमान छूना और चूमना चाहते थे। पतंग दो डोर से उड़ाना प्रकृति के सन्तुलन के उसूलों के ख़िलाफ़ है पर हम इस मुख़ालिफ़त से घबरानेवाले भी नहीं थे।

हम दोनों के घर के बीच लगभग आधे किलोमीटर का फ़ासला था और हम इस दूरी का इस्तेमाल एक-दूसरे के बीच पनपती प्रगाढ़ता को मापने के लिए इम्तिहान के रूप में करते। सिरफिरे लोगों की दोस्ती में प्रेम की प्रगाढ़ता और परवान का अन्दाज़ा नहीं लगाया जा सकता। कई बार रात को हम साथ ही पढ़ते और देर रात उसके घर पढ़ते-पढ़ते अचानक वो मुझसे कहता, "जाओ अपनी वो काली फाउंटेन पेन लेकर आओ।" दो बजे रात और सुबह के पहले पहर के बीच अपने प्रेम का सबूत देने के वास्ते मैं डरावनी रात में भी दौड़ता हुआ अपना सबसे चहेता पेन खिड़की के रास्ते घर-घुसकर उसके लिए लेकर आता। मैं हाँफता हुआ लौटता और वो मुझे गले लगाकर कहता, "रख ले अपनी क़लम मुझे तो बस तुझे और तेरी दोस्ती को देखना था, परखना था कि मेरा दोस्त मुझे कितना मानता है।"

अक्सर वह ऐसे अजीबोग़रीब इम्तिहान लेता रहता। कभी कहता, "वो जो सबसे ऊँची फुनगी पर अमरूद दिख रहा है मुझे वही चाहिए।" पोखर किनारे टहलते-टहलते अचानक कहता, "मुझे बीचोबीच खिला हुआ कमल चाहिए और उसकी मिट्टी भी।" मैं उसके लिये गए इम्तिहान और दी गई चुनौतियों को हृदय से स्वीकार करता रहता, सरलता और प्रेम से निभाता भी और इसी में अपनी ख़ुशी भी समझता।

मेरा हर इम्तिहान में अव्वल आना उसके लिए एक शगल बन गया था। मेरी ओर से दोस्ती में कोई भी समझौता नहीं था। बहुत ही सहजता से मैं इस सच्ची दोस्ती के नशे में डूबा हुआ था। चूँकि मैं पूरी मंडली का सिरमौर था सो प्रशान्त को हमेशा लगता मुझे कोई उससे छीन लेगा। उसकी व्याकुलता उसकी इनसिक्योरिटी थी, जिसे सान्त्वना देने के लिए वो इस तरह के इम्तिहान का मुझे हिस्सा बनाता रहता। इस बीच दोस्त और दोस्ती की सिम्फ़नी में कहीं कुछ बेसुरा हुआ जा रहा था जो मुझे साफ़ पानी में गिरे बाल की तरह अखर रहा था!

होली आने ही वाली थी। उन दिनों हम सभी बच्चे होली की तैयारी बहुत पहले से ही शुरू कर देते थे। लालटेन की कालिख को सलीक़े से सहेजकर महीनों से जमा कर उसमें केरोसिन तेल मिलाया जाता था। लालटेन की कालिख घट जाने पर अख़बार जलाकर उसे भी मसला जाता और फिर तेल के साथ मिलाकर पेस्ट बनाया जाता। सिन्दूर के पेड़ की डली से बीज निकालकर हम रंग बनाते। बारीक मिट्टी-गोबर का भी बढ़िया मिश्रण तैयार होता। सरसों तेल के ख़ाली कनस्तर ड्रम बन जाते। फटी चप्पलों की माला बनती। गुब्बारों में रंग के गोले बनाकर पूरा थैला भर दिया जाता। भाँग की ख़रीद उस उम्र में भी होती और इन सब तैयारियों के बीच होली आ जाती। इस बार होली आठवीं कक्षा की परीक्षा के बाद आई थी। मुझे सबसे पहले प्रशान्त को रंग लगाना था, हालाँकि यह भी उसके इम्तिहान का ही हिस्सा था। मैं सुबह ही घर से निकल गया ताकि कोई और मुझे रंग न लगा सके पर होली में क़ायदे-क़ानून और सलीक़े से कुछ नहीं होता। मुझे रास्ते में ही दस घरों में रँगा गया, पूरे शरीर पर कालिख पोती गई, कीचड़ के चहबच्चों में डुबकी ही नहीं लगानी पड़ी बल्कि कीचड़ में लोटना भी पड़ा और न चाहते हुए भी अपने घर के एक छोर से प्रशान्त के घर के दूसरे छोर तक जाने में तीन घंटे लग गए।

पहुँचकर देखा कि वो अपने-आपको सबसे बचाए दुबककर बैठा था ताकि सिर्फ़ और सिर्फ़ मैं ही उसे पहले रँग सकूँ। मैं जब पहुँचा तो मेरे साथ मेरी मंडली रास्ते में जुड़ती चली गई थी। उस मंडली को मेरे साथ देखते ही वो जड़ हो गया। वह स्तब्ध था और मूर्तिवत जड़ होकर मुझे बस निस्तब्ध ताकता रहा। हमें और मंडली को इस बात की न परवाह थी, न ही उसकी मन:स्थिति से हम अवगत होने की स्थिति में थे, सो हमने मिलकर उसे रंग में सराबोर कर दिया। रँगते हुए जिस तरह की ज़्यादतियाँ की जाती हैं सब की गईं। हम सब पर होली का रंग पूरी तरह चढ़ चुका था। प्रशान्त ने कटी पतंग की तरह अपने शरीर को ढीला छोड़ दिया था। जैसे उसका शरीर पानी का हो जिधर ढाल है उस तरफ़ बह जाने जैसा, लगभग निष्प्राण बेजान!

हम सबने प्रशान्त को उठाकर पानी के चहबच्चे में पटक दिया। होली का रंग ऊपर से भाँग का असर भीतर से सभी इन्द्रियों को अपनी गिरफ़्त में ले चुका था। अब मैं अपने झुंड के असली नेता की भूमिका में आ चुका था। चहबच्चे की दीवार पर मैं उछलकर बैठ गया और दूसरे किनारे पर प्रशान्त बुझी आँखों से बस निहारता जा रहा था। नशे में धुत मेरी आँखें आज उसकी बुझती आँखों को समझने से इनकार कर रही थीं। पहले तो उचककर मैंने उसके गाल को चूमा। वो स्तब्ध आश्चर्यचकित आँखें फाड़े मेरी ओर देख रहा था कि मुझे आज क्या हुआ है!!

मैंने माइक पकड़ने के अन्दाज़ में बोलना शुरू किया, "आई लव यू प्रशान्त पर अब मैं तुम्हारी आदतों से तंग आ चुका हूँ, तुम जितनी बार मेरा इम्तिहान लेते हो, मेरी दोस्ती की एक डोर टूट जाती है। हालाँकि हमारी दोस्ती डोर से नहीं, रस्सी से बँधी है पर वो रस्सी तो कई डोर को जोड़कर बनी है। धीरे-धीरे डोर टूट रही है और हमारा बन्धन कमज़ोर हो चला है। मैं तुम्हारे लिए इम्तिहानों से थक चुका हूँ, मेरी हिम्मत अब जवाब दे चुकी है। हर रिश्ते की अपनी एक सीमा है पर इसका ये मतलब नहीं कि मैं तुमसे प्यार नहीं करता। मरते दम तक करूँगा। जब तक इस शरीर में प्राण है पर ये तुम्हारे द्वारा लिये जानेवाले इम्तिहान मेरा गला घोंट रहे हैं और मैं इस घुटन में आख़िरी साँसें लेता महसूस कर रहा हूँ मेरे भाई।"

मैं एक सुर में धाराप्रवाह बस बोले जा रहा था। मुझे ख़ुद भी नहीं याद कि इसके आगे मैंने क्या-क्या और कहा होगा। मुझे उस वक़्त भाँग की खुमारी में कुछ भी नहीं दिख रहा था। न पास बैठी मंडली, न पानी की मोटी धार और

न ही प्रशान्त के काले रँगे चेहरे पर टँगी अब तक सूज गई अपलक नयनों से लगातार बहती अश्रुधार। मेरी भी उम्र उस समय मन:स्थिति समझने लायक़ नहीं थी। अपने एक साँस में कहे लम्बे भाषण के बाद मुझ पर बेहोशी छा गई और मैं उसी पानी के छोटे से टैंक में धीरे से लेट गया। शरीर पानी में स्थिर हो गया और आँखों के सामने सिर्फ़ अन्धकार प्रतीत हो रहा था।

कभी-कभी अन्धकार में भी काली चीज़ें दिखती हैं और ठीक उसी तरह मुझे दिखी पानी के भीतर प्रशान्त की काली शक्ल और उस काली शक्ल के ऊपरी मध्य में टिमटिमाती चमकती आँखें जिनसे अविरल धार बहे जा रही थी। मेरा भारी मन अपना सिर पानी के बाहर निकालने का भरसक प्रयत्न करता है और देखता है सारे दोस्त मुझ पर हँस रहे हैं और प्रशान्त कहीं नहीं दिखता। मेरा सिर भारी हो चला था लेकिन मेरी निगाहें चारों दिशाओं में घूमना चाहती थीं। आँख और शरीर के बीच की आपसी समझ जवाब दे रही थी। वे एक-दूसरे को ठीक से समझा नहीं पा रहे थे। मैं उसे पुकारना चाहता था पर मेरी आवाज़ भीतर-ही-भीतर बहुत भीतर गुड़ुप करके बुलबुले में बदल जा रही थी और तभी बेहोशी ने मुझे डुबो दिया। मेरी ज़िन्दगी का वह पल ब्लैकआउट में खो गया।

पानी की बूँदें मेरे पूरे शरीर से टपकती जा रही थीं। उन बूँदों में कुछ बूँदें मेरी आँखों की भी हों पर उन आँखों को अपना मित्र प्रशान्त कहीं दिख नहीं रहा था। मुझे मेरे घर पर बाहर धूप में खटिया पर पटक दिया गया। नीबू का रस और अचार वग़ैरह से मुझे होश में लाने की कोशिश की गई जिसका असर जिह्वा तक सीमित रहा, शरीर तक नहीं पहुँच सका। मैं अगले दिन दस बजे उठ पाया। उठते ही बिना किसी से कुछ भी पूछे आत्मग्लानि से भरा मैं बेतहाशा प्रशान्त के घर की तरफ़ तेज़ी से भागा।

प्रशान्त के घर का दरवाज़ा ज़ोर से खटखटाया। दरवाज़ा खुला पर प्रशान्त वहाँ नहीं था। उसके परिवारवालों ने बताया कि उसे सुबह स्टेशन छोड़कर आए हैं। भागलपुर गया है। यहाँ पढ़ नहीं पा रहा था। एक अजीब-सी ज़िद पकड़कर रात भर जगाए बैठा था कि दसवीं का बोर्ड भागलपुर से करूँगा और मुझे आज ही जाना है। उसकी दीदी गई है उसके साथ।

सही क्या था और ग़लत क्या, मैं आज तक निर्णय नहीं कर पाया। रिश्तों में हक़ के साथ फ़र्ज़ का होना भी कितना ज़रूरी है, नहीं तो रिश्ते काग़ज़ के छींटे में ही गल जाते हैं। सम्बन्ध तभी पनप पाते हैं जब तक वह मुक्त हों।

प्रेम हो या दोस्ती अगर हम एक-दूसरे की श्वास नली को अवरुद्ध करेंगे तो वह दम तोड़ देगी। आज भी होली के दिन प्रशान्त का ख़याल आता है। ज़िन्दगी में उत्तर न मिलनेवाले प्रश्नों में एक प्रश्न टँका हुआ अब भी फड़फड़ा रहा है, जिसका जवाब ढूँढ़ने में आज भी डर लगता है। अब मैं बस दुआ करता हूँ एक अन्तहीन दुआ...

कब लौटा है बहता पानी बिछड़ा साजन रूठा दोस्त
हमने उसको अपना जाना जब तक हाथ में दामाँ था

—इब्ने इंशा

बड़की अम्माँ

मिरे दिल के किसी कोने में इक मासूम सा बच्चा
बड़ों की देख कर दुनिया बड़ा होने से डरता है

—राजेश रेड्डी

स्मृतियों की फुहार पड़ते ही मन के पोखर में कुम्हलाए फूल अपनी पंखुड़ियाँ फैलाने लगते हैं तब अन्त:पटल पर ठंडी बयार उसे और संचित करती है। वातावरण ऐसा बन जाता है कि बारहा भीगने का मन करता है और ऐसा करते हुए संस्मरण हौले से अनकही कहता है और तब स्मृतियाँ पूरक आवाज़ बन भीतर गुनगुना उठती हैं। इस बीच जब आप अपनी ज़िन्दगी में संजीदगी से झाँक रहे होते हैं तब यह पता चलता है कि आमफ़हम ज़िन्दगी में कितनी सारी आज़माइश वाली घड़ियाँ आईं और गुज़र गईं। ज़िन्दगी की उस झाँक से उगे संस्मरण लिखते समय असल में भीतर जकड़ी जटिलताओं को हम मुक्त कर रहे होते हैं। इसी मुक्ति की कथा के लिए एक और यात्रा पर चलते हैं जिसके केन्द्र में अपना शहर लखीसराय नहीं बल्कि हमारा ननिहाल मुंगेर है।

लखीसराय से 55 किलोमीटर दूर मुंगेर का छोटा सा मोहल्ला माधोपुर है। छुट्टियों में हमेशा हम वहीं जाते रहे हैं। कभी माँ से पूछकर, पैसे लेकर तो कभी कई बार माँ से रूठकर बिना पैसे के ही चला जाता। मुंगेर मेरे लिए तीर्थस्थान से कोपभवन तक सब कुछ था। हमारी बदमाशियाँ भी विचित्र होती थीं। कोई तीन फुट का लड़का गिरगिट की तरह बारह फुट के दीवार पर चढ़ता और सिर्फ़ चढ़ता ही नहीं बल्कि दीवार की ऊपरी सतह पर बोए हुए टूटे काँच को नन्ही उँगलियों से पकड़ता और उसी को पकड़कर दीवार पर चढ़ भी जाता। अलग बात है कि वे किरचियाँ कभी चुभती नहीं थीं, उसने उन पर चलने की तरकीब सीख ली थी। ये तरकीब पूरे समूह में सिर्फ़ दो या तीन बच्चों को ही आती थी। यह सब वह अपने झुंड को शहतूत और अमरूद खिलाने के लिए करता। बग़ल में ITC की सिगरेट की फैक्टरी थी जिसका सात बजे का भोंपा हम सबके लिए सुबह का अलार्म था। टूटे हुए क्रिकेट के बल्ले की मरम्मत हम ITC के कचरे में फेंके डब्बों से काछकर निकाले फ़ेविकॉल और नायलॉन की महीन डोरी से टूटे बल्ले को बाँधकर उसके ऊपर फ़ेविकॉल चिपकाकर करते थे। बल्ला पहले से भी ज़्यादा मज़बूत तथा उसका स्ट्रोक और बेहतर हो जाता। मज़ा तो एक-दूसरे के हाथ में चिपके फ़ेविकॉल को छुड़ाने में आता। गुदगुदी में उठती तरंगें दोस्ती की बुनियाद को पोषित करती रहतीं। दोस्ती जो अजर है, आज भी बरसों बाद जब उन पुराने हमदर्दों से मिलता हूँ तो गर्मजोशी की तासीर में उतनी ही मिठास होती है। खेल भी हम अजीबोग़रीब खेलते जो अब विलुप्त होने की कगार पर है। एक खेल का नाम हरिन-घरीन था। हम लोग दो ग्रुप में बँट जाते जिसमें एक ग्रुप को किसी भी स्थान पर छिपाकर ढेर सारी लाइनें चॉक से खींचनी होतीं और दूसरा ग्रुप का काम उन्हीं लाइनों को बाद में ढूँढ़ना होता। इस काम के लिए खेल के क्षेत्र सीमा का चुनाव पहले से ही तय हो जाता। कोई किचन के बोइयाम के तली में लाइनें खींचता तो कोई खिड़की के पल्ले के भीतरी हिस्से पर या फिर ईंट के एक हिस्से पर छोटी-छोटी एकदम बारीक लाइनें लिखकर उसे पलटकर यथावत रख दिया जाता। समय समाप्ति की घोषणा होती और फिर उन लाइनों को खोजा जाता। यह क्रम दोनों पारियों के लिए बारी-बारी से दोहराया जाता और अन्त में जिनकी लाइनें ज़्यादा बच जातीं वो विजेता कहलाता। मेरी टीम जब विजेता बनती तब मैं नानी जो लवण भास्कर चूर्ण खाती थीं उसे चुराकर दोस्तों में बाँट देता।

चूरन का टेस्ट बिलकुल पाचक जैसा था। कुछ दिनों बाद मेरा नाम ही 'लवण भास्कर चूर्ण चोर' पड़ गया और एक दिन हममें से किसी मसख़रे ने नानी के घर के सामने बाबली मौसी के घर की दीवार पर मेरा नाम बड़े अक्षरों में लिख दिया 'चीकू लवण भास्कर चूर्ण चोर है' और नानी को मेरे कान खींचने की वजह मिल गई।

शाम को मोहल्ले के सारे बच्चे एक झुंड में साथ निकलते। हममें से कुछ जो लाठी या बाँस को अपना पैर बना लेते और उस पर चढ़कर पूरे मोहल्ले में चलते-फिरते बिजूका से लगते जैसे बच्चों के बीच कोई साबू चल रहा हो। एक चक्कर के बाद पारी बदल जाती। मुझे भी बहुत आनन्द आता यह सब करते हुए। ये सब मुंगेर में ही मुमकिन था। लखीसराय और मुंगेर के बीच पचास किलोमीटर का ही फ़ासला होगा लेकिन पानी के स्वाद की तरह बोलने और खेलने का सलीक़ा भी अलग था।

ननिहाल में ऐसी यादों का अम्बार है जहाँ संयुक्त परिवार के दोनों पहलू से आप परिचित होते हैं। जब आप एकल परिवार से निकल ऐसे संयुक्त परिवार में छुट्टी मनाने जाते हैं तब ननिहाल और मनोरम लगता है। नाना-नानी, मामा-मामी ये रिश्ते बहुत प्यारे होते हैं। सभी उदासियों को निश्छलता से समेटनेवाला बचपन स्वच्छन्द आज़ादी से अपने पंखों को फैलाता है। यहाँ हद से ज़्यादा बदमाशियाँ करते हैं तो भी वापसी में आपको मिलता है लाड़ और दुलार। जितना संरक्षण ननिहाल में मिलता है उतना शायद ही कहीं मिलता हो।

ननिहाल का एक वाक़या बहुत ही मासूम-सा है। उस समय मेरी उम्र सिर्फ़ तीन साल की होगी जब माँ पटना ट्रेनिंग करने गई हुई थीं और मैं ननिहाल में ही दीदी और भैया के साथ रहता था। उस समय बड़े मामा और मामी ही मुझे पाल रहे थे। दीदी और भैया का ख़याल नाना और नानी रखते पर मेरा ख़याल मामा और मामी के हिस्से में था। मामा कई बार मामी को डाँट भी देते अगर मुझे समय पर दूध या खाना नहीं मिला होता। देर से जब वह घर लौटते तो नींद में भी मेरा पेट दबाकर देखते कि कहीं मैं भूखा तो नहीं सो गया।

मोगल बाज़ार में मामा की ससुराल थी जहाँ की एक दुकान कैलाश हलवाई में कचौड़ी और सब्ज़ी के साथ बहुत ही स्वादिष्ट जलेबी भी मिलती थी। मामा को अक्सर बाहर जाना पड़ता इसलिए उन्होंने उस दुकानवाले के पास मेरे नाम का खाता खुलवा दिया। मैं रोज़ सुबह माधोपुरवाले घर से निकलता और सीधा मोगल बाज़ार के उस कचौड़ीवाले के पास पहुँच जाता और वह

मेरे हाथ में ख़ुद एक दोना कचौड़ी-सब्ज़ी के साथ एक जलेबी का भी रख देते जिसे मैं ख़ूब स्वाद लेकर खाता और फिर वापस माधोपुर अपने ननिहाल चला आता। तीन साल की उम्र में मैं मोटू-गब्दू अकेले ढुलकता हुआ रोज़ जाता था जिसकी तुलना आप एक रोबोट से कर सकते हैं जिसमें इस बात की प्रोग्रामिंग की हुई हो कि सुबह उठना है दुकान पर जाकर खाना है और सारे रास्ते बिना किसी से बात किये उसी रास्ते वापस आ जाना है। जिसे आज भी हम सब याद करते हुए ख़ूब हँसते हैं।

संयुक्त परिवार की अपनी दुनिया और उसके अपने क़िस्से। आज के इस क़िस्से के केन्द्र में हैं हमारी बड़की अम्माँ। आज इतने दिनों बाद भी मेरी स्मृति में उनके डर की तसवीर क़ाबिज़ है। नज़र की चाबुक चलती और मेरे मन कि ज़मीन पर उगी स्मृतियों की नाज़ुक दूब रौंदी जाती, जिसका असर पीठ पर सिहरन लिये आज भी दौड़ता है। मेरे नाना तीन भाइयों में सबसे छोटे भाई थे। तीनों के घर अलग-अलग थे लेकिन घरों की छतें आपस में मिली हुई थीं। रात को जब नाना दुकान से लौटते तो परिवार के सारे सदस्य एक साथ छत पर ही खाना खाते। बिछावन भी सभी की अपनी-अपनी छत पर ही लगती। घर भीतर से कम्पार्टमेंट जैसा था जिसे दीवारें अलग करती थीं पर छत ने उन्हें अब तक जोड़े रखा था।

चाँदनी रात में बचपन की नज़र से देखो तो पूरी छत एक सपाट मैदान-सी प्रतीत होती। हम सब क्रिकेट से लेकर राजा-रानी जैसे सारे खेल छत पर खेलते। बिजली आने-जाने का कोई समय तय नहीं था इसलिए शाम ढलते ही छत को पानी की फुहार से ठंडा किया जाता फिर खाना और बिस्तर लेकर सभी वहीं छत पर पहुँच जाते। रात में सारा परिवार एक परिवार में ही बदल जाता। अलग-अलग तवे पर सिंकी रोटियों का स्वाद भी एक ही लगता। हम बच्चे तीनों परिवारों की किसी भी थाली में बेहिचक बैठ जाते, हालाँकि हर बच्चे के अपने कोई पसन्दीदा भैया, मामा या चाचा होते वह ज़्यादा उनसे ही चिपकता।

नानी यानी छोटी अम्माँ और बड़ी अम्माँ दोनों कहानियाँ सुनातीं पर बड़ी अम्माँ की कहानी सुनाने का अन्दाज़-अलहदा था, एकदम मंत्रमुग्ध कर देनेवाला। दोनों की कहानियों का चयन महाभारत, रामायण या किसी और धार्मिक ग्रन्थ से होता पर अन्त हमेशा नसीहतों संग मिलती पर बड़की अम्माँ का अन्दाज़ इस सीख को एक हद तक पूरी तरह याद करा जाता।

रात में कहानी सुनाती दोनों अम्माँ बड़ी प्यारी लगतीं पर दिन में बड़ी अम्माँ एक सख़्त प्रबन्धक में बदल जातीं, जिन्हें कोई भी ग़लती बर्दाश्त नहीं थी। धीरे-धीरे वक़्त ने करवट ली और बड़की अम्माँ की छत ऊपर उठती चली गई। छत के उठने का सीधा सम्पर्क दुकानों से था जहाँ मेरे नाना की दुकान पर खपरैल ही रहा और बड़े नाना की दुकान चार मंज़िला हो गई और बड़की अम्माँ की कहानियों का सिलसिला छत की उठती दीवार में ढह गया।

बड़की अम्माँ का छोटा पोता—मुकलेश, मेरा लँगोटिया यार था। आज भी जब मैं मुंगेर पहुँचता हूँ तो हम बचपन की स्मृतियों के रंग में रँग जाते हैं। हम दोनों में पक्कीवाली दोस्ती आज भी क़ायम है। हमारा बचपन अक्सर कंचे खेलने, पेड़ों पर झूलने या गिल्ली-डंडा खेलने में बीतता। उस समय के एक खेल का नाम लच्चीडारी था। पेड़ पर कूदकर खेलना माने पेड़ों पर ही एक-दूसरे को पकड़ना डाली-डाली, जहाँ गिरे नहीं कि चोट लगना लगभग तय है। हम दोनों शाम या रात को साथ लौटते पर डाँट, उसे कम, मुझे ज़्यादा पड़ती।

बड़की अम्माँ जिनके मुँह में पान की गिलौरी और बग़ल में पीकदान हमेशा होता, सफ़ाई इतनी पसन्द थी कि पानी भी अपने दाग़ नहीं छोड़ सकता था। दिन-भर नौकर-चाकर ज़मीन घिसते रहते। उनके होंठ की जगह महीन वक्र-सी रेखा थी जो उस उम्र में भी उन्हें और ख़ूबसूरत बनाए रखती। वो कभी भी हममें से किसी को ऊँची आवाज़ में कुछ नहीं कहतीं, मेरे घर में आते ही बस हौले से एक आवाज़ तैरती, 'लगता है चीकुआ आ गया है।' मैं डरकर हौले से उनके पाँव छूता तो आशीर्वाद में मिलता, "बिना बाप का बेटा है, इसे अच्छे से खिलाओ, माँ के बन्धन से भाग के आया है, पता नहीं आगे क्या करेगा।"

मैं पाँव छूकर हटता तो कहतीं, "जाओ पहले हाथ-पैर धो लो। साबुन पता है न क्या होता है?" ये शब्द अदृश्य तीर थे। चोट तो लगती थी पर निशान नहीं पड़ते थे। साबुन की टिकिया मुलायम के बदले मुझे सख़्त लगती, लगता जैसे उसमें भी किसी ने शीशा बो दिया है और धोते ही शीशे के बुरादों का दाग़ मेरे चेहरे पर फैल जाता जिसे सिर्फ़ मुकलेश की आँखें पढ़ पातीं!

उन दिनों टेलीविज़न नया-नया आया था और पूरे मोहल्ले में सिर्फ़ उनके ही घर में था। उन दिनों शुक्रवार और बुधवार को चित्रहार देखने से बड़ा आनन्द कुछ नहीं था। सभी बच्चे पूरे परिवार के साथ उनके कमरे में लगे टीवी के सामने पहुँच जाते। अचानक एक सीधा-सपाट-सा स्वर मेरे कान में गर्म शीशे के घोल-सा उतरता, "तुम पलंग पर क्यों बैठे हो?

नीचे आराम से बैठो और पैर मत फैलाना।" मैं चुपचाप नीचे आकर बैठ जाता। महाभारत का दृश्य टीवी से निकल मेरे अन्दर आ जाता, द्वन्द्व और युद्ध एक साथ मिलते। उस बुरे वक़्त का मुलम्मा था मुकलेश, जो चुपके बिस्तर से उठकर स्वत: मेरे बग़ल में ज़मीन पर बैठ जाता। उसके हाथ मेरे कन्धे पर मित्रता के मफ़लर की तरह लिपट जाते।

बड़की अम्माँ घर से ही पूरी दुकान का हिसाब-किताब रखतीं। जब बड़े नाना और बड़े मामा रात को घर लौटते तो मजाल है बिना हिसाब दिये कुछ और कर लें। किताबों में कौशल और प्रबन्धन के ऐसे क़ायदे कहीं लिखे नहीं होते। ऐसे ही गुण से वो अपने घर पर नियंत्रण और वित्त पर पकड़ रखती थीं। वही निर्धारित करतीं कि बेटियों को क्या देना है, घर में कौन क्या पहनेगा, कौन सी चीज़ ख़रीदनी है और किसे कहाँ पढ़ना है।

फ्रिज उन दिनों नया-नया आया था जो हम सबके लिए एक अजूबा ही था। बर्फ़ के टुकड़े जादुई मुरब्बे से कम नहीं थे और शरबत में वो टुकड़े और भी सुर्ख़ और चमकीले हो जाते। गिलास का साइज़ औरों के बनिस्बत मेरे लिए हमेशा छोटा ही रहता। किसे कब-कैसे छोटा दिखाना है, यह बड़की अम्माँ से बेहतर कोई नहीं जानता था। दोनों घरों में बिना विरोध के उनकी बातों को बहुत सहजता से माना जाता था। किसको कितना और कहाँ पढ़ाना है, दोनों परिवारों के लिए वही तय करती थीं। स्वाभाविक है बड़की अम्माँ के घर के बच्चे हमेशा अपने-आपको बेहतर समझते।

मेरी माँ शुरुआत से ही इन मामलों में विद्रोही रही हैं और इसलिए उनकी कभी भी बड़की अम्माँ से नहीं बनी। माँ की बड़ी और छोटी, दोनों बहनों पर बड़की अम्माँ का जादू चलता था। उन्हें उतरन और कतरन दोनों से बने कपड़ों में फ़र्क़ नहीं पता था पर माँ बहुत स्वाभिमानी थी इसलिए शुरू से उन्होंने नौकरी की और अपने पैरों पर खड़ी रही।

अपने पोतों से बड़की अम्माँ को बेहद प्यार था। दोनों पोतों को वे उच्च अधिकारी बने देखना चाहती थीं और जिसके लिए पैसा पानी की तरह बहता। ज़रूरत से ज़्यादा ख़याल, खाने से किताबों तक की इफ़रात और घर पर हर विषय के शिक्षकों के तमाम इन्तज़ामात कि कोई भी तकलीफ़ पढ़ने के रास्ते में न आ सके। मुझे इतने ताम-झाम देखकर डर लगता। मेरी घबराहट को वो बस मन्द-मन्द मापती रहतीं और फिर वक्र होंठ की रेखाओं पर स्मित फैल जाती जो श्वेत नहीं स्लेटी होती। कोई खेल नहीं होते हुए भी हम ऐसे कई

छोटे-छोटे तीखे खेल खेलते रहते। यह चित और पट का खेल सिर्फ़ आँखों से खेला जाता। पूरे घर में हम दोनों ही यह खेल खेल रहे होते, जिसकी भनक बाक़ी किसी घरवाले को शायद ही थी।

उनकी उम्र और ढलती गई। इस दौरान अनजाने ही सही पर उनकी नज़रों ने जितना आघात किया, मेरे भीतर उतनी ही आग पैदा होती रही। दसवीं के बाद मैं मुंगेर नहीं गया पर हमेशा कमतर दिखानेवाली उनकी नज़रें मेरे साथ ही रहीं। मैं पढ़ते वक़्त भी उनकी घूरती नज़रों को अपने ढिबरी के बाजू में ही रखता। वो मुझे घूरती रहतीं, मैं भी उन्हें देखता रहता और यूँ नींद मेरी नज़र से ओझल रहती। कई बार सुबह गोधूलि में ही उठ जाता पर वो आँखें जागी रहतीं। धीरे-धीरे मैंने उन आँखों से दोस्ती कर ली, शुक्रिया कहने लगा। कहने लगा अगर तुम नहीं जगाओगी तो कैसे जागता रहूँगा, कैसे सबसे ज़्यादा पढ़ूँगा!

और यूँ लम्बा समय बीता। मैं ननिहाल तब लौटा जब संघ लोक सेवा आयोग ने मुझे अपने लायक़ समझा। लौटा तो उनकी अन्तिम साँसें चल रही थीं। घर थोड़ा उदास-सा दिखा। फ़र्श पर दाग़, नौकरों की ज़मात में कमी, दीवार पर हल्की पपड़ी। सब कुछ बदल गया था।

मुकलेश अब सोना-चाँदी की दुकान सँभाल रहा था। उसने मुझे पहले की तरह ही गले लगाया, सम्भवत: वह मेरी कामयाबी को भी उतने ही गरमाहट के साथ गले लगा रहा था पर बड़की अम्माँ टूटती साँसों में भी तिरस्कार भरी पैनी नज़रों से देख रही थीं। मैंने हौले से उनके पाँव इस बार भी छुए। वही स्लेटी स्मित वक्र होंठ, बिना आवाज़ की बातें, वही नज़रों का खेल पर इतने पर भी उनका चेहरा आज भी पान की लालिमा लिये दमक रहा था।

फिर एक हल्की-सी आवाज़ आई, "बिना बाप का बच्चा है, इसे कुछ तो खिलाओ।" मैं लौट आया पर उनकी नज़रें आज भी मेरे साथ ही हैं...

ये फूल मुझे कोई विरासत में मिले हैं
तुमने मेरा काँटों भरा बिस्तर नहीं देखा

—बशीर बद्र

2024

ड्राइविंग का डर

कभी मेरी तलब कच्चे घड़े पर पार उतरती है
कभी महफ़ूज़ कश्ती में सफ़र करने से डरता हूँ

—फ़रीद परबती

भूली हुई यादों को पाने के लिए मन के कलदार को स्मृति की नदी में फेंकना पड़ता है। डुबकी मारो तो हर बार कुछ नया हाथ आता है। मैं अब भुलक्कड़ होता जा रहा हूँ और मुझ पर यह डर और हावी होता जा रहा है कि अब भूला कि तब भूला। इन डरों से इतर एक और डर है मेरे भीतर वो है ड्राइविंग का डर!

मुझे हमेशा से ड्राइविंग से डर लगता रहा लेकिन बचपन में गाड़ियों के पीछे लटकने से कभी नहीं डरा। गाड़ियों के पीछे लटककर स्कूल जाने का आनन्द किसी भी महँगी गाड़ी में बैठनेके सुख से बेहतर होता है। दसवीं कक्षा की बोर्ड परीक्षा के दौरान लगभग 22 किलोमीटर की दैनिक सड़क-यात्रा बालू ढोनेवाले ट्रक या ट्रैक्टर के पीछे लटककर ही तो की थी मैंने।

लखीसराय से तेतरहाट गाँव तक आने-जाने के लिए समय पर पहुँचने की गारंटी थीं वो गाड़ियाँ। कई बार तो साइकिल के हुक को अलग-अलग ट्रैक्टरों और ट्रकों में फँसाकर भी यात्राएँ की हैं।

उस दिन दसवीं की अन्तिम परीक्षा थी। तैयार होकर घर से निकला और निकलते ही सामने ट्रक दिख गया। आँखें अविलम्ब चमक गईं। लपककर ट्रक के पीछे लटक गया। ट्रक बालू से भरा था और बालू उड़-उड़कर मुझे परेशान कर रही थी। जब बालू की यह मार बर्दाश्त के बिलकुल बाहर हो गई तब उससे छुटकारे के लिए ट्रक के ऊपर चढ़कर बैठ गया। चलते ट्रक पर हवाओं के झोंके आपको अलादीन के कालीन पर बैठने का दिव्य अनुभव प्रदान करते हैं। ट्रक के अनचाहे ब्रेक रह-रहकर हिचकोले भी देते रहे पर मन फिर क़ालीन पर उछलकर बैठ जाता।

लेकिन इस बीच ड्राइवर की नज़र मुझ पर पड़ चुकी थी। ट्रक तेतरहाट गाँव पहुँचने ही वाला था कि लगा ड्राइवर के मन में कुछ और ही चल रहा है। उसने ब्रेक लगाने के बदले अपनी स्पीड बढ़ा दी। मुझे दिन में तारे नज़र आने लगे। अचानक प्रश्नों की बौछार हुई, अब परीक्षा का क्या होगा? कैसे उतर पाऊँगा नीचे? यह सब सोच ही रहा था कि मेरी नज़र एक लोहे के सरिये पर पड़ी जो ट्रक के ऊपर वाले डेक पर रखा था। मैंने छड़ को ट्रक के सामने वाले शीशे के सामने पेंडुलम की तरह लटका दिया। पेंडुलम की तरह छड़ लटकाते ही सूई अटक गई और इसी के साथ मनचले ड्राइवर की मस्त चाल स्वयं ढीली पड़ने लगी। उसे समझ आ चुका था कि अगर ट्रक नहीं रुका तो मैं फ्रंट ग्लास फोड़ दूँगा।

उस दिन ड्राइवर का रुकना मेरी ज़िन्दगी के आगे चलने का संकेत लेकर आया था।

एक बार ऐसा भी हुआ कि मुंगेर जाने की ज़िद में साइकिल से ही मुंगेर पहुँच गया। माँ की डाँट के कारण ट्रेकर की छत पर बैठ गया। मुंगेर ननिहाल है और वहाँ जाने का नशा हमेशा बना रहता। एक-आध बार तो माँ को बिना बताए भी भाग गया। इस बार भी कुछ ऐसा ही मामला था लेकिन ड्राइवर ने देख लिया। उसने डाँटते हुए नीचे उतरने को कहा तो मैं चुपचाप उतरकर ट्रेकर के भीतर ही दुबक लिया। याद नहीं कि पॉकेट में पैसा था भी या नहीं। ट्रेकर की छत की ओर भीतर से जो रॉड लगी हुई थी जो सड़क की लचक से बचने के लिए पकड़ने के काम आती है झटके से

बचने के लिए मैंने उसे पकड़ लिया। सब कुछ सामान्य ही चल रहा था कि सूर्यगढ़ा आते ही लोगों की भीड़ घुस गई और अपने अक्से-बक्से छत पर रखने लगी। कुछ लोग गरियाते हुए छत पर बैठ गए और इसी क्रम में जहाँ पर मैंने रॉड को पकड़ा था वहीं ऊपर किसी भारी चीज़ के रखने से छत की टीन दब गई और इसी के साथ रॉड और टीन के बीच मेरी उँगलियाँ आ गईं। दर्द से मैं बिलबिला उठा। मेरी चीख़ सुनने के बाद भी ट्रेकर का ड्राइवर रुकने का नाम ही नहीं ले रहा था और मैं लगातार चीख़े जा रहा था—दर्द और ग़ुस्से से एक साथ भरी हुई चीख़। भला हो सामने बैठे एक बड़ी मूँछवाले चाचा का जिनके गरियाते ही ट्रेकर रुक गया और ड्राइवर ने मुझे ग़ुस्से में वहीं उतार दिया। आगे की पन्द्रह किलोमीटर की यात्रा मुझे पैदल करनी पड़ी। जब मुंगेर पहुँचा तो सूरज पश्चिम में ढल चुका था। ख़ैर, मेरी ख़ूब ख़ातिरदारी हुई। चोट लगने का पूरा हर्ज़ाना नानी से वसूल किया गया। बढ़िया खाना, पाचक और बड़का गुपचुप सफ़ेद मटर के छोले से भरा, जो रात को ठेले पर आवाज़ देते हुए बेचा जाता था, छककर खाया। बब्बा आए तो बेकापुर की रबड़ी-मलाई लेते आए। मुझे और क्या चाहिए था, खा-पीकर मानो ज़िन्दगी जैसे गुलज़ार हो गई।

आपको पता ही है ख़ुशियाँ ज़्यादा देर ठहरती कहाँ हैं और वही हुआ। अगले दिन बब्बा दुकान जाने से पहले अचानक पूछ बैठे कि स्कूल कब तक बन्द है तो मुँह से सच बाहर निकल आया कि स्कूल तो खुला हुआ ही है। सुनते ही बब्बा को सन्देह हो गया कि मैं भागकर आया हूँ। फिर क्या था, अपना सन्देह दूर करने की मंशा से उन्होंने कुरेदना शुरू कर दिया जिसके आगे मैं ज़्यादा देर तक टिक नहीं पाया। पता चलते ही दस का नोट मेरे हवाले कर दिया गया और अपनी प्यारी बेटी यानी मेरी माँ के ख़याल की भरपूर सीख दी गई। आदेश पारित हुआ कि अगली लोकल मतलब KJ (किऊल जमालपुर लोकल)से प्रस्थान कर लो। किऊल जमालपुर लोकल जमालपुर स्टेशन से पाँच बजे शाम को चलती थी तो कुल मिलाकर मेरे पास पाँच घंटे अभी और बचे थे। नानी ने मेरे पसन्द की पतली अरहर की दाल, बासमती चावल, आलू की भुजिया, टमाटर की नमकीन चटनी बनाई और मैंने यह सब छककर खाया। शाम को जब जमालपुर स्टेशन पहुँचा तो पता चला ट्रेन चार घंटे लेट से चल रही है और अभी किऊल से आई ही नहीं है।

ट्रेन नौ बजे रात को खुली और मैंने आदतन टिकट नहीं लिया। अब हर पल डर का साया मेरे साथ था कि अगले पल कोई मुझे दबोच लेगा। टीटी आया तो डर से बाथरूम में घुस गया हालाँकि जब निकला तो वह उसी कोच में बैठा मिला। सबके साथ ताश खेलता हुआ। इस रूप में उसे देखते ही मेरा दिल ज़ोर से धड़कना बन्द कर चुका था। मैं वहीं कोने में बैठ गया। ट्रेन की बत्ती ऐसी थी कि कभी दो सौ वॉट का बल्ब तो कभी जीरो वॉट का, रोशनी यूँ बस भुतहा माहौल बनाती हुई आ-जा रही थी।

स्टेशन-दर-स्टेशन चेन पुलिंग ने ट्रेन को रात 12 बजे किऊल पहुँचाया। देखते-ही-देखते पूरा डब्बा ख़ाली हो गया। मैं आराम से अन्त में उतरा। मेरे मन में यही आ रहा था कि बाहर निकलने से पहले देख लिया जाए कि स्टेशन पर चेकिंग कैसी है। मेरे हाथ में एक थैले के सिवाय और कोई चीज़ नहीं थी। लखीसराय जाने के लिए रात को पुल पैदल पार करना पड़ता है और अकेला न रह जाऊँ इस लिहाज़ से मैं झटककर चलने लगा। पुलिया की ओर जाने के लिए स्टेशन के अंडरपास के बग़ल से पटरी क्रॉस करनी पड़ती है पर बीच में ही एक टीटी ने मुझे धर दबोचने के लिए हाथ आगे बढ़ाया, शायद मेरे चेहरे पर लिखा था—बिना टिकट यात्री! अचानक सामने आया टीटी मुझे साक्षात यमराज प्रतीत हुआ, भय से मेरे प्राण सूख गए और उसकी पकड़ से बचने के लिए मैं पटरी की ओर कूद गया। टीटी मेरी ओर लपककर नीचे पटरी की ओर उतरा तो मैं फुर्ती से फिर से स्टेशन के प्लेटफ़ार्म पर चढ़ गया और बिजली की गति से बेतहाशा दौड़ने लगा। सामने वही लोकल दिखी तो मैं वापस उसी ट्रेन के डब्बे में घुस गया।

न जाने क्या मेरे दिमाग़ में चल रहा था पर मेरी साँस मेरे बस में रहने को तैयार नहीं थी। मैं पीछे के डब्बे तक भागता हुआ बीच में ही किसी सीट के नीचे छुप गया। ख़ौफ़ क्या होता है उस दिन पता चला। दम साधे कुछ समय वहीं सीट के नीचे लेटा रहा। कुछ आहटें नज़दीक आकर निकल गईं पर मैं दम साधे वहीं पड़ा रहा। इसी अवस्था में लगभग दो घंटे बीत गए तब अपना सिर बाहर निकालकर देखा, कहीं कोई नहीं दिखा। अब मैं पीछे से स्टेशन के तीसरे प्लेटफ़ार्म की ओर निकल गया और एक साँस में पुल की तरफ़ भागा। प्रकाश सिंह का नाम अब याद आ रहा था। जब याद आना था तब सिट्टी-पिट्टी गुम थी।

डरते-डरते पुल पार करने के बाद लखीसराय के सुनसान पुराने बाज़ार की ओर उतरा। वहाँ कोई बस-ट्रेकर नहीं था। मैं चुपचाप हनुमान चालीसा पढ़ते हुए अपने घर के रास्ते पैदल चलने लगा।

पंजाबी मुहल्लेवाली गली के पहले तक मैं अपनी धुन में आराम से गाते हुए आगे बढ़ रहा था कि मुझ पर अचानक दो कुत्तों ने पीछे से हमला कर दिया। वहीं पास में मछली बाज़ार था जो कई कुत्तों के लिए पनाह घर से कम नहीं था। मेरी साँस जो अभी बनी ही थी, उखड़ गई। मैं फिर से मिल्खा सिंह बन गया। ईश्वर का लाख-लाख शुक्र है कि सामने कुछ दूरी पर ही सब्ज़ीमंडी की ट्रक खड़ी दिख गई जिससे रात में आलू उतारा गया था। मैं डाला पकड़कर एक ही छलाँग में ट्रक के भीतर पहुँच गया। कुत्ते हिंसक रूप से नीचे टहल रहे थे और मैं बुरी तरह से थक चुका था। मैंने थैले का तकिया बनाया और उन्हीं आलू के बोरों से झड़े मिट्टी और आलू के छिलकों से बने तह के ऊपर लेट गया। कुछ ही देर में निंदिया रानी मुझे पालना झुला रही थी। शायद तब तक सुबह के चार बज चुके होंगे। नींद इतनी गहरी थी कि पता ही नहीं चला कब नींद का झूला उछाल मारने लगा और जब अगली हिचकी आई तो ट्रक अस्पताल के सामने से गुज़रकर जमुई मोड़ की ओर मुड़ चुका था।

यह सब देख फिर मेरी साँस अटक गई। सोचने लगा आज कौन से नक्षत्र में मैं निकला था कि एक-एक कर अकल्पनीय घटना घटती जा रही है पर इस बार ज़्यादा दिक़्क़त नहीं हुई। एक-दो बार ही पीछे लटकी ज़ंजीर को ठोंका तो ड्राइवर ने ब्रेक लगा दी। हालाँकि उतरते हुए एक तगड़ा चाँटा ज़रूर रसीद कर दिया। जो कसर रह गई थी उसकी भरपाई घर पहुँचते ही माँ की चप्पल ने की और फिर पूरा दिन सूजा हुआ मुँह लिये घूमता रहा। घर पर कोई भी बीती रात की घटना पर यक़ीन ही नहीं कर रहा था।

वो स्वच्छन्द आज़ादी, यायावरी के साथ उन्मुक्त वास्तविकता को चखने और अनकही बातों को गाँठ में बाँधने के दिन थे। उन सारी भावनाओं के उद्वेग को पोटली में बाँधकर जीवन के सफ़र में क्रमशः अपने-आपको सूटकेस, अटैची और अन्त में लैपटॉप में बन्द करता चला गया। सफ़र ने अलग ही गति पकड़ ली थी। महीने और वर्ष तेज़ी से बीतते जा रहे थे। अब समय ने एक दशक की करवट ले ली है और मैं इन दिनों एक सरकारी मुलाज़िम बनकर कोलकाता शहर और इसकी हवा में तैर रहा हूँ।

साइकिल से शुरू हुआ सफ़र अब अपनी गाड़ी तक पहुँच चुका है पर जो आज भी नहीं बदला, वो ये कि मुझे अब भी ड्राइविंग से उतना ही डर लगता है पर कभी-कभी जिस बात से आपको ज़्यादा डर लगता हो, मुक़द्दर आपकी क़िस्मत की लकीर को उसी सिरे से जोड़ देता है। गोल्फ खेलने के लिए ड्राइवर को सुबह-सुबह बुलाना न पड़े इसलिए ख़ुद ही ड्राइव करने लगा। धीरे-धीरे पुराने डर पर गाड़ी चलाने की उमंग का लिहाफ़ चढ़ गया। आदतन अब मैं सड़क पर आते-जाते बच्चों को देखकर मुस्करा देता, अचानक चौराहे पर बिक रहे सारे बलून ख़रीद लेता। ख़ुशी की नन्ही तरंगें मेरे सीने में बिना दस्तक दिये प्रवेश कर जातीं। अब ये रोज़ का सिलसिला बन गया। आदतें इतनी बिगड़ीं कि रास्ते में हर आने-जानेवाले जो बिना सिग्नल के रास्ता पार करना चाहते, उन्हें देखते ही मेरी गाड़ी रुक जाती और वो मुझे प्यारी-सी मुस्कराहट रिटर्न गिफ़्ट की तरह देते हुए गुज़र जाते और मैं थोड़ा और मंत्रमुग्ध हो जाता। इन सभी में कहीं ड्राइविंग के डर ने बैकसीट ले ली थी।

उस दिन रविवार की एक ख़ुशनुमा सुबह थी। गोल्फ क्लब मुझे अपनी ओर खींचे जा रहा था। मैं अपनी ही रौ में था। आश्चर्य और आनन्द दोनों मिलकर मुझे बेआवाज़ मंत्रमुग्ध किये जा रहे थे और हाथ बँधे थे गियर और स्टीयरिंग के साथ। अचानक देखता हूँ कि एक महिला एक बच्ची के साथ तेज़ क़दमों से ग्रीन सिग्नल होने के बावजूद सड़क पार करने की हड़बड़ी में है और आदतन मैं कोशिश करता हूँ अपनी गाड़ी रोककर उन्हें सड़क पार करने देने की। मेरी गाड़ी के ब्रेक की आवाज़ उस सड़क पर चीख़ती चली जाती है और ठीक उनके सामने रुकती है। दोनों घबराहट में परेशान पर मोहक शुक्रिया भाव से मुझे देख मुस्कराती हैं। मैं भी मुस्करा देता हूँ। एक पल का फ़ासला बीता कि तभी अचानक एक और ब्रेक की चिचियाती आवाज़ बाएँ कान को सुन्न करने की कोशिश करती है। मेरी नज़र बाएँ बैक व्यू मिरर पर पड़ती है, जिसके ऊपर कुछ सुर्ख़ गीली ताज़ा लकीरें टपक रही होती हैं। पल-भर की देरी में हादसा हो चुका था समीप से निकल रही एक दूसरी गाड़ी असमय उभरी परिस्थिति में समय पर ब्रेक नहीं लगा सकी थी।

मैं अपनी ड्राइविंग सीट से भय में लिप्त कूद पड़ता हूँ और दो क़दम चलते ही बुत बन जाता हूँ। बच्ची अभी भी माँ की उँगली थामे है लेकिन

माँ की आँखें पत्थर की तरह जम गई हैं। देह अन्तिम साँस के झटके ले रही है और ममत्व अब तक आँखों में शायद ज़िन्दा है। पथराई आँखें बोल रही थीं "अच्छी आदतें अच्छे परिणाम" ये हर बार सम्भव नहीं है भाई। धूल से जमे शीशे पर अब वाइपर चल रहा है और ड्राइविंग का डर फिर से वापस मुझे घेरने लगा...

कुछ और सबक़ हमको ज़माने ने सिखाए
कुछ और सबक़ हमने किताबों में पढ़े थे

—हस्तीमल हस्ती

भैया : अनजाना सम्बल

किसी बचपन में बनाई हुई कश्ती जैसा
साथ तेरा था मगर धूप की नरमी जैसा

—इस्मा हादिया

अभाव और वंचना से पुते जीवन में कई लोगों की पावती, दाग़ी हुई मोहरें हैं जो स्मृति के सफ़हों पर मेहँदी नहीं, गोदना-सी अमिट है। वहाँ विलम्बित कराहें रुक-रुक कर कुहुकती और कुरेदती हैं और मैं यादों की टीस से भर उठता हूँ। जिस टीस को बस लिखकर ही हल्का किया जा सकता है।

मेरी ज़िन्दगी की सर्किट में माँ चरण स्रोत (पॉज़िटिव) तार की तरह रही तो दीदी पृथ्वी यानी अर्थिंग वायर की तरह लेकिन आज जिस शख़्स के बारे में लिखने जा रहा हूँ वह एक न्यूट्रल (तटस्थ) तार की तरह था। आम तौर पर हम पॉज़िटिव और नेगेटिव तारों पर ही ज़्यादा ध्यान देते हैं जबकि न्यूट्रल तार भी पूरी वायरिंग में अपना अहम रोल अदा कर रहा होता है और सारी अवांछित-असन्तुलित तरंगों को सहेजते-सहते हुए स्रोत को वापस सौंप देता है। न्यूट्रल तार की अहमियत आपको हमेशा इमरजेंसी में ही समझ में आती है।

यह मेरे लिए भी उतना ही आश्चर्य भरा है कि भैया जो मुझसे पाँच साल बड़े हैं, इस संस्मरण में अब तक क्यों नहीं आए। अब तक जैसे दीदी, माँ अथवा पिता आते रहे, वो आए भी तो किसी बुलबुले की तरह आए और एकदम फूट गए। हम दोनों पाँच साल के फ़ासले के साथ इस धरती पर आए। यह फ़ासला अपनी शक्ल बदल-बदलकर भी कई सालों तक हमारे बीच ही रहा। बेशक बीच-बीच में हम पहाड़ी पगडंडियों की तरह मिलते-बिछड़ते रहे।

पिता को ब्रेन ट्यूमर था। हमें यही बताया गया लेकिन इतने लोगों से अलग-अलग बात करके लगता है कि उन्हें कैंसर वाला ट्यूमर था। ब्रेन ट्यूमर के कुछ महीने पहले गले से ट्यूमर निकाला गया था। इन्हीं प्रतिकूल परिस्थितियों में उन्हें होलटाइमरी छोडक़कर शिक्षक बनना पड़ा। दरअसल तब उन्हें सहायता की जरूरत थी। लेकिन कहीं से कोई हाथ नहीं बढ़ा रहा था। पार्टी ने जब तक हाथ बढ़ाया तब तक बीमारी हाथ से निकल चुकी थी और फिर वे पूरे-के-पूरे हाथ से निकल गए।

उन्होंने मुंगेर में ही हाफ़ टाइम टेक्निकल स्कूल तोपख़ाना में नौकरी कर ली जो कि उस समय तक ग़ैर-सरकारी था। भैया उस समय पाँच साल से कम के ही होंगे। वे पिता के साथ ही साइकिल पर स्कूल जाया करते थे। उसके पहले एक बात यह भी समझनी ज़रूरी है कि माँ को साफ़ दिख गया था कि रामगढ़ में कोई भविष्य नहीं है और पिता को साथ लिये मुंगेर आने के निर्णय में नाना की भूमिका भी बहुत बड़ी रही, नानी की बहुत कम। नानी के दिमाग़ में वही 'समाज क्या बोलेगा' गूँजता रहा। माँ, पिता, भैया, दीदी सब ननिहाल के बाहर वाले दालान के बग़ल में खपरैलवाले घर में रहने लगे। भैया बचपन से नाना यानी बब्बा का दुलारा रहा। उन दोनों के दिलों की धड़कनें हमेशा से एक तार से जुड़ी हों जैसे। बब्बा भैया के लिए रोज़ रबड़ी या हनुमान मन्दिर से बेसन का लड्डू ज़रूर लाते जिसका थोड़ा-थोड़ा-सा अंश बाक़ी लोगों को भी मिल जाता। बब्बा सोने-चाँदी की छोटी सी दुकान बेकापुर में चलाते थे। जाते समय, घर से दुकान, पैदल रास्ते में दशभुजी दुर्गा स्थान मन्दिर पड़ता था, उसमें पूजा करते हुए जाते पर लौटते समय रिक्शा कर लेते। सबसे छोटी अमिता मौसी की शादी के समय बब्बा जब शाम को शादी के सारे ज़ेवर लेकर लौट रहे थे तब दो नम्बर गुमटी के पास रिक्शे से ही सारे गहने लूट लिये गए। किन लोगों ने यह किया, पता नहीं चला लेकिन

उन अज्ञात लोगों को निश्चित ही ज्ञात लोगों से सुराग और मदद मिली थी ऐसा सब कहते हैं। इस अकस्मात घटना से ननिहाल की हालत और ख़राब हो गई। उस समय माँ बताती है कि भैया इतनी छोटी अवस्था में भी आग उतावला हो रहा था। लुटेरों ने छिनतई के दौरान नाना पर प्रहार भी किया था और उन्हें सिर पर चोट आई थी, भैया को बस उसी बात का ग़ुस्सा ज़्यादा था कि बब्बा को क्यों छुआ।

तनातनी में घर का माहौल और बिगड़ता जा रहा था। पिता पटना गए हुए थे तो साइकिल से भैया को स्कूल कौन ले जाता, सो उस दिन वह माधोपुर से तोपख़ाना स्कूल के लिए पैदल ही निकल गए। तीन नम्बर गुमटी का फाटक बन्द होने के बावजूद पटरी क्रॉस करने लगे। उधर जमालपुर मुंगेर लोकल ट्रेन धड़ल्ले से भागती आ रही थी। आती हुई ट्रेन को देखकर अचानक उनका माथा कुन्द हो गया, क्षण-भर की जड़ता ने उन्हें मूर्ति बनाकर पटरियों के बीच खड़ा कर दिया। वो तो भला हो फाटकवाले का जिसने दौड़कर उनके प्राणों की रक्षा की और फिर उन्हीं से पूछकर उन्हें स्कूल तक पहुँचाया।

इसी बीच हाफ़ टाइम टेक्निकल स्कूल तोपख़ाना का सरकारी अधिग्रहण हो गया जिसके बाद एक महीना भी नहीं बीता कि अनहोनी हो गई, पिता नहीं रहे। चूँकि पिता स्कूल का सरकारी अधिग्रहण होने के भीतर एक महीने की तनख़्वाह भी नहीं उठा पाए थे तो कोई भी सरकारी मदद जो हमें मिलनी चाहिए थी, क़ानूनी अड़चन आ जाने की वजह से नहीं मिली।

पिता का ट्यूमर फटा और साथ ही हमारी बदक़िस्मती का बादल! चिता कहाँ जलेगी इस बात पर गाँव से आए चाचा और बब्बा में ठन गई। फिर थोड़ी और ठनी इस बात पर कि चिता को आग कौन देगा। बड़े चाचा का आदेश था उनका बेटा देगा जबकि विधि के अनुसार भैया को ही देना था। परम्परा अनुसार कहा जाता है कि जो चिता को आग देता है उसे ज़मीन का तिहाई हिस्सा मिलता है। शायद यह भी कारण हो चाचा के कहने का पर मिला-जुलाकर बात इतनी बिगड़ी कि भैया के आग देते ही वे सब बिना घर आए वहीं से सीधे अपने गाँव वापस चले गए। उस दिन से बचे-खुचे रिश्तों को भी तिलांजलि दे दी गई। न वे फिर कभी हाल पूछने आए, न माँ ने उनसे ज़मीन का कोई हिस्सा माँगा।

भैया के हाथ से जब पिता को मुखाग्नि दिलवाई गई थी तब भैया मात्र पाँच साल का ही रहा होगा। आग देने के बाद मृत के शरीर में आग की लपटें

हरकतें पैदा करती हैं और ख़ासकर जब कपाल क्रिया की जाती है तो एक ज़ोर से फटने की आवाज़ होती है। ये सब चीजें उस पाँच साल के बच्चे के लिए बिलकुल अकल्पनीय, अप्रत्याशित थीं। यह सब देखना भैया के लिए दिल दहलानेवाला रहा। त्वचा के जलने और सिकुड़ने से कई बार पैर और हाथ भी हिलने-उठने लगते हैं। इन सबका भैया के मन-मस्तिष्क पर बहुत भयावह असर पड़ा और वह कई दिनों तक सो नहीं सका, अधनींद में बड़बड़ाता रहा। इस मनोदशा से निकलने और सामान्य होने में उसे वक़्त लगा।

बदक़िस्मती के बादलों को अभी और कई बार फटना था सो वे फटते रहे। पिता के गुज़रने का दुख अभी गीला ही था कि नानी और बड़े मामा का हिसाब-किताब शुरू हो गया। माँ स्टाफ़ नर्स की ड्यूटी में थी लेकिन इस घटना के बाद ननिहाल पराया-सा होने लगा।

इस बीच समय बीता और डॉक्टर साहब का पदार्पण हुआ जिन्हें मुंगेर में किसी की स्वीकार्यता नहीं मिली और माँ को पटना और फिर लखीसराय शिफ़्ट होना पड़ा लेकिन भाई के ऊपर मानसिक अत्याचार कम नहीं हो रहे थे। माँ उन्हें और दीदी को ननिहाल में छोड़कर बीच-बीच में जाती और अपने ही लोग जो ननिहाल के गोतिया भाई के बच्चे थे, भाई से बार-बार सभी बच्चों के सामने पूछते, "बता तेरे बाप का नाम क्या है?" भैया पहला नाम बताते तो सब हँसने लगते और जब वह दूसरा बताता तो वे उपहास में और ज़ोर से हँसते। वास्तव में उनकी ज़िन्दगी दूभर हो गई थी।

1978 में हम सब लखीसराय आ चुके थे, कुछ महीनों में ही भाई का चयन सैनिक स्कूल तिलैया में हो गया। उसकी क़िस्मत का कटोरा जो इतने दिनों से पलटा हुआ था, सीधा हो गया। मगर क़िस्मत तो हमारी ही थी इतनी आसानी से रास्ता कैसे दे देती। चयन के बाद दाख़िले के लिए स्कूल से भेजे गए कुछ ऐसे फ़ॉर्म संलग्न थे जिन पर एसडीओ या उनके समकक्ष के हस्ताक्षर की ज़रूरत थी। अधिकारी अपनी जाति दिखाने से बाज़ नहीं आ रहे थे। फ़ॉर्म साइन करने के लिए माँ को शाम को घर पर बुलावा भेजा गया जिसका मतलब माँ बेहतर समझती थी। जब-जब अन्धकार घना हुआ ईश्वर हमेशा रोशनी दिखलाता रहा। उसी ऑफ़िस में एक पेशकार थे—काली बाबू और उन्होंने यह बात सब-डिविज़नल मजिस्ट्रेट प्रमोद सिंह तक पहुँचाई जो बहुत ही नेक दिल इनसान थे। उन्होंने काग़ज़ मँगाकर अपने हस्ताक्षर दिये और इस तरह भैया का दाख़िला सैनिक स्कूल में सम्भव हो पाया।

नेक दिल इनसान प्रमोद सिंह जी से कोई परिचय नहीं होने के बावजूद वे हम दोनों को पढ़ने की सलाह देते। क्या ही संयोग हुआ कि चार साल बाद ही उनका बेटा भी सैनिक स्कूल तिलैया में गया और भाई वहाँ उसका संरक्षक गाइड बना। क़िस्मत का सिक्का कब-कैसे पलटे, पता नहीं चलता।

बाद में भैया जब भी आता बहुत कम दिनों तक हमारे साथ रहता। जैसे राजा की जान तोते में रहनेवाली कहानी दोहराई जा रही हो, बब्बा उसके बिना एक दिन नहीं रह पाते और आते ही भैया मुंगेर चला जाता। कभी हम लोग साथ जाते और कभी वो अकेले भाग जाता। उसे बचपन से कोका कोला, कैम्पा का चस्का लग गया था। पैसे बचाकर कोका कोला पीने के लिए वो साइकिल से मुंगेर 56 किलोमीटर जाता।

मुंगेर में मुकलेश और मैं अपनी-अपनी बच्चोंवाली तीन पहिया साइकिल में रस्सी बाँधकर रेस करते। यह हमारा प्रिय शगल था, हम दोनों अपनी साइकिल में बैठ जाते और दोनों के बड़े भाई रस्सी से हमें खींचते। एक तरफ़ मुकलेश का बड़ा भाई दूसरी तरफ़ मेरा भाई। मुकलेश की साइकिल नई और हमारी खटारा और इसी रेस के क्रम में हमारी पुरानी साइकिल को शहीद होना था और मुझे चोट लगनी थी और भाई बेचारे को डाँट खानी थी। मेरे कारण भैया के डाँट खाने का सिलसिला बहुत दिनों तक चलता रहा जिसका मुख्य कारण गोल-मटोल मासूम सूरत लिये शुरू से ही मेरी रोते हुए शिकायत करने की आदत थी। इस मासूमियत का ख़मियाज़ा उसे कई बार उठाना पड़ा और रिश्तेदारों से डाँट खानी पड़ी।

भैया और मुकलेश के बड़े भाई, दोनों की आपस में बहुत छनती थी। एक बार अपने समूह के लिए अमरूद तोड़कर उन दोनों ने वहीं नीचे घास के झुरमुट में छिपा दिये। उनकी प्लानिंग उनके पूरे ग्रुप के साथ आराम से पिकनिक मनाने की थी। संयोग से हम दोनों भी अमरूद तोड़ने वहीं पहुँच गए। दीदी और उनकी कुछ सहेलियाँ भी शहतूत तोड़ने बगीचे में आई हुई थीं। मुझे पेड़ की ऊपरी फुनगियों तक पहुँचने में मज़ा आता था। मुकलेश अभी बीच में ही था और मैं सबसे ऊपरी डार पर तभी मेरी नज़र उस ख़ज़ाने पर पड़ी जहाँ कच्चे-पके ढेर सारे अमरूद लम्बी-लम्बी घासों के झुरमुट में छिपाकर तरकीब से रखे हुए थे मैंने न आव देखा न ताव, डाल से हाथ के सहारे बन्दर की तरह लटका और ऊपर से ही छलाँग लगा दी।

उस समय पता नहीं क्यों पर पेड़ों से यूँ कूदते हुए कभी चोट नहीं लगती थी। हमारी मासूमियत की यह इन्तहा थी कि बनियान और हाफ़ पैंट पहने मुझे लगा कि सारे अमरूदों को अपने बनियान में ही समेट लूँगा। इसी बीच मुकलेश भी नीचे आ गया और हम दोनों ने अमरूद उठाना जारी रखा पर हम अव्वल दर्जे के मूर्ख ठहरे। बनियान में भला कितने अमरूद आते, वे एक तरफ़ से डाले जाते और दूसरी ओर से टघरते जाते। दीदी और उसकी सहेलियों ने जब ये नज़ारा देखा तो वे सब भी एक साथ टूट पड़ीं। हम दोनों बनियानवाले फ्रॉकवालियों के सामने कहाँ टिक पाते। हाथ सिर्फ़ बटेर लगा, सारे तीतर उड़ गए। सिर्फ़ चार-चार अमरूद हमारे हाथ आए वो भी कमबख़्त कच्चे निकले। भैया को जब पता चला तो वे दोनों आगबबूला होकर लगे डाँटने कि खाया सो खाया पूरे मुहल्ले को दावत दे आया और उनकी होनेवाली पार्टी ख़राब कर दी। उस दिन जब सब शान्त हुए तो हम लोगों ने बचे हुए कच्चे अमरूद को बारीक टुकड़ों में काटकर, सरसों तेल, लाल मिर्च की गुंडी और नमक मिलाकर अपने बनियान में बाँधकर ख़ूब पटक-पटक कर 'घुमउआ' बनाया। कच्चे अमरूद का इससे बेहतर विकल्प और कोई नहीं, और फिर ख़ूब छककर हम दोनों खाए और इसी के साथ डाँट खाने के बावजूद अपनी पार्टी तो बन ही गई।

याद आता है कच्चे पपीते और शहतूत का घुमउआ भी उन दिनों हम ख़ूब बनाते थे। घुमउआ सबसे अच्छा भैया ही बनाता जबकि दीदी सरसों तेल और लाल मिर्च के साथ इमली का कुच्चा इमामदस्ते में कूटकर बनाती। वे स्वाद जीवन में आज भी सबसे रसीले हैं।

एक बार ऐसा हुआ कि हम तीनों भैया से मिलने सैनिक स्कूल गए। लखीसराय से वहाँ पहुँचने का मतलब है रात नवादा स्टेशन पर बिताना। वो यात्रा जहाँ एक माँ कोडरमा जैसी जगह पर रात में होटल खोजती हो अपने दो छोटे बच्चों के साथ तो किस तरह का स्वागत मिलता है सोचकर आज भी सिहर जाता हूँ पर माँ की एक बात जो हमेशा अनुकरणीय है "मुसीबत जितनी बढ़ेगी विवेक उतना शक्तिशाली बनेगा।" हर वैसी अप्रिय परिस्थिति को अपने उसी विवेक और आत्मबल से सँभाला है माँ ने!

जब हम तीनों भैया के स्कूल पहुँचे तो वो हम दोनों के लिए बिलकुल सपनों वाली दुनिया थी। सब कुछ सलीक़े से। समय के पाबन्द, इस्तरी किये हुए कपड़े, जूते भी समयानुसार अपनी शक्ल बदलते हुए।

खाना हॉल में जैसे राजाओं का होता है। बड़े से टेबल पर बेशुमार फलों का ढेर—एक छोटा-मोटा पहाड़ बनाता हुआ। इस राजशाही शान-शौक़त को देखते हुए एक तरफ़ तो हम दोनों को अपनी क़िस्मत पर रोना आया और दूसरी तरफ़ भैया की क़िस्मत से उतनी ही कुढ़न हुई। आज भी याद है, भैया कुँवर सिंह हाउस में रहता था और सम्भवत: वीर कुँवर सिंह जी का नाम पहली बार हमने वहीं सुना। हम डीवीसी (दामोदर घाटी निगम) का सुन्दर बाँध देखने गए थे। दामोदर नदी का विराट स्वरूप दिखा और उस दिन पहली बार मालूम हुआ कि बिजली नदियों को बाँधने के बाद पनपती है। पता नहीं था नदी की छटपटाहट में कितना करंट होता है!

सबसे मार्मिक था लौटना, जब हम लौटने लगे तो भैया हम सबको छोड़ने स्कूल के आख़िरी गेट तक आया और उस समय उसकी शक्ल कँटीले तारों के पीछे से झाँकती हुई इतनी मासूम लग रही थी हम तीनों एक साथ फफ़ककर रो पड़े। उसकी आँखों में घर लौटने की छटपटाहट क्रान्ति करने तक की बेचैनी लिये थी। उस मार्मिकता का साक्षात्कार करने के बाद दीदी ने मुझसे कहा भाई चिकना हम घर पर ही ठीक हैं। एक दम बेलौस बिन्दास आज़ाद परिन्दे की तरह। यहाँ का अनुशासन तो एक घंटा न झेला जाएगा भाई! दीदी की आँखों में झाँकते हुए मैंने सहमति जताई पर मेरे जेहन में भाई का चेहरा घूमता रहा।

बचपन में अगर क्रिकेट खेलते हुए मैं आउट हो जाता तो वहीं छितरा जाता कि मुझे ग़लत आउट किया गया है। भैया हर बार मुझे एक बार और खेलने की इजाज़त दे देता। फावा तब से मेरी फ़ितरत में शुमार है। मेरे साथ खाना खाने से उसे इसलिए शुरू से परहेज रहा क्योंकि मैं बहुत तेज़ी से खाना ख़त्म करता था और जब तक वो खाने के लिए सोचता उतनी देर में चिकन का लेग पीस मेरे पेट में होता। पटना से लखीसराय ट्रेन के सेफ़ में आते हुए वह चिनिया बादाम (मूँगफली) का एक दोना लेता और मैं उसे चट से ख़त्म कर देता तब मुझे डाँट पड़ती कि यह पूरे सफ़र के लिए था बेवक़ूफ़ और एक-एक दाने के साथ सफ़र का आनन्द लेना चाहिए, निगलना नहीं है समय के साथ स्वाद लेते हुए चबाना है! सच पूछिए तो घर का शुरू से गुड ब्वॉय था वह और मैं हमेशा से एकदम शैतान माने बदमाश बच्चा! वह पूरी तरह व्यवस्थित और मैं पूरा अव्यवस्थित।

एक बार भैया छुट्टी में आया और ननिहाल नहीं गया। उसी बार टेपरिकॉर्डर वाली घटना हुई थी और मैं बाल-बाल ही बचा था। (इस घटना को विस्तार से अगले अध्याय में आप पढ़ सकते हैं)। ठीक उसी घटना के बाद मेरे प्रति उसका प्यार बहुत ज़्यादा उमड़ रहा था। माँ ऑपरेशन कैम्प में जमुई गई थी और भैया को सख़्त हिदायत देकर गई थी कि मैं कहीं नहर, पोखर या नदी, कहीं पर नहीं जा सकूँ, घर में ही रहूँ, उससे ही पढ़ूँ और स्कूल दीदी के साथ ही जाऊँ। कुल मिलाकर कोई भी बहाना नहीं मार सकूँ। उस समय मेरे बाल बहुत ही घने, लम्बे और घुँघराले थे। इतने कि कंघी करना लगभग नामुमकिन, इतने कि पेन से खुजलाता तो पेन बाल में ही उलझ जाता और उसका ढक्कन बालों की गिरफ़्त से निकालना एक प्रोजेक्ट बन जाता। भैया की नज़र उस दिन शायद पहली बार इस ओर गई हो कि मेरे बाल मुझसे भी ज़्यादा अव्यवस्थित हैं। भैया ने सुलझाने की बहुत कोशिश की पर सुलझाने की कोशिश में बाल और ज़्यादा उलझते चले गए। उस दिन मुझे स्कूल के लिए उसे तैयार भी करना था और मेरी आराम से उठने की आदत के कारण पहले ही देर हो रही थी।

दिसम्बर का मौसम कड़क ठंड का मौसम होता है। दीदी से उसने इसी उलझन में जमे हुए नारियल के तेल को पिघलाने के लिए चूल्हे पर चढ़ाने को कहा। दीदी ने तवे पर टीन का डब्बा चढ़ा दिया। तेल देखते-देखते पूरी तरह पिघल गया या शायद खौल भी गया हो। मेरे बाल की मोटी तहों का चित्र भैया के मन में कुछ ऐसा बना हुआ था कि उसने सँड़सी से टीन के डब्बे को पकड़ा और मेरे सिर पर हल्के से उड़ेल दिया। वह बिलकुल क्षण-भर के लिए भूल गया था कि तेल कितना गर्म है या खौला हुआ है। मैं ज़ोर से चिल्लाया तो उसने मेरे बालों को और ज़ोर से पकड़कर ज़्यादा तेल डाल दिया। उसे इस बात का कोई भान नहीं था कि अगले पल क्या घटनेवाला है। मैं फिर पूरे ज़ोर से चिल्लाया तो उसने और कसकर मेरे बाल पकड़ लिये और मेरी चोटी कसकर बना डाली। मेरी आँखों में से बहते मोटे धार उसे अब भी बहाना ही लग रहे थे। ऐसा इसलिए भी सम्भव हुआ होगा क्योंकि मुझे पहले कई बार रो-रोकर उसे फँसाना याद रहा होगा।

उसी दिन जब स्कूल में गणित के शिक्षक ने सात और नौ का पहाड़ा पूछा और नहीं सुनाने पर लम्बे-मोटे-लचीले सोंटे लगाने के साथ-साथ मेरे प्यारे बाल को पकड़ घसीटा, तब उनके हाथों में उभरा फफोला आ गया।

सिर की त्वचा झुलस गई थी और कुछ फफोले फूट पड़े थे। तब तक दीदी और मैं एक ही स्कूल सरस्वती विद्या मन्दिर में पढ़ते थे। दीदी को बुलाया गया और मेरे सिर की बुरी हालत दिखाई गई और हम दोनों को अविलम्ब छुट्टी दे दी गई। दो किलोमीटर पैदल धूप में हम वापस घर आए। ऐसी बुरी हालत देखकर भैया सन्न रह गया जैसे साँप सूँघ गया हो! आत्मग्लानि से भरा वह चुप्पा बस मुझे स्नेह भरकर टुकुर-टुकुर दूर से ही देखता रहा। फफोलों को ठीक से देखने और दवाई लगाने के लिए मेरे सुन्दर बालों को माँ ने सलीक़े से क़तर दिया और फिर फफोलों को भी काटकर पानी बहाया गया। सोफ्रामाइसिन का पूरा लेप लगाया गया। अब जो भी घर आता भैया को भरपूर सुनाकर चला जाता। मेरा मासूम चेहरा और अटेंशन सीकर होने की आदत दोनों मिलकर इस समस्या को उसके लिए कई गुना बढ़ा दे रहे थे। उस बेचारे की छुट्टियों के उत्साह को इस एक घटना ने अकेले ही चौपट कर दिया था।

मैं इस घटना को कब का भूल गया पर भाई नहीं भूल पाया। भाई के दिल में यह घटना ऐसे धँस गई जैसे नासूर हो और उस दिन के बाद से भैया ने आज तक मुझसे कभी ऊँची आवाज़ में बात नहीं की और न ही कभी मेरे ऊपर हाथ उठाया। उसके बाद या अब भी वो जब मुझसे नाराज़ होता है उसे अपनी यही ग़लती याद आ जाती है और वह हर बार मेरे लिए कुछ कर देना चाहता है। कुछ-न-कुछ लाकर मुझे अभी भी बच्चों की तरह ख़ुश करना चाहता है। मैंने उसे कब का माफ़ कर दिया पर उसने ख़ुद को अब तक माफ़ नहीं किया। हम तीनों भाई-बहन आज भी जब मिलते हैं तो इस घटना को याद करते हुए हर बार भैया लगभग रोनेवाली स्थिति में आकर बुरी तरह भावुक हो जाता है।

उन्हीं दिनों की बात है, मेरी बेवक़ूफ़ियों की फ़ेहरिस्त में एक और बेवक़ूफ़ी जुड़ गई। पढ़ते हुए मुझे अपनी नाक में पेंसिल डालने की आदत थी। मैं कई बार काग़ज़ के तुर्रे सींक की तरह बना लेता और उन्हें नाक में डालकर घुमाता जिससे असमय छींक आ जाती। इन आदतों का नशा एक ख़ुमार बनकर मुझे आकर्षित करता रहता और ऐसी बेवक़ूफ़ियाँ करने में मैं लिप्त रहता। एक बार स्लेट पर मैं पत्थरवाली यानी पेंसिल चॉक से लिख रहा था। असल में एक छोटा टुकड़ा बचा था मेरे हाथ में। पत्थरवाला चॉक पतला और चौकोर होता है जो कई दिन चलता है। आदतन मैंने उस पेंसिल चॉक के छोटे टुकड़े से नाक में गुदगुदी पैदा करने की कोशिश की,

तभी कुछ ऐसा घटा जिसका मुझे कोई अन्देशा नहीं था। छोटी सी पेंसिल चॉक को नाक में घुसाते ही मैंने ग़लती से उसे भीतर सुड़क लिया। जैसा आपको पता है मेरी नाक हमेशा बहती रहती थी जिसका इलाज बहुत बाद में अंजू मौसी ने कई दिनों तक स्लाइन (डिस्टिल्ड वाटर) नाक में डालकर किया था पर उस समय तो मेरी नाक में वह पेंसिल चॉक का टुकड़ा घुसकर बिलकुल ऊपर ज्वॉइंट वाले हिस्से में अपनी जगह बना चुका था। भैया वहीं बाहर बैठा चिन्ता मौसी के पति के साथ धूप सेंकते हुए क्रिकेट की कमेंटरी सुन रहा था। मुझे रोते-चिल्लाते देख दीदी और भैया दोनों मेरी ओर दौड़े। अब मेरी आवाज़ भी निकलनी बन्द हो गई और मेरा हिलना-डुलना भी। हर हरकत उस चॉक को नाक के और भीतर ले जाती और बेइन्तहा दर्द भयानक चीख़ में बदलने की कोशिश करती जिसे मैं हिलने के डर से बाहर नहीं निकाल पा रहा था। मेरी ऐसी दुर्दशा को देख उन दोनों की आँखों से भी अश्रुधारा बहने लगी। दीदी छोटा चिमटा लाई पर वह ठीक से मेरी छोटी सी नाक में घुसाया नहीं जा पा रहा था। भाई मेरी नाक को ऊपर से दबाकर चॉक को नीचे की ओर धकेलकर निकालना चाह रहा था पर वह टुकड़ा टस-से-मस होने का नाम नहीं ले रहा था और इस जत्थोजुत्थम में टुकड़ा और भीतर का रास्ता बना रहा था। भैया और दीदी की परेशानी बढ़ती जा रही थी और साथ में मेरी साँस आने-जाने की भी। तभी भैया के दिमाग़ में एक तरकीब आई और उसने वही कमेंट्री सुनते मौसा को आवाज़ दी। मौसा बीबीसी (बुद्धिवर्धक चूर्ण) के शौक़ीन थे और उसी के लिए भैया ने उनसे गुज़ारिश की। खैनी और चूने को रगड़ने और उसके गर्दे को फटकने-झाड़ने की देर थी कि मुझे बहुत तेज़ की छींक आई और उसी छींक के साथ वह पेंसिल का शैतान टुकड़ा झट से बाहर आ गया और मैं अपना सारा दर्द भूलकर भैया और दीदी से लिपट गया। तीनों के आँखों में एक साथ ख़ुशी के आँसू बह रहे थे।

मैं बचपन से झूठा रहा हूँ और आज भी यह सच स्वीकार करता हूँ। बचपन से आज तक में बस इतना अन्तर आया है कि इसके कारण या प्रतिफल समय के साथ ज़्यादा सकारात्मक होते चले गए। मेरे कारण भैया और दीदी को कितनी बार डाँट सुननी पड़ी होगी कह नहीं सकता। ख़ासकर मेरी नानी मेरे जाल में हर बार फँसती और मेरी झूठी शिकायतों के कारण दोनों की ऐसी-तैसी हो जाती।

बचपन से ही वादों के तीर आसमान में चलाने की आदत थी। फेंकता भी ज़रूरत से इतना ज़्यादा कि समेटने में दिक़्क़त आ जाए। पर इसका एक सकारात्मक पक्ष भी था। शायद ऐसा करते हुए भी कहीं मैं ख़ुद को चुनौती दे रहा होता और सपनों के फुग्गे उड़ा रहा होता जिसके पीछे अभी मुझे दौड़ना है। इसी शेख़चिल्लीपन को सच करने की कवायद में लखीसराय के उस परिवेश से बाद में भागना पड़ा, कभी मुंगेर तो कभी जमशेदपुर और अन्त में पटना जहाँ एक नया अध्याय जुड़ना अभी बाक़ी था।

ख़ैर! वापस ट्रैक पर आते हैं। जब मैं आठवीं में था, भैया पटना में इंजीनियरिंग की तैयारी कर रहा था। आठवीं मेरे बदलने का मौसम लेकर आया था और वह मौसम मेरी ज़िन्दगी में ज़िम्मेदारी व गम्भीरता लेकर आया था। आठवीं से दसवीं तक ज़्यादातर मैं भाई के साथ ही रहा था या यूँ कहूँ कि जब सही और ग़लत की थोड़ी समझ आई मैं उसके साथ ही रहा। हालाँकि कुछ महीनों के लिए माँ ने मुंगेर भी पढ़ने के लिए भेजा जहाँ शुरू में अपने ही रिश्तेदारों ने मुझे मुंगेर में रखने से मना कर दिया। सबका यही कहना था कि चीकू बहुत शैतान है। कुछ हो गया तो उनकी बदनामी होगी। नाना तब तक मुंगेर से वाराणसी में मामा के साथ शिफ़्ट हो चुके थे। नाना के दोनों भाइयों के परिवार ने मुझे नहीं रखा पर अन्त में माँ के मौसा जी ने मुझे अपने पास मुंगेर में ही रखा। माँ महीने का ख़र्चा उन्हें भेजती थी। बबली मामा जो माँ के मौसेरे भाई हैं और मन से मेरे हमउम्र थे, हालाँकि हमारी उम्र में कोई चार-पाँच साल का ही फ़र्क़ होगा। उन्होंने अपने रूम में ही मुझे बहुत प्यार और पूरे हक़ से जगह दी। बबली मामा ने मेरा बहुत ख़याल रखा। खाने से लेकर गानों के कैसेट तक वह मेरी पसन्द के लाता, वहीं स्पीकर को घड़े में रखकर ईको और सराउंड साउंड इफ़ेक्ट की ईजाद की हम दोनों ने। मेरा कोचिंग में पढ़ना, ट्यूशन पढ़ना सब बबली मामा ने व्यवस्थित किया। बबली मामा का प्यार निश्छल था और उस समय की मेरी ज़रूरत भी। मुंगेर में मेरा पढ़ना एक अलग अनुभव था मेरे लिए। सब कुछ ठीक ही चल रहा था कि माँ ने फिर मुझे भैया के पास पटना भेज दिया। कारण यह था कि कोक पीने की भैया की पुरानी आदत ने उसके पेट का हाज़मा बिगाड़ दिया था। अब बाहर का खाना खाना उसके बस में नहीं था और मुझे भी उससे पढ़ने का मौक़ा मिल रहा था सो पटना पहुँच गया। मैं वहाँ खाना बनाता और उससे ही पढ़ता। भैया कोचिंग जाता और अपनी तैयारी करता।

फ़िल्में देखने का चस्का तो बचपन से था पर भैया के साथ अच्छी फ़िल्मों का अन्तर समझने में मदद मिली। गाने सुनना हम दोनों भाई का साझा शगल शुरू से ही रहा। मेरी रोज़ाना गाने सुनने की आदत तो छूट गई पर वो आज भी सोते समय रोज़ ऑल इंडिया रेडियो रात-भर लगाए रखता है। हाल ही में एक दिन मैंने उससे यूँ ही कह दिया कि ममता सिंह उद्घोषिका को मैं जानता हूँ तो उसे विश्वास नहीं हो रहा था क्योंकि भाई उनका बहुत बड़ा फ़ैन है और उसे यह भी विश्वास नहीं हो रहा कि मैं दोनों यानी यूनुस भाई और ममता जी को जानता हूँ और मिल चुका हूँ।

भाई को परफ़ेक्शन पसन्द है और मैं बिलकुल अव्यवस्थित। बहुत प्लानिंग मुझे नहीं जमती। भैया प्याज़ भी काटता इस तन्मयता से जैसे मूर्ति तराश रहा हो। बारीक इतना कि उससे बारीक सम्भव न हो। नीबू-नमक मिलाने के बाद उसे प्लेट में इतने सलीक़े से सजाता कि खानेवाले को उस सुन्दर प्लेट को बिगाड़ने की ग्लानि हो जाए। मेरे पास इतना धैर्य कभी नहीं रहा। मैं हमेशा प्याज़ का सलाद बनाते समय उसे तेल और नीबू-नमक के साथ मसल देता हूँ। उस पर क्रिकेट की दीवानगी छाई रहती जबकि मैं सिर्फ़ भारत जब खेलता तब कमेंट्री सुनता। हम दोनों में कॉमन अगर कुछ है तो सिनेमा के पीछे की दीवानगी और हिन्दी गानों का पागलपन। उसका सामान्य ज्ञान बेहतरीन और मेरा सामान्य भी नहीं। वह रोज़ अख़बार पढ़नेवाला और मैं सिर्फ़ फ़िल्मोंवाले पन्ने पलटनेवाला।

कुछ महीने ही रह पाया पटना में कि भाई का चयन रीज़नल इंजीनियरिंग कॉलेज जमशेदपुर में हुआ जहाँ सिविल इंजीनियरिंग में उसका दाख़िला हो गया और उसके पीछे-पीछे कुछ महीने बाद मैं भी जमशेदपुर पहुँच गया। इंजीनियरिंग कॉलेज के हॉस्टल में उसी के कमरे में मैं रहता, कभी एक ही बिस्तर पर तो कभी ज़मीन पर गद्दा बिछाकर। वहाँ भैया के दोस्तों से मेरी ख़ूब बनती या यूँ कहूँ छनती। सारे अनुभव समय से पहले हो रहे थे। इंजीनियरिंग कॉलेज की हवा भी बहुत जल्दी ही लग गई। सब कुछ प्रत्यक्ष देख रहा था, कैसे शहर में दादागिरी करते हैं, कैसे धौंस जमाते हैं। उस समय शहर में RIT जमशेदपुर के स्टूडेंट्स का आतंक था। सिनेमा हॉल पर बपौतीवाला माहौल था। भगवान का लाख-लाख शुक्र है कि समय से पहले के इन सारे नये अनुभवों का सकारात्मक व अनुकूल प्रभाव ही पड़ा। अन्ततः यही कहूँगा कि उन सभी को देखकर कहीं भीतर एक जुनून तो पक ही रहा था।

उसी समय SCRA (स्पेशल क्लास रेलवे अप्रेंटिस) में चयन का जुनून मेरे दिमाग़ में बैठ गया क्योंकि उस कॉलेज में कई ऐसे थे जिनका मन तो बहुत था पर उनसे क्रैक नहीं हो पाया था। आठवीं क्लास के बाद का आया बदलाव यहाँ अपने रंग दिखा रहा था। भैया के साथ पढ़ने का असर रहा और उसके पढ़ाने का कि मेरा दाख़िला पटना साइंस कॉलेज में सम्भव हो सका जहाँ ज़िन्दगी नये उड़ान का इन्तज़ार कर रही थी।

वो पेड़ जिन के तले हम पनाह लेते थे
खड़े हैं आज भी साकित किसी अमीं की तरह

—साहिर लुधियानवी

और कितने क़रीब

माँ की आग़ोश में कल मौत की आग़ोश में आज
हम को दुनिया में ये दो वक़्त सुहाने से मिले

—कैफ़ भोपाली

रह-रहकर वो मुझे बुलाती है, बोसे लेती है और फिर आलिंगन का वादा देकर लौट जाती है। वो सम्भावना मात्र नहीं परम सत्य है फिर यह आँखमिचौली क्यों? मेरी परीक्षा ली जा रही है या फिर मुझे किसी ख़ास उद्देश्य से अनुभव करवाया जा रहा है! अनुभव वो भी अन्तिम सत्य के साथ संस्पर्श का। क्या ही संयोग है कि राजेन्द्र यादव जी का लिखा लगभग आत्मकथ्य 'मुड़-मुड़के देखता हूँ' का अंश जो दुर्घटनाओं में भी बचा रहता है...पढ़ते-पढ़ते अपना अधूरा दुर्घटनाओं से जुड़ा संस्मरण पूरा करने की टेर भीतर से उठती चली गई और उसे फिर से नये सिरे से लिखने बैठ गया हूँ।

बात की शुरुआत उस समय से करते हैं जब मैं छह साल का था। माधोपुर, मुंगेर मेरा ननिहाल और उन दिनों ननिहाल मतलब ख़ुशियों की नगरी। लगभग हर पर्व में सारे भाई-बहन इकट्ठा हो जाते। संयुक्त परिवार था हमारा। नानाजी तीन भाई थे। उन सबके बेटों-बेटियों के बच्चे, कुल मिलाकर हम 19-20 बच्चे और उनमें मेरी बड़ी बहन और बड़े भाई भी। रात और दिन में फ़र्क़ हो सकता है पर बिताए लम्हों में नहीं। ख़ूब धमाचौकड़ी का माहौल था। समय पुरज़ोर अँगड़ाई लेता और हमें वक़्त का पता ही नहीं चलता। बेकापुर में परिवार का सोना-चाँदी का व्यापार था। हम लोगों को जब भी समोसा या रसगुल्ला खाना होता तो हम शाम को दुकान पर चले जाते। यह जैसे परम्परा-सी थी कि शाम को जाने से समोसा मिलेगा ही मिलेगा। बब्बा ख़ुश होते तो कभी-कभी रबड़ी भी मिल जाती थी या मुंगेर की सबसे प्रसिद्ध सोहन पापड़ी जो मुँह में आते ही घुल जाती है। स्वाद का असर ऐसा है कि आज इतने साल के बाद भी लिखते समय मुँह में पानी आ रहा है।

दीपावली के दिन दुकान पर पूजा होती। नये बही-खाते की शुरुआत, यह दिन व्यापारियों के लिए नव वर्ष होता है। हम सभी बच्चे वहीं दुकान पर पूजा के बाद कुछ पटाखे वग़ैरह छोड़ते और फिर बाक़ी बचे पटाखे घर पर आकर छोड़ते। सो छह साल का मैं यानी चीकू वहीं दुकान पर खड़े-खड़े फुलझड़ी घुमा रहा था और घुमाते-घुमाते मेरा हाथ अपने-आप ही सामने की बजाय ख़ुद की ओर घूमने लगा। बाक़ी का काम मेरी नायलॉनवाली टी-शर्ट को करना था जो एक साथ लहलहाने को तैयार थी पर बड़े नाना की नतिनी और उस समय की मेरी प्रिय मिन्नी दी ने आग को जैसे ही मेरे बदन को छूते देखा त्वरित गति से पास में रखा बाल्टी भर पानी मेरे ऊपर उड़ेल दिया। आग लगते ही फैलने से पहले ही बुझ गई। मुझे तो पता भी नहीं चला कि पल-भर में क्या से क्या हुआ और क्या होने से टल गया। मैं गोलू-मोलू मासूम कद्दू-सा मुँह लिये सबको बस ताके जा रहा था।

बहरहाल यह शायद उसकी अनसुनी दस्तक थी जो यूँ ही आकर गुज़र गई या यूँ कहिए कि एक टहल्ला मारकर चली गई। शायद अनजाने उसकी सरसराहट आती रही हो पर उस समय मेरी उमर ऐसी तरंगों को पकड़ने के क़ाबिल नहीं थी। शायद उसे बेख़ौफ़ी बिलकुल नापसन्द है इसलिए रह-रहकर सन्देश भेजती रहती है पर हम अपने आबोदान में इतने मशगूल-मसरूफ़ रहते हैं कि हमसे अदीठ हिदायतों की तौहीन होती रहती है और इस तरह इशारों का बिन्दु अपने चरम की ओर खिसकता रहता है।

ऐसा ही हुआ जब अगली दीपावली में मैंने अपने हाथ में ही अनार फोड़ लिया और पूरी-की-पूरी हथेली लगभग जल गई, जिसके दाग़वाले हस्ताक्षर हथेली पर और ज़ेहन में सिहरन आज भी हैं। मुझे लगा कुछ तो सिग्नल है जिसे मैं पकड़ नहीं पा रहा हूँ। माधोपुर, मुंगेर में दुर्गापूजा बहुत धूमधाम से मनाई जाती है और हमारा परिवार आयोजकों के समूह का अगुआ रहा है। दशहरा में वैसा आनन्द अब मुमकिन नहीं और अब यह सदा के लिए टीस भरा अफ़सोस भी है। वे दस दिन हमारे लिए मस्ती का चरम हुआ करता था। हम मेला घूमते, झूला झूलते, कंचे खेलते और ख़ूब मस्ती करते। उन दिनों, नौ दिनों तक सीने पर कलश लिये सोए आदमी को देखकर आश्चर्य नहीं होता था क्योंकि सुध नहीं थी पर अब सोचता हूँ कि बिना खाए-पिए लगातार नौ दिन अपने सीने पर कलश स्थापित किये कोई कैसे रह सकता है! ध्यान, योग, विश्वास और आस्था के सन्तुलित मिश्रण का साक्षात उदाहरण सामने था पर हमारे पास ईश्वर ने उस समय वह नज़र अता नहीं की थी जो इन बातों को यूँ समझ पाते।

सबसे ज़्यादा आनन्द भसान यानी विसर्जन के समय आता था। वैसे तो हर टाली का अपना नम्बर बँधा हुआ था पर अन्दर से उस क्रम को तोड़ने की इच्छा सबकी रहती, सबसे पहले बड़ी दुर्गा माँ का भसान के लिए उठने की बारी आती थी फिर बाक़ी सब दुर्गा माँ की बारी एक-एक करके आती। हमारे मोहल्ले का नम्बर इक्यावनवाँ था।

माधोपुर से गंगा घाट तक हम टाली को ठेलते हुए लाउडस्पीकर पर ख़ूब नाचते-झूमते हुए जाते और फिर टाली पर ही थककर बैठ जाते। लौटते समय जब माँ दुर्गा की प्रतिमा विसर्जित हो चुकी होती तो टाली पहले के बनिस्बत हल्की हो जाती और घर लौटने की जल्दी में उसकी गति और भी तेज़। हम बच्चे कभी टाली ठेलते, कभी बैठते और कभी उसी पर लेट भी जाते। इसी बैठने, ठेलने और लेटने के क्रम में न जाने कैसे मुझे झटका लगा और मेरा पैर टाली के चक्के के नीचे आ गया। पैर फँसते ही लड़खड़ाकर मैं गिरने ही वाला था कि किसी ने मुझे बीच में ही तेज़ी से टाली से दूर खींच लिया। दरअसल मेरी लड़खड़ाहट टाली के चक्के की ओर हुई थी कि तभी किसी अनजान सहारे ने मुझे बचा लिया क्योंकि अगर मैं चक्के की ओर गिरता तो चक्का मेरे सिर के ऊपर से निकल जाता और फिर क्या होता यह भगवान ही जानता है। उस समय मेरी उम्र यही ग्यारह-बारह बरस के बीच की रही होगी।

इस बार उसकी दस्तक की बस आहट-भर हुई थी! उसने मुझे रह-रहकर टटोलने की कोशिश की, समझाने की भी शायद की हो पर मेरी स्थिति ऐसी थी कि पात्र अगर उलटा पड़ा हो तो सारा पानी टघर जाए।

ऐसी छोटी-मोटी घटनाओं से भरा बचपन रमना रोड, पटना पहुँच गया। एक बहुत ही छोटे से घर में, जो पहले माले पर था। उस घर में हम चार लोग ही रहते थे। माँ-पिता नौकरी पर जाते। हम दो भाई-बहन घर में मस्ती करते। घर में हम दोनों का अकेले होना शैतानियों को दावत देने जैसा था। हम कुछ-न-कुछ करके एक-दूसरे को मूर्ख बनाते रहते और इसमें कोई शक नहीं कि मैं एक नम्बर का बेवक़ूफ़ हुआ करता था और मेरी दीदी सबसे स्मार्ट। उस ज़माने में इलेक्ट्रॉनिक नहीं बल्कि इलेक्ट्रिक कॉलबेल हुआ करती थी। उस घर में जो कॉलबेल लगी थी वह गुलाबी मछली के आकार की बनी हुई थी। एक दिन दीदी ने मुझसे कहा कि अगर मैं इस गुलाबी मछली को छू दूँगा तो सुपरमैन बन जाऊँगा। उसने इतने नाटकीय आत्मविश्वास से यह बात कही कि मुझे लगा मैंने इसे छुआ और ये लो सुपरमैन उड़ चला और हुआ भी कुछ वैसा ही। मैंने कॉलबेल की घंटी के बीच अपनी उँगली घुसेड़ दी और फिर मैं तो नहीं उड़ा मेरे होश उड़ गए। बिजली के झटके से कान से धुआँ निकलना किसे कहते हैं उस दिन अच्छी तरह समझ में आ गया। आज भी बचपन की उस घटना का ज़िक्र हल्की हँसी के साथ सिहरन लिये हुए आती है।

उस दिन वो दस्तक घंटी बजा के चली गई थी! उस घंटी की गूँज रह-रहकर बजती पर जैसे सड़क किनारे के मकानवाले, हॉर्न और घंटी को नज़रअन्दाज़ करने के आदी हो जाते हैं, मुझे भी ये सारे संकेत सामान्य लगने लगे। पटना से माँ लखीसराय आ गई और हम अस्पताल के पीछे एक हॉल में साड़ियों की दीवारों की खोली बनाकर रहने लगे। बड़े भाई सैनिक स्कूल में पढ़ते थे और छुट्टियों में जब घर आते थे तो हम सब उनकी सारी ख़्वाहिशों को पूरा करने में जुट जाते। इस बार भाई की ज़िद के कारण ख़स्ताहाली के बावजूद माँ ने महँगा टेपरिकॉर्डर दिलवा दिया। इसका असर यूँ हुआ कि माँ जब भी अस्पताल जातीं, हम तीनों टेप रिकॉर्डर में ही लगे रहते। ख़ूब गाने सुनते, कभी उसके रील समेटते, कभी टूटे रील जोड़ते। उन दिनों इस काम के लिए रेनॉल्ड का पेन बड़े काम की चीज़ थी। उसी से हम कैसेट का रील समेटते और अगर रील भीतर ही फँस जाती तो तब हम कैसेट को खोलकर पूरे रील को निकालकर फिर से उसे रोल कर देते।

कैसेट को पेन से यूँ घुमाया जाता मानो सुदर्शन चक्र हो हमारे हाथों में। टेपरिकॉर्डर के आने से माँ को जल्द ही समझ में आ गया कि अब पढ़ाई को तिलांजलि दी जानेवाली है और गानों के दिखाए सपनों की उड़ानें अपनी सीमाएँ लाँघ रही हैं। हमें लाइन पर लाने के लिए माँ टेपरिकॉर्डर के तार बक्से में बन्द करके जाने लगीं। बेचैनी में अब हमारा हाल उस चरसी की तरह हो गया जिससे गाँजा छीन लिया गया हो। बड़े भाई बोर्डिंग वापस जा चुके थे। दीदी और हम अब नये जुगाड़ में लग गए कि टेपरिकॉर्डर को फिर से कैसे चलाया जाए। मैंने एक बेवक़ूफ़ी भरे जुगाड़ पर काम करना शुरू कर दिया। बाहर जो बल्ब टँगा था उसके तार निकालकर उसी से पावर कनेक्शन जोड़ने की कोशिश करने लगा, चूँकि टेपरिकॉर्डर का एडाप्टर और पिन अलग होता है इसलिए टेपरिकॉर्डर को भीतर से खोलकर सीधा तार जोड़ दिया। टेपरिकॉर्डर फिर भी नहीं चला तो मुझे लगा कहीं कनेक्शन का लफड़ा है या कुछ छूट रहा है। यही सोचकर, बिना यह समझे-जाने कि तार का दूसरा छोर अभी भी बिजली के मेन बोर्ड से जुड़ा हुआ है, मैंने अपने दाँत से दूसरे सिरे के तार को छीलने की कोशिश की और अगले ही पल मेरे पूरे शरीर में ज़ोरदार बिजली कौंधी और मैं लगभग हवा में उछाल दिया गया। बिजली का झटका इतना तेज़ था कि दाँत बहुत देर तक कटकटाते रहे। लगा ख़ून जम गया है। कानों में सनसनी दिन-भर बनी रही। माँ लौटीं तो मेरे मुँह में सूजन का ऐसा रूप देख रो पड़ीं। रोते-रोते मेरी पूरी तरह से ठुकाई और सिंकाई भी हुई सो अलग।

मौत ने इस बार बस मुँह बिचकाया था। इसके बावजूद ज़िन्दगी की गति ऐसे इशारों को क़बूल करने के लिए तैयार नहीं थी। यौवन की ओर बढ़ते क़दम किसी बन्दिश को कहाँ सहज स्वीकारते हैं। जीवन में स्वच्छन्दता उस समय अपने चरम पर थी।

आठवीं कक्षा में था मैं। घर के चारों ओर ढेर सारे तालाब थे जो मौसम में पानीफल और कमलिनी से लबालब भरे रहते। इतने ख़ूबसूरत और स्वादिष्ट कमलगट्टे की फली और पानीफल को देखकर हर बच्चे का मन ललचे कि कब छुट्टी हो और हम भागें। स्कूल से कई बार जल्दी छुट्टी हो जाती या कई बार हम भाग लेते। गर्मी के दिनों में इससे अच्छा तो कुछ हो ही नहीं सकता कि आप पानी में दोनों हाथ-पैर फैलाए उलटे मुँह तैरते रहें और फल के साथ फली भी खाते रहे। हालाँकि पोखर मालिक की नज़र से बचना भी एक कला थी। जैसे देखा सट नीचे गोता।

वहीं उलटा तैरता घड़ा घंटों छुपने का बेहतरीन जुगाड़ भी था जिसके सहारे पानी में कई घंटे बिताए जा सकते थे। पर जिस दिन उसकी दस्तक होती है आपकी सारी चालाकियाँ काफ़ूर हो जाती हैं और सारा विश्वास धरा-का-धरा रह जाता है। मस्ती-मस्ती में गोता लगाते ही पैर पानीफल के जाले में फँस गया। ज़्यादा पैर-हाथ चलाने से हाथ में सहारे की शक्ल लिये कमल की डंठी आई जो शरीर के साथ ही नीचे हो जाती है। इससे दहशत और बढ़ गई। अचानक दिमाग़ शून्य और साँस गुम। घोर अँधेरा और पानी छाती में भरने लगा। लगा जैसे इस बार उसने दस्तक के साथ भीतर प्रवेश कर गले पर क़ब्ज़ा कर लिया है। साँस की आख़िरी घूँट बची थी कि तभी किसी ने मेरे बालों को मज़बूत बाजू से खींचा और अँधेरे में ही चार थप्पड़ गाल पर जड़ दिये। वो पहरेदार बाबा ही थे जिनसे बचे फिरते-भागते हम अपने-आपको तुर्रम ख़ाँ समझते थे। आज उन्होंने ही जान बचाई थी। एक बार फिर वो काली जादूगरनी सरसराते हुए गले से लिपटते हुए गुज़र गई। जिसका असर इस बार काफ़ी दिनों तक रहा।

स्मृति बढ़ते समय के साथ अपनी परिमिति घटाती रहती है और फिर याद करते ही या फिर यथार्थ की धूप पड़ते ही अचानक केंचुए-सी फैल जाती है। अबकी बार तो वह मुझसे मिलने कई सालों तक नहीं आई और मुझे लगने लगा चलो अच्छा हुआ बला टली। एक बड़ा अपशकुन था जो कट गया। दसवीं पास करने के बाद पटना साइंस कॉलेज में दाख़िला ले लिया, वहीं रामानुजन होस्टल में रह रहा था। पास में ही गंगा नदी बहती थी। पानीफल वाली पिछली घटना के बाद पानी से एक अजीब-सा डर लगने लगा था मुझे क्योंकि पुरानी यादें अपनी आयत कम कर रही थीं, ख़त्म नहीं। वहाँ होस्टल में हम चार रूममेट हमेशा एक साथ रहते, बाक़ी सभी से बिलकुल अलग, बिलकुल ज़ुदा। हम पर कुछ हटकर काम करने का एक अलहदा जुनून सवार रहता और इसी क्रम में एक दिन जोश में हम चारों ने एक साथ बाल मुँड़वा लिये। हम रोज़ घंटों ख़ूब वर्जिश करते। निहायत ख़राब खाना बनाने के लिए मेस के ठेकेदार से लड़ लेते और दो-दो महीने चूड़ा-दही पर ही काट देते। हम चारों स्काउटवाली टोपी को तिरछी करके पहनते और साइकिल से एक साथ सिनेमा जाते। कभी साथ तो कभी एक-दूसरे से छुपकर भी सिनेमा जाया जाता। एक बार तो हद ही हो गई। रुख़सार की फ़िल्म लगी थी 'याद रखेगी दुनिया'। मेरे प्रिय गायक अमित कुमार के गाने थे।

रुख़सार की मासूमियत का जादू हम सभी पर एक-सा तारी था और मुझे उसमें अपनी प्रेमिका की झलक दिख रही थी। वैसे तो इस उम्र में हर कोई हर हीरोइन की अदायगी में अपनी प्रेमिका को ही देखता है पर रुख़सार की अदायगी और शक्ल बहुत ज़्यादा क़रीब थी उससे। फ़िल्म परीक्षा के ठीक पहले रिलीज़ हुई थी और हम चारों ने क़सम खाई कि परीक्षा ख़त्म होने से पहले कोई भी फ़िल्म नहीं देखेगा। हम चारों परीक्षा के दिनों में 15-16 घंटों तक पढ़ लेते थे पर सिनेमा हमारी कमज़ोर नब्ज़ बनी हुई थी। शनिवार की सुबह ही मैंने बहाना बनाया कि मुझे अपने चाचाजी से मिलने जाना है और रात का खाना खाकर ही लौटूँगा जबकि दूसरी तरफ़ मन में मैंने यह तय कर लिया था कि आज नाइट शो देखे बिना नहीं लौटूँगा। 9 बजे से पहले ही वीणा सिनेमा हॉल पहुँच गया तो देखा कि मेरे तीनों दोस्त भी टिकटवाली लाइन में ही खड़े हैं और हम सब एक-दूसरे को देख खिलखिलाकर हँस पड़े।

अगली सुबह महेन्द्रू घाट पर नहाते हुए हमने एकाएक ठान लिया कि आज गंगा को तैरकर पार किया जाए। हम चारों तैराक थे पर मैं उनके मुक़ाबले थोड़ा कमज़ोर तैराक था। वैसे उलटकर आसमान ताकते हुए मैं उनसे बेहतर तैरता था। हम चारों गंगा में कूद पड़े। उत्सुकता और जोश भी उफान पर था और उन्हीं से लबरेज़ हम काफ़ी आगे निकल आए थे। हमने लगभग आधी गंगा पार कर ली थी। मैं बार-बार तैरते-तैरते स्वभाववश पलट जाता और आसमान ताकते हुए साँस लेने लगता। बीच गंगा में बहाव इतनी ज़्यादा तेज़ थी कि मेरी अपनी कमज़ोरी या यूँ कहूँ डर के कारण दूरी बाक़ी लोगों से तेज़ी से बढ़ती चली जा रही थी। यह शायद उलटा तैरने के कारण भी हो रहा हो। ख़ैर, धीरे-धीरे इतनी दूरी बढ़ गई कि अब मेरी आवाज़ उन तक नहीं पहुँच पा रही थी। बस हाथ चलाती सबकी छोटी-छोटी आकृतियाँ ही दिख रही थीं। सूरज सिर चढ़ चुका था और धूप अब मेरे चेहरे पर सीधे पड़ रही थी। पानी में मैं बारी-बारी से ठंडा-गरम महसूस कर पा रहा था कि तभी मैंने अपने-आपको तीन-चार, बड़ी मछलियों के बीच घिरा पाया जिनका आकार मुझसे भी बड़ा था। शायद ऐसा भी होता है कि डर का आकार ख़ुद-ब-ख़ुद बढ़ जाता है। मछलियों का आकार भी डर-सा ही था और उस डर ने मेरे शरीर को अचानक स्थिर कर दिया। जैसे मतिभ्रष्ट की स्थिति हो! बीचोबीच इतने बहाव में मेरा यूँ स्थिर हो जाना एक बड़ी मुसीबत को बुलावा देने से कम नहीं था। मछलियाँ सामान्य ही थीं पर मेरा दिमाग़ शून्य हो चुका था।

सोचने-समझने की हालत नहीं थी। तभी लगा अब मैं पानी पीने लगा हूँ, शरीर भारी होने लगा है और दम घुटने लगा। इसी के साथ मछलियाँ और नज़दीक आती जा रही हैं। तपता सूरज मद्धिम होने लगा। बादल काले-घने गहराने लगे और आँखों के भीतर भी काले बादल-सा प्रतिबिम्ब छाने लगा जैसे आँखें ख़ुद को ही मूँदने की स्थिति में जा रही हों कि तभी एक मछली मेरे शरीर को छूती निकल गई और लगा जैसे मेरी मद्धिम चेतना में ऊर्जा संचारित कर गई। वो मछलियाँ दरअसल सोंस (गंगा डॉल्फिन) थीं। मेरे डर ने उन सुन्दर मछलियों को भी विकराल और विकृत कर दिया था जो चेतना की वापसी के साथ अब सुन्दर दिख रही थीं। तीनों मित्र उस पार पहुँचकर दूर से हाथ लहरा रहे थे जैसे सान्त्वना देने की कोशिश कर रहे हों।

उसने इस बार एक अद्वितीय स्पर्श किया था। विधि और विधान को समझने के लिए हर बार उम्र कम पड़ जाती है या शायद शारीरिक व्यवस्था से ज़्यादा मानसिक चेतना की परिपक्वता की अहमियत है। कभी-कभी मन करता उससे गुफ़्तगू करने लगूँ पर उससे बातें करने से पहले ख़ुद से बातें करना ज़रूरी है और मैं था कि किताबी बातें करने में लगा पड़ा था।

कई साल बीत चुके थे। मैं उसे भूल चुका था पर वो, उसकी स्मृति तो अनन्त है। अब मैं रेल अधिकारी हूँ। जमालपुर रेल कारख़ाने में पोस्टिंग, क्लब मेरे हाथ में, होली का दिन और व्यवस्था में नशा। सभी सदस्य सपरिवार क्लब में जमकर डांस कर रहे हैं। ठंडाई और भाँग का जाम चल रहा है। नाश्ता लेकर क्लब ब्वॉयज़ टहल रहे हैं। मैंने एक पकौड़ा उठाया, उसके पहले काट से मुझे पता चला कि यह एक बड़े मिर्च का टुकड़ा है और अगले ही क्षण मिर्च का एक बीज छिटककर सीधे मेरे कंठ में चिपक गया। नन्हे से बीज के चिपकने की चुभन इतनी तीव्र थी कि लगा जैसे गला बिना दबाए ही चोक कर दिया गया हो। गले से आवाज़ नहीं निकल रही थी और कोई मेरी ओर देख भी नहीं रहा था। मुझे लगा पता नहीं क्यों जैसे मैं नाक से साँस लेना भूल गया हूँ और समय का विकराल सच काला धुआँ बन मेरे सामने खड़ा है। मैं शायद स्वर्ग या नरक के चौखट पर हूँ, शोर अब शून्य में तब्दील हो रहा है। पत्नी, माँ, बच्चे, सबका चेहरा बारी-बारी से सामने आता जा रहा है कि अचानक अन्तिम साँस जाने के पहले पत्नी स्मिता का हाथ पानी का एक गिलास लिये खड़ा दिखा और मैं एक ही साँस में पूरा गिलास गटकने के बाद पसीने से तर-बतर वहीं गिर पड़ा।

उसने इस बार मिर्च के बीज का रूप धरकर हलक़ तक आने की चेष्टा की थी। एक हठी माशूक़ा की तरह वो वापस मुझसे लिपट पड़ी थी और मैं भीतर तक सिहरकर रह गया था। ये क्यों होता है मेरे साथ? क्या वो वही है जिसे माया कहते हैं या उसकी काली साया। क्या याद दिलाने के लिए आती है कि सब माया है, सब छाया है, सब मिथ्या है। वो एक नदी है, अनजाने मुझे लगता है वो कभी भी छलाँग मारकर मुहाना तोड़ती हुई मुझसे मिलने, मुझे अपने साथ लिवाने आती है पर हर बार किनारे से लौट जाती है अपना दायरा समेटते हुए। आने और लौटने के क्रम में ज़िन्दगी रेत न बन जाए डर लगता है।

मन कहता है नदी को समन्दर बनते देर नहीं लगेगी। नदी के इस पार प्रतीक्षा है जो एक पहाड़-सा इन्तज़ार लिये सजग खड़ी है और मैं इस इन्तज़ार में हूँ कि दोनों का मिलन कब हो और मैं बस उस पहाड़ को लीलते हुए विलय के दृश्य में समाहित हो पाऊँ। यह घटना उनींदे अचानक न घट जाए, बस इस बात का डर बना रहता है। मुझे कुछ नहीं होगा—का आत्मविश्वास कब चकनाचूर हो जाए और पता ही नहीं चले पर इससे पहले उसे मैं जी भरकर देख लूँगा, यह कशमकश उधेड़बुन की शक्ल अख़्तियार कर रही है।

होली के दिन भाँग खाने की मेरी पुरानी आदत है। कभी किसी होली में यह सिलसिला नागा नहीं हुआ। साल 2012 में सियालदह आ चुका था और वह सियालदह की दूसरी होली थी। पहली में जो भाँग मँगवाई गई थी उससे कुछ बात नहीं बनी थी और मैं बहुत निराश और नाराज़ भी हुआ था। इस बार क्लब ब्वॉय को पहले से ही हिदायत मिल गई थी कि मेरा विशेष ख़याल रखा जाए। ख़ासकर भाँग के परिप्रेक्ष्य में। होली के रंग में सराबोर हम कभी सड़क पर ड्रम बजाते, कभी लाउडस्पीकर बजाकर डांस करते और फिर अन्त में स्विमिंग पूल में ऐसे कूद जाते जैसे ख़ुद को पानी के हवाले कर रहे हों। पानी के भीतर शान्ति मेरा इन्तज़ार करती जैसे ज़माने से कटकर साधना और समाधिवाली स्थिति हो जो भीड़ में विलग होकर एकान्त महसूसता हो, ऐसा एकाकीपन मिलना भाँग के जादू का असर के साथ ही सम्भव है।

सियालदह की होली बाक़ी सभी रेलवे कॉलोनियों की होली से भिन्न थी और मुझे बहुत ही प्रिय भी। उस दिन जब थक-हारकर घास पर बैठ गया तब भाँग ठंडाई के रूप में दी गई। मुझ तक आते-आते बर्तन में बची हुई वो ठंडाई पहुँची जो काफ़ी गाढ़ी थी। थोड़ी आशंका के बावजूद मैं पूरा गिलास गटक गया

और फिर उसके बाद एक और गिलास। नशा धीमे से दबे पाँव तारी थी क्योंकि भाँग धीमे-धीमे मुझे अपने क़ब्ज़े में ले रही थी। थोड़ी देर तक सब ठीक रहा पर अगले ही पल मुझे यह समझ में आने लगा कि भीतरी घुटन गले में जमा हो रही है। इससे पहले कि होश बेहोशी में बदले, संज्ञा शून्य हो जाए, बचे हुए होश लिये मेरे पाँव घर की ओर सायास बढ़ चुके थे। संयोग से घर क्लब के ठीक सामने ही था। मैं कैसे घर पहुँचा, कुछ भी याद नहीं। एकबारगी होश आया तो ख़ुद को बिस्तर पर गिरा पाया। पत्नी की आवाज़ आ रही थी, "इन्हें छोड़ दो, कोई डिस्टर्ब मत करो। नींद से उठेंगे तो शाम तक सामान्य हो जाएँगे।"

ऐसी स्थिति हर होली की थी, जिसकी वो आदी हो चुकी थी। उधर बिस्तर पर मेरी स्थिति बहुत भयावह हुए जा रही थी। लग रहा था मस्तिष्क पिघलकर गले में उतर रहा है और नीचे उदर से भी एक उफान गले तक पहुँचने की कोशिश में है। दोनों तरफ़ के दबाव में गला चोक होता जा रहा है। शरीर सोया हुआ था पर दिमाग़ के एक कोने की बत्ती अभी भी जल रही थी। ऐसा लग रहा था जैसे कोई काली पोशाक मेरे पूरे शरीर पर केंचुली की तरह कसी जा रही है और मैं निष्प्राण सब कुछ ऐसे देख रहा हूँ जैसे अभी अपने भीतर से आत्मा की जलती लौ को निकलते देखता रह जाऊँगा। मौत की दिव्यता देखना भी तो अलौकिक चमत्कार से कम नहीं। मेरी चेतना एक डिबिया की लौ की तरह भकभका रही थी पर बुझ नहीं पा रही थी। उस चेतना की लौ ने मुझे चिल्लाने का संकेत दिया और मैंने ज़ोर से चिल्लाने की कोशिश भी की। गले पर अदृश्य जाला-सा बन गया था जैसे सघन निर्वात में अन्दर की आवाज़ विलुप्त हो रही हो। कुछ गों-गों की आवाज़ दबी-कुचली-सी निकली और शायद बन्द दरवाज़े तक जाकर दम तोड़ गई। मेरी छटपटाहट भीतर-ही-भीतर उद्वेलित-आन्दोलित होकर अपनी ही लड़ाई लड़ रही थी। पत्नी की बच्चों को दी जा रही हिदायत मेरे कानों में घुले शीशे का काम कर रही थी। वो यही कहे जा रही थी कि पापा को कोई डिस्टर्ब नहीं करेगा। ऐसा लग रहा है थोड़ी ज़्यादा पी लिये हैं इस बार। जब मैं शुरुआती बेहोशी में रहा होऊँगा तब बीच में मुझे कुछ खट्टा, नीबू या इमली का गाढ़ा पानी पिलाने की कोशिश भी की गई थी। शायद अपने प्रयास में वो विफल रही होगी। उसने होली में हर बार मेरा ऐसा रूप देखा था और वह मुझे झेलने की आदी भी हो चुकी थी। पिछली बार तो नशे में बच्चों ने कितने प्रश्न किये

और मैंने जो उत्तर दिये उसका वीडियो उतारा और उसे देख अभी भी पूरा परिवार हँसते-हँसते लोट-पोट हो जाता है। उन सभी प्रश्नों में एक प्रश्न का उत्तर हमेशा सही रहता कि मैं किसको सबसे ज़्यादा प्रेम करता हूँ?

ख़ैर अभी मेरी जो स्थिति थी वो हर साल वाली नहीं थी। सच में भयावह थी। भीतर बवंडर उठ रहा था और उस काले साये की आहट सुनाई बिलकुल पास से आ रही थी। ऐसा नहीं है कि भाँग खाने या पीने पर सभी को ऐसा लगता है। उस समय 40 साल का था मैं और पिछले 25 सालों से होली में भाँग पीता आया था। मुझे अच्छी तरह पता था इस बार कुछ भयानक और अक्षम्य ग़लती मुझसे हुई है। वो गिलास बची हुई ठंडाई का था जिसमें जमी हुई हरी भाँग को मैं पूरा पी गया था। हीरोपंथी तो मैं कर ही चुका हूँ और अब लड़ाई ज़िन्दगी बचाने की थी। बहरहाल, मेरी आवाज़ निकल नहीं पा रही थी और घिघियाती हुई निकल भी रही थी तो किसी तक पहुँच नहीं पा रही थी। मौत की आहट बहुत क़रीब से आ रही थी पर अर्ध-चेतना में भी मैं अपने आराध्य त्र्यम्बकम को स्मरण करता जा रहा था। उन्हें बेतहाशा पुकार रहा था। अवचेतना की आवाज़ अपने चरम पर ही होगी कि तभी दिमाग़ के जिस कोने में एक लौ भुकभुका रही थी वो फफककर जल पड़ी जैसे कुप्पी उलटने पर पूरा तेल बिखर जाता है और एकबारगी लौ आग की लपट बन जाती है। मेरी अवचेतना जागृत हो मेरे शरीर को कमरे से सटे वाशबेसिन तक लेकर गई और मेरे हाथों ने कृत्रिम तरीक़े से मेरे मुँह में उँगली डलवाई। उँगलियों का कंठ तक पहुँचना था कि गाढ़ा पित्त-सा उल्टियों का रेला बाहर निकला और तब तक निकलता रहा जब तक पेट पूरी तरह ख़ाली न हो गया। विष ही था गाढ़ा हरा-हरा, वह जो निकला तो मेरी आँखों से अश्रुधारा बहने लगी जिसमें ख़ुशी, चिड़चिड़ाहट, दर्द, पश्चात्ताप और शायद कुछ-कुछ निर्वाण-सा मिश्रित रहा होगा। लड़खड़ाते हुए जाकर उसी हालत में स्मिता से लिपट गया। शायद मेरी गीली आँखों ने कहने की ज़रूरत को भी ख़त्म कर दिया। बच्चों ने माँ के साथ मुझ पर जमकर ठहाके लगाए और मैं अपने आराध्य शिव को कोटि-कोटि स्मरण किये जा रहा था। उसने इस बार मुझे एकबारगी कसकर धर दबोचा था। तुम्हें मुझसे इतना प्यार क्यों है।

मुझे बार-बार स्वदेश दीपक की याद आ रही थी। सात साल उस जादुई प्रतिबिम्ब के साथ जीने की व्याख्या में संस्मरण की पूरी किताब रच दी उन्होंने।

मैं उसके ट्रांस में टहलता हूँ और वो मुझे भी अब स्वप्न में मिलती है। अब इन दिनों सवेरे तीसरे पहर की लालिमा ज़्यादा देखने लगा हूँ। अचानक साहित्य के प्रति मेरा रुझान बड़ी तेज़ी से हो चला है। यह नया रुझान क्या उससे छुपने की जगह-भर है। क्या मेरी पनाहगाह अब ये किताबें ही हैं और क्या लेखनी की सुरंगें मुझे इस दुनिया से दूर सहेजकर रख लेंगी? यहाँ उन प्रश्नों के उत्तर भी हैं कि मैंने साहित्य की डुबकी इतने देर से भला क्यों ली।

लगभग छह साल तक मैंने होली के दिन भी भाँग को हाथ नहीं लगाया। एक भयानक डर क़ाबिज़ हो चुका था जो मुझे ऐसा कुछ भी करने से रोकता रहा पर आदमी भूलता बहुत जल्दी है। स्मृतियाँ पड़ी-पड़ी धूमिल होती जाती हैं। बात नवम्बर 2020 कोरोना काल की है। उस घटना के पाँच साल बीत चुके थे और मैं अब अपने ममेरे भाई की शादी में सपरिवार जा रहा था। लोग घर में पड़े-पड़े उकता चुके थे। यह शादी अप्रैल में होनी थी। अचानक आई महामारी ने उथल-पुथल मचा रखा था। वातावरण थोड़ा सामान्य हुआ नहीं कि मामाजी ने बहुत नज़दीकी सौ रिश्तेदारों को बुलावा भेजा ताकि शादी इस अनिश्चितता के माहौल में भी शान्ति से सम्पन्न हो जाए। अपनी कार से पहली बार हम मियाँ-बीवी बच्चों सहित कोलकाता से वाराणसी और फिर गोपीगंज पहुँचे। पूरा परिवार एक साथ इकट्ठा होने का सीधा मतलब है हंगामा, चाहे माहौल जो भी हो और वो भी सारी रात। कोरोना काल में घर में अस्सी-नब्बे लोग इकट्ठे हों तो गदर मचना तय है। हमने ख़ूब खाया, ख़ूब नाचे, ख़ूब गप-सड़ाका और मस्ती की। हम लोग एक सप्ताह पहले पहुँच गए थे और छह दिन पलक झपकते ही कैसे बीत गए पता ही नहीं चला और देखते-ही-देखते सातवाँ दिन शादी का आ गया। जिस ममेरे भाई सत्यम की शादी थी उसे गोद में खिलाया था इसलिए उससे मेरे पूरे परिवार को विशेष प्रेम है। हमारे घर ही लखीसराय में उसी अस्पताल में जन्मा था। उसे जन्मते ही हाथों में लिया था। हम सभी इस प्रेम-विवाह में शरीक होकर बेहद ख़ुश थे। शादी के दिन दोपहर में तिलक चढ़ाई की रस्म थी जिसे होते-होते चार बज गए और लंच में भी देर हो गई। शादी में जैसा होता है। कोई भी काम अपने नियत समय से नहीं हो पाता। टाँग अड़ाने वालों की पूरी महफ़िल फूफा बनकर घूमती रहती है। एक तरफ़ दिन का खाना और दूसरी तरफ़ रात के जयमाल की तैयारी समानान्तर शुरू हो गई।

बनारस से कोई फ़ेमस पानवाला बुलाया गया था, जिसे देख मेरी पुरानी बीमारी कुलाँचें भरने लगी। अभी उसने पूरी तरह अपनी दुकान सजाई भी नहीं थी

कि मैंने कहा भैया बढ़िया भाँग खिलाओगे। पानवाले भैया क्या बोले हमको समझ नहीं आया। समझ में बस इतना आया कि "अभी आधा घंटा बाद आना, सरवा दुकान तो सजने दो।" मैं निरा बेवक़ूफ़, आधे घंटे में फिर उसके सामने खड़ा अब शाम के साढ़े पाँच बज रहे थे। उसने कहा, "भाँग नहीं है पर आप पान खाइए, मस्त हो जाइएगा।" सच पूछिए मैं दुखी हो गया कि बाबा भोले ने छह साल बाद भाँग की तलब जगाई और फिर भी ख़ाली हाथ। मेरे लटके मुँह को देख उसने सोचा मैं कोई बहुत बड़ा नशेड़ी हूँ और उसने फिर से मुझसे बनारसी अन्दाज़ में आग्रह किया, "रउआ के एतना मस्त पान खियाइब कि गमगमा जाइब महाराज! एक ठौ खिल्ली खा के तो देखौ महाराज! फिर भाँग सरवा के भुला जइबा।" पता नहीं क्या बेवक़ूफ़ी समाई, मैं पूरा पान खा गया और खाते ही इस बार जैसे करंट लग गया। बिलकुल साँप डसने जैसा। उस महाराज ने इस नाचीज़ को नशेड़ी समझकर सुर्तीवाला पान, वो भी चार गुना ज़्यादा डालकर खिलाया था। सोचा होगा ये तो खिलाड़ी आदमी है मस्त हो जाएगा जबकि हुआ बिलकुल उलटा। मैंने ज़िन्दगी में मीठा पान वो भी गुलकन्दवाला छोड़कर किसी और तरह के पान को हाथ तक नहीं लगाया और यहाँ इस बेवक़ूफ़ पनवाड़ी ने मुझे सामान्य से चार गुना अधिक सुरती डालकर पान खिलाया था। सुरती ऐसे डंक मारेगी सोचा नहीं था। मुझे लगता है मैं पान खाने के बाद पाँच से दस सेकेंड भी खड़ा नहीं रह पाया होऊँगा, वहीं पास पड़ी कुर्सी पर गिर गया। बड़ी मुश्किल से बैठ सका। मैं पसीने से एकदम तर-बतर हो चुका था, सिर के सारे बाल लगभग एक साथ पसीने से नहा उठे कि तभी दीदी की नज़र मुझ पर पड़ी और तब तक पानवाले की समझ में भी आ चुका था कि उससे बड़ी ग़लती हो चुकी है। वो पानी का गिलास लिये दौड़ता हुआ आया। दीदी ने पानी में ढेर सारा नीबू निचोड़कर मुझे गटका दिया और फिर आठ-दस लगातार उल्टियों ने थोड़ी राहत दी। उसके बावजूद मैं एक कमरे में तीन-चार घंटे बेसुध ही पड़ा रहा, भीतर से उठने की हिम्मत आ ही नहीं रही थी। शादी के कार्यक्रम चलते रहे और मेरी हिम्मत जवाब दे चुकी थी। मैं बिस्तर पर पड़ा रहा। वो दस सेकेंड भाँगवाली पिछली घटना से यह कहीं ज़्यादा भयावह अनुभववाली घटना थी। मेरी इस हरकत से लोगों का अच्छा-ख़ासा मनोरंजन हुआ और मुझे अपने प्यारे छोटे भाई की शादी में तन से रहकर भी मन से पूरी मौजूदगी न होने की शर्मिन्दगी का अहसास कई दिनों तक सालता रहा।

इस बार उसने मुझे सधी हुई चेतावनी दी थी और मैं सजगता से उसके ओज को महसूस करने की कोशिश करने लगा। साहित्य मेरे और क़रीब आता जा रहा है और लगता है कुछ सालों में ही उसके और साहित्य के बीच का सैंडविच बनना लिखा है। किसके हाथ मरूँगा सोचता हूँ और फिर स्वदेश दीपक कहते हैं, "प्रेयसी डाकिनी नहीं होती। उसका आना और यूँ बोसे लेना यह सब दोनों की मिलीभगत है। तुम चुपचाप इसे जीते जाओ और एक दिन मेरी तरह गुमनाम हो जाना फिर कोई तुम्हारी तारीख़ मुक़र्रर नहीं कर सकता। कहीं तुम्हारी लिखी कविताओं, स्तम्भों में तुम्हारे मृत्यु की तारीख़ अंकित नहीं होगी।"

मैं उन्हें चुपचाप सुन रहा हूँ और भीतर कुछ ऐसा ही गुन रहा हूँ जैसे एक जीवित मुस्कराहट जीत के छल्ले पहनती है...पर नियति तो शिव की महिमा है। कोरोना के दूसरे भँवर चक्र की शुरुआत मार्च 2021 के अन्त तक हो चुकी थी। हम ठहरे ठेठ देहाती अभी तक कोई रोकथाम की दवा नहीं ली थी। सोचा बिहारी आदमी मिट्टी से बना है, मुझे क्या हो सकता है! कई लोगों ने वैक्सीन लगाने की सलाह भी दी पर अन्दर यह डर था कि न जाने इस नई दवाई का अप्रत्याशित असर मेरे शरीर पर क्या होगा! यही सोचकर कि मुझे कुछ नहीं होगा, अपनी ही धुन में आराम से पूरे साल भारत भ्रमण करता रहा कि अचानक 7 अप्रैल को मुझे गले में ख़राश-सी लगी। मन में आया जाँच कराने में क्या हर्ज है पर जाँच में आशा के विपरीत कोरोना पॉज़िटिव पाया गया। अभी तक मेरी अकड़ ढीली नहीं पड़ी थी। दोस्तों से दवाइयों की सलाह मिलने लगी और मैंने अपने-आपको सुझाए हुए इलाज के साथ एक कमरे में बन्द कर लिया। अगले दिन बुख़ार 104 डिग्री और गला सूखने जैसा, दवाई लो तो दो घंटे उतरे फिर कुंडली मारकर बैठ जाए। दूसरे दिन, दिन-भर बुख़ार नहीं उतरा पर भूख या सुगन्ध सामान्य रही। यह पहला बुख़ार था जिसमें भूख हमेशा बनी रहती। इस प्रकार मन में एक सन्तुष्टि भी रहती कि भूख लग रही है तो सब ठीक हो जाएगा। बुख़ार के तीसरे दिन तक भी पढ़ने में चाव बना हुआ था और आनन्द आ रहा था कि आम दिनों में इतना वक़्त तो मिलता नहीं, मन कर रहा था कि जितने उपन्यास अब तक नहीं पढ़े, पढ़ डालो। अभी तक लिखने में भी कोई कमी नहीं आई थी।

मुझे याद है कि सीरज सक्सेना से राकेश श्रीमाल की बातचीत पर आधारित किताब 'मिट्टी की तरह मिट्टी' को उन्हीं दो दिनों में पढ़ गया था और उसकी समीक्षा भी बुख़ार के तीसरे दिन लिखी गई थी जो बाद में सन्तोष चतुर्वेदी भाई

को बहुत पसन्द आई और पहली बार ब्लॉग पर प्रकाशित हुई और काफ़ी सराही गई। यह किताब साधारण रोचक कहानी या उपन्यास नहीं थी बल्कि बहुत सारी संवेदनाओं से लिपटी गुफ़्तगू थी जिसमें जीवन दर्शन कूट-कूटकर भरा हुआ था। इस बात से इतना तो पता चलता है कि तीन दिनों तक 104 डिग्री बुख़ार ने कहीं से भी मेरी मानसिक स्थिति पर तब तक कोई अवांछित असर नहीं डाला था। चौथे दिन से थोड़ा बलगम भी आने लगा जिसे मैंने यूँ लिया कि शायद दवाई के असर से मेरे सीने में जमा बलगम निकल रहा है और मैं जल्द ही ठीक हो जाऊँगा।

चौथे दिन भी बुख़ार गिरने का नाम नहीं ले रहा था और अब मेरा सिर भी थोड़ा घूमने लगा था। अचानक बिस्तर से उठने की बजाय बैठ गया। फिर एक डॉक्टर मित्र चयन को फ़ोन लगाया। जैसे ही चयन ने मेरी आवाज़ सुनी मुझे आदेशात्मक अन्दाज़ में डाँटते हुए कहा, "आप अविलम्ब अस्पताल आ जाएँ" और मैं अगले पन्द्रह मिनट में अस्पताल में था। मुझे एक अलग रूम मिला। डॉक्टर के साथ समर्पित टीम थी। जो भी जाँच हुए उनके परिणाम उनकी नज़र में ख़तरे की सीमा के काफ़ी क़रीब थे। वह रात मेरी साँस की तकलीफ़ बढ़ने की रात थी। सामान्य साँस का दसवाँ हिस्सा लेने में भी बेहद तकलीफ़ हो रही थी। मेरे शरीर से मेरा नियंत्रण छूटता जा रहा था। एक नीम बेहोशी सुध को बहुत तेज़ी से निगले जा रही थी। आत्मविश्वास अचानक चरमराकर निढाल पड़ गया था। मुझे सच में कुछ समझ में नहीं आ रहा था। मन के कहीं बहुत भीतर से निकलता काला धुआँ मेरे ख़ून के सहज बहाव पर अनचाहा बाँध बना रहा था। जो व्यक्ति अभी दो दिन पहले समीक्षा लिख रहा था वो अचानक टघरी रोशनाई बन गया था।

मुझे नहीं पता कि डॉक्टर मित्र और उनकी समर्पित टीम मेरे शरीर के साथ क्या कर रही थी। कुछ बातें जो मैं सिर्फ़ सुन पा रहा था वो ये कि कुछ ज़रूरी दवाई अस्पताल में नहीं है और मेरी पत्नी उसके इन्तज़ाम में लगी हैं। मुझे उस हालत में खाना बनाकर भेजने और खिलवाने की व्यवस्था कर रही है। संस्था के कुछ लोग (मनोज भाई) संक्रमित होने से नहीं डरे। वे मेरे केबिन में ही बैठे रहे। साथ में वो तीन नेक लोग (ललित, जीतू, मनजीत) शिफ़्ट में रह रहे थे जिन्होंने कभी सालों पहले मेरे साथ काम किया था। मैं बेहोशी में बुदबुदा रहा था और सबको कहे जा रहा था, "भाग जाओ मेरे पास मत आओ, तुम सब संक्रमित हो जाओगे" पर उनमें से कोई मेरी बात नहीं सुन रहा था।

मेरी आँखों के कोर से कुछ नमकीन रिस रहा था और मन में ये चिन्ताएँ घुमड़ने लगीं कि अभी तो ज़िन्दगी के कितने सारे इम्तिहान बाक़ी हैं, अब उन परीक्षाओं के लिए बचूँगा या नहीं पता नहीं। किसी मित्र ने पत्नी के कहने पर ब्लैक मार्केट से दवाइयाँ मँगवाईं। कुछ दवाइयाँ अहमदाबाद से फ़्लाइट से आईं। पत्नी को पता नहीं क्यों लगता था मैं बच जाऊँगा जबकि मुझे अब यक़ीन हो चला है कि 'वो लड़का' मेरी अन्तिम कहानी होगी। मेरी पत्नी के विश्वास से लदी जद्दोजहद अपनी चरम पर थी। कई मित्रों ने मुझे फ़ोन किया, मैंने उन्हें क्या जवाब दिया कुछ पता नहीं। उस ओर से बस आशा की एक डोर, दुआओं की गूँज बन रही थी और दूसरी ओर मैं लगातार एक अन्धी गुफा में जमे पानी में डूबता जा रहा था। एक दिन अचानक वहाँ चिड़िया चहचहाती है, कोई गीत गुनगुनाता है, कोई कविता मंत्र में बदलकर मिलती है और मैं अस्पताल से पैदल घर की ओर निकल पड़ता हूँ।

मुझे लगा, मौत ने अभी-अभी मुझे चूमा है...!

ज़िन्दगी इक हादसा है और कैसा हादसा
मौत से भी ख़त्म जिसका सिलसिला होता नहीं

—ज़िगर मुरादाबादी

और अन्त में...

अन्त कुछ नहीं होता, हाँ अन्त की ओर बढ़ने की शुरुआत होती है। अन्त बस हमारी चाहना में होता है और हम उसकी ओर रोज़ दो क़दम चलते रहते हैं बिना यह जाने कि कोई भी सड़क कहीं ख़त्म नहीं होती। उसे किसी और से मिलना होता है और मेरी ज़िन्दगी की सड़क के उस मिलान का नाम है 'स्मिता!'

हम कैसे मिले, मिले या बिना मिले बँध गए यह एक लम्बी कहानी है जो कभी और, फ़िलहाल इस कड़ी को इस किताब में जोड़ना ज़रूरी लगा, इसलिए यह पन्ना जोड़ रहा हूँ। हमारी शादी SCRA की पढ़ाई ख़त्म होते ही हो गई। हम दोनों बस 22-23 के बीच की उम्र के होंगे। शादी के तुरन्त बाद ही मुझे ट्रेनिंग के लिए डेढ़ साल देश के विभिन्न हिस्सों में घूमना था और स्मिता की ज़िन्दगी में लखीसराय के दो साल चखना लिखा था। उम्र कम थी तो हम दोनों में जीवन को समझने की परिपक्वता भी कम थी। मुझमें तो और भी कम। तब तक अपनी आबोहवा के बन्धनों से मैं पूरा आज़ाद भी नहीं हो पाया था। मुझमें न चाहते हुए भी पुरुष तत्त्व ज़्यादा था जबकि स्मिता में स्त्री तत्त्व की अधिकता थी।

स्मिता को भी उसी स्टोर वाले घर में रहना पड़ा, वही चाय-नाश्ता की सर्विस देनी पड़ी। वही जातीय दंश सहना पड़ा, उर्मिला मौसी से उसकी मुलाक़ात भी वैसे ही ढेर सारी स्नेह भरे आलिंगन के साथ हुई। शान्ति मौसी और मौसा भी उसे वैसे ही वहीं मिले और बल्कि सकारात्मक या नकारात्मक किरदार जिनका ज़िक्र पहले हो चुका है सब उसी तरह पेश आएँ। मेरी ग़ैर-मौजूदगी में मेरे बचपन के दोस्तों अमित, प्रशान्त, अनिल, मुरारी, सत्यम सबने उसका ख़याल रखा क्योंकि मैं ज़्यादातर ट्रेनिंग के कारण बाहर-ही-बाहर रह रहा था।

वह स्टोरवाला घर भी माँ और स्मिता को साल बीतने से पहले ही ख़ाली करना पड़ा और अस्पताल के सामने किराए के एक अधबने घर में रहना पड़ा।

सच पूछिए तो मुझे स्मिता के दर्द का आज जितना ख़याल है, शादी के बाद कई सालों तक नहीं था। उन दिनों स्मिता भी मौन गुड़िया बनी रही, कभी अपना कोई दर्द साझा नहीं किया और मुझे सिर्फ़ सीधी बात समझने की आदत थी। एक लड़की की शादी एक ऐसे इनसान से हुई थी जिसका अभी तक कोई घर नहीं था और मैं माँ से यह भी नहीं पूछ पा रहा था कि इसे लेकर ट्रेनिंग में साथ जा सकता हूँ क्या?

अस्पताल के सामने वाले अधबने घर में हमारा परिवार, हमारी बड़ी बेटी मन्नत के जन्म से तीन-चार महीना पहले गया था। सोचता हूँ उस हालत में उसे भी व्यवस्थित करना स्मिता के लिए कितना मुश्किल रहा होगा, मैं तो सदैव यात्रा में ही रहता था। यहाँ एक बात और बता देना ज़रूरी है कि मेरी बड़ी बेटी मन्नत ने भी उसी लेबर रूम में अपनी आँख खोली जिस रूम का 'अस्पताल की स्मृति' वाले अध्याय में ज़िक्र किया गया है। उस लेबर रूम में मुझे याद है तब तक ठीक से खिड़की का पर्दा तक नहीं आया था। बेड लोहे का ही था। मैंने उसी खिड़की से मन्नत की पहली आवाज़ रोने की सुनी थी।

मन्नत ने सबसे पहले मेरे अपने देस की हवा चखी और एक साल तक वहीं दादी और माँ के साथ रही। उसकी एक तसवीर है जिसमें वह लखीसराय के खेत में बैठी मटर की फली अपने नन्हे हाथों से तोड़ रही है। उस तसवीर को देख छोटी बेटी तमन्ना ने उसका नाम 'गोबर चुन्नी' रखा। भले कभी उसे इस नाम से पुकारा न हो पर आज भी, जब वह एक मल्टीनेशनल कम्पनी में जॉब कर रही है मोबाइल में उसका नाम 'गोबर चुन्नी' के नाम से ही सेव किया हुआ है।

जैसा मैंने कहा था, अन्त नहीं होता, शुरुआत होती है। मैं ख़ुद इस किताब को एक शुरुआत की नज़र से देख रहा हूँ, पद्य से गद्य की शुरुआत...आइए सैरबीन को बाइस्कोप में बदलने की यात्रा पर चलते हैं।

आभार

उदय प्रकाश, पेंसिल शार्प करने की कला सिखानेवाले।

अखिलेश, शीर्षक भी कितना महत्त्वपूर्ण होता है बतलानेवाले।

संजय हरमलकर और **विनय अम्बर भाई,** यह किताब आपकी उतनी ही है जितनी मेरी!

प्रकाश उदय, कल का लिखते हुए आज से बचने की याद दिलानेवाले।

देवी प्रसाद मिश्र, एकबारगी भरोसा दिलाने के लिए कि यह किताब सम्भव है।

सैयद मोहम्मद इरफ़ान और **फ़रज़ाना जी,** आप दोनों ने मेरे लिखे को सिरहाने रखा और गुनगुनाया फिर घंटों बातें की।

धर्मेन्द्र सुशान्त, गद्य में संस्मरण पहले लाने के लिए सबसे पहले उकसानेवाला।

अलिन्द महेश्वरी, मेरी लेखनी पर हमेशा भरोसा करने के लिए।

अशोक महेश्वरी, जिनके बिना इस किताब को पुस्तक मेले से पहले लाना सम्भव नहीं था।

स्मिता, लिखने का एकाकीपन जिसने तुम्हारा बहुमूल्य समय लिया जिसे तुमने मुस्कराकर दिया।

हंस और हंसिनी (आकांक्षा), पहले पन्ने से मेरे पहले पाठक।

ऋतु तिवारी, सत्य व्यास, मनोज झा, लेखनी को अथाह स्नेह के लिए।